주진우의 정통시사활극 **주기자**

주진우의
정통시사활극
주기자

푸른숲

불타는 취재 연대기

나는 모범생은 아니었다. 학교 성적은 괜찮았지만 언제나 뒷줄에 앉았고 뒷골목을 누볐다. 어렸을 때 같이 놀던 친구들도 거칠었다. 친한 친구 중에서는 고등학교를 제대로 졸업한 놈도 드물다. 초등학교 때 직계 가족 모두가 전과자였던 친구가 있었다. 할아버지, 할머니, 아버지, 어머니, 삼촌 등 가족 전체가 교도소를 다녀왔다. 별을 다 모으면 50개가 넘었다. 초등학교 3학년 때 어느 날 그 애가 수갑을 가지고 학교에 왔다. 그러고는 내게 수갑을 차보라고 하더니 풀려면 삼촌에게 5백 원을 줘야 한다고 했다. 수갑으로 녀석의 머리를 한 방 때리고 집에 왔다. 밥상머리에서 수갑을 찬 자식을 보고 아버지가 황당해하시던 게 아직도 기억난다. "뭐가 되려는지……."

오랜만에 고향에 갔는데 안 보이는 친구가 있으면 십중팔구 그 친구는 감옥에 간 거다. 수갑 친구도 중학교 2학년 때부터 소년원을 드나들다가 별을 10개도 넘게 달았다. 그만큼 나는 폭력과 가까운 데서 자랐다. 그래서 힘을 휘두르는 자들의 속성을 조금은 안다. 약한 사람들을 어떻게 못살게 구는지도 안다.

힘 좀 쓴다고 주먹 휘두르는 놈을 보면 나는 그냥 넘어가지 못한다.

고등학교 3학년 때 친구 하나가 얼굴에 멍이 들어서 왔다. 처음에는 영화 보러 갔다가 군인들에게 맞았다고 했다. 이상했다. 쉬는 시간에 꼬치꼬치 물어보니 같은 하숙집 1년 후배에게 맞았다고 했다. 처음 있는 일이 아니었다. 그냥 넘어갈 수 없었다. 그 후배를 불러왔다. "내가 때리진 않는다. 1학년에 싸움 잘하는 유도 선수가 있는데 그놈하고 한번 붙어봐라. 매일 청소 시간마다." 후배가 대답을 못하고 울기 시작했다. 그래서 쉬는 시간 종이 울리면 1분 안에 내 자리로 와서 반성하라고 했다. 사흘째 되는 날, 내 자리로 온 그 애가 너무 울어서 어디서 주먹 자랑하면 안 된다고 타일러 보냈다.

덩치 큰 놈들이 모여서 힘자랑하는 그런 꼴도 싫었다. 중소도시 깡패들은 뒷골목에 쭉 서서 90도로 인사하고, 사람들 지나다니는데 "네, 형님" 큰 소리 내고 그런다. 고등학교 다닐 때 전주에서 잘나가는 깡패가 있었다. 30대 중반의 나이트파 중간 보스로 기억한다. 사람들은 그를 '콧수염'이라고 불렀다. 하여튼 이놈이 부하들 데리고 시내에서 거들먹거리는 모습을 많이 봤다. 그냥 싫었다. 그놈들이 힘 좀 있다고 약자 앞에서 으스대고 강자에게 비굴하게 구는 모습을 너무 많이 봤으니까.

5

그런데 하루는 이놈이 술에 취해 비틀거리고 있는 게 아닌가. 때는 이 때였다. 친구와 신나게 두들겨 패줬다. 다음 날 나 잡으러 학교 앞에 차 가 몰려와서 뒷산으로 도망갔다.

특기인 반항을 살려 기자가 돼서도 나는 별로 달라지지 않았다. 철들 지도 않았다. 기자 초년병 시절 경찰서에서 조폭과 싸운 적도 있었다. 서울시경 폭력계에 갔는데 30대 후반 조폭이 눈빛부터 건방졌다. 상계 동 한 조직의 중간 보스였는데 무허가 식당을 하는 할머니를 때린 놈이 었다. 깡패는 점심시간에 5만 원쯤 하는 일식집 도시락을 시켜 먹었다. 형사랑 설렁탕을 먹다가 내가 바꿔먹자고 그놈 도시락을 뺏었다. "이 씨"라는 소리가 나오자마자, 내가 머리를 주먹으로 갈겨버렸다. 형사들 이 "주 기자님, 이러시면 안 돼요"라고 말리더니 뒤에서는 칭찬했다.

이제는 주먹 쥐고 몸으로 싸우는 일은 없다. 하지만 나는 힘센 놈들 과 계속 싸운다. 권력을 휘두르고 부패를 기반으로 저희들끼리 나눠먹 는 걸 보면 총을 쏘고 싶은 심정이다. 정신과 전문의 정혜신 선생은 내 가 언젠가 정신적으로 충격을 받아 힘 있는 자들의 비리를 못 견디고 가혹해진 것 같다고 했다. 그럴 수도 있다. 하지만 앞으로도 계속 그러려고 한다.

나는, 내 기사는 편파적이다. 하지만 편파로 가는 과정은 냉정하고 치열하다. 항상 약자의 시선에서 세상을 보려 한다. 힘 있고 권력 있는 자들에게는 현행법과 더불어 정서법을 들이대고 기준점을 넘으면 가차 없이 돌팔매질을 한다. 중립이라고 자위하면서 음흉한 속을 감추는 언론보다 편파적인 게 백배는 낫다고 생각한다. 세상이 이렇게 불공평한데 중립을 지킨다는 것은 결국 강자 편을 든다는 뜻 아닌가. 똑같은 룰로 링에서 싸우면 당연히 힘센 놈이 이긴다. 그 룰이라는 것도 힘센 놈들이 만들지 않았나. 게다가 기자들은 힘센 놈들 이야기만 듣는 게 현실 아닌가. 이게 공정한가. 이게 정의인가.

나는 중립, 균형을 찾기보다 편파적으로 약자의 편에 서겠다. 내가 이런다고 약자들이 이기지도 못한다. 세상이 바뀌지도 않는다. 그러나 나는 힘을 함부로 쓰는 자들에게 짱돌을 계속 던질 것이다. "넌 정말 나쁜 새끼야." 쫓아가서 욕이라도 할 것이다. 그래서 깨지고 쓰러지더라도 말이다. 나는 17살 주진우다.

7

차례

1장

검경,
개가 되고
싶었다

판검사들은 자신들이 특별한 계급이라고 생각한다.
그러나 내가 만나본 판검사 가운데 똑똑한 사람은
손에 꼽을 정도다. 고위직에 앉은 사람일수록 형편없었다.
미안한 말이지만 외고나 특목고 출신,
강남 출신 판검사들은 끔찍했다.

01

유영철 사건, 진짜 추격자 체포되다

검찰과 경찰은 승진에 목숨을 건다. 공무원은 대체로 그렇다. 퇴직할 때 부장검사였는지, 지검장이었는지, 총장이었는지에 따라 남은 인생이 달라진다. 변호사가 아니라 평생 마지막 직책으로 불리며 여생을 산다. 퇴직할 때 직급에 따라 수입이 정해져 있다. 로펌으로 갈 때도 연봉과 자동차 배기량이 달라진다. 경찰도 비슷한 처지다. 퇴직할 때 지방청장이냐 청장이냐 치안감이냐 경감이냐, 어떤 직책으로 끝났느냐가 남은 평생을 좌우한다. 그 직책으로 불리며 여생을 살기에 그들에겐 정말 중요한 문제다. 출세하려는 게 다 돈 벌려고 하는 거다. 부끄러워 옷 벗겠다는 검사나 경찰은 본 적이 없다. 검찰총장, 경찰청장 되고자 하는 꿈이 결국 돈벌이라니 초라하기 짝이 없다. 당연히 그런 조직이 잘 굴러갈 리 없다. 유영철 사건 수사와 공과 나누기에서 보인 경찰의 무리수가 바로 이들의 이런 욕망을 잘 보여준다.

보도방 업주들이 유영철 체포·수사했다

[시사저널 775호] 2004.08.24

'살인 일지를 썼다' '사람의 간을 먹었다'. 유영철이 잡힌 지 한 달이 지났지만 아직도 엽기적인 뉴스가 쏟아지고 있다. 한 검찰 관계자는 유영철이 하도 많은 말을 쏟아내 어지러울 지경이라고 말했다. 하지만 그의 말에는 허점이 많다. 수사한 경찰과 검찰의 발표에도 이해되지 않는 대목이 많다. 유영철 사건의 5대 미스터리를 짚어보았다.

유영철은 누가, 어떻게 붙잡았나?

첫 단추가 잘못 꿰어졌다. 유영철 씨의 체포 과정을 밝힌 경찰의 설명이 앞뒤가 맞지 않는다. 경찰이 밝힌 검거 경위는 이렇다. 7월 15일 오전 2시 30분 기동수사대의 한 형사는 자신의 정보원인 보도방 업주로부터 "우리 애(출장 마사지 여성)가 실종됐다"라는 전화를 받았다. 유 씨의 신병을 확보하기 위해 위치 추적에 나섰던 경찰은 5시가 넘어 유 씨가 나타났다는 추가 연락을 받았다. 현장에 출동한 경찰은 보도방 업주

4명과 합세해 유 씨에게 수갑 2개를 채웠다.

그러나 당시 현장에 있던 제보자들의 증언에 따르면 사건은 다음과 같이 재구성된다. 7월 13일 서울 신림동의 한 보도방에 소속된 여자가 사라졌다. 그때가 세 번째였다. 장부를 보니 모두 '6523'번 전화를 받고 난 후였다. 주변의 보도방 업주들에게 연락해보니 강남의 한 여성도 '6523'번 전화를 받고 나간 후 행방이 묘연했다. 보도방 업주들을 수소문한 결과, '6523'번은 실종된 우 아무개 씨의 죽은 어머니 전화였다. 보도방 업주 임 아무개 씨는 섬뜩한 생각이 들었다. 서울 전역의 보도방 업주들에게 연락해 '6523'번에게서 연락이 오면 바로 전화해달라고 부탁했다.

7월 15일 새벽 5시, '6523'번이 서울 신촌의 한 업소로 아가씨를 보내달라고 전화를 했다. 임 아무개 씨와 차 아무개 씨는 선배와 동료에게 연락했다. 이들 5명은 여자 1명을 태우고 신촌으로 내달렸다. 차 안에서 한 사람이 기동수사대의 아는 형사에게 전화를 걸었다. 그리고 이들은 마포경찰서 서강지구대에 가서 '납치범이 나타났다'고 신고했다. 이들이 서강지구대 김 아무개 경장에게 같이 가달라고 부탁해 겨우 지구대를 나설 수 있었다. 미끼 역할을 할 여자는 택시를 태워 보내고 제보자들은 차 3대에 나누어 타고 택시를 따랐다. 그 중 1대에는 김 경장이 탔다.

오전 5시 30분 신촌 그랜드마트 뒤편 굴다리. 의심이 가는 한 사람이 서 있었다. 나중에 알고 보니 그가 바로 유영철 씨였다. 차에서 내린 보도방 업주들이 유 씨를 에워싸고 몸수색을 했다. 하지만 유 씨는 태연하게 "반팔 입은 사람이요? 이리로 갔어요"라고 말했다. 보도방 업주들은 의심했다. 공범이라는 생각이 들어 일단 차에 태웠다.

그런데 조수석에 탄 유 씨가 무언가를 입에 털어 넣었다. 약을 먹는 것으로 알고 제지했는데 입에서 출장 마사지 전단지가 나왔다. 잠시 후 자동차 바닥에 버린 '6523' 전화기도 발견했다. 이때 기동수사대 양 아무개 형사가 도착해 옆에 있던 파출소 직원과 수갑을 채웠다. 이때까지도 보도방 업주들과 경찰은 자기들이 잡은 남자가 유영철인지 모르고 있었다.

기동수사대 강대원 대장은 "제보자들이 유 씨를 잡기는 했으나 어쨌든 경찰관이 현장에 나가 있었던 것이 아니냐"라고 말한 바 있다.

유영철 씨가 수사 과정 내내 마스크를 쓰고 다닌 것도 의혹을 부풀렸다. 경찰이 별 이유 없이 수사 기간을 연장하자 의혹은 꼬리를 물었다. 경찰이 폭행한 것 아니냐는 의혹이 수그러들지 않았다. 7월 15일 새벽, 붙잡힌 유영철 씨는 한 사람이 목을 누르고 다른 사람이 입을 벌리는 동안에도 씹기를 멈추지 않았다. 한 보도방 업주는 "무언가를 털어 넣고는 계속 씹었다. 자살하려는 간첩인 줄 알았다"라고 말했다. 급소를 움켜잡고 눈을 꼬집어도 유 씨는 '악' 소리 한번 않고 계속 씹었다. 멈춘 승용차 안에서 실랑이가 10분 넘게 진행되었다. 이 과정에서 보도방 업주가 반항하는 유 씨를 때렸다. 이때 한 업주가 식당에서 숟가락 2개를 얻어와 입 안에 있는 전단지를 파냈다. 입술이 다 터졌고 입 주변은 피로 범벅이 되었다. 유 씨가 마스크를 쓴 것은 이 때문이다.

유 씨의 오른쪽 눈 주위가 심하게 충혈된 것은 파출소에서 유 씨가

검경, 개가 되고 싶었다

간질 증세를 보였을 때 보도방 업주가 날린 주먹을 맞았기 때문이다. 이 보도방 업주는 유 씨가 간질을 연기하고 있다고 판단했다. 유 씨는 한 대 맞은 후 바로 간질 연기를 멈추었다고 한다. 파출소에 연행되면서 유 씨는 한쪽 다리를 절었다. 경찰은 영장에서 "도망가기 위한 지능적인 연기였다"고 발표했다. 그러나 사실은 보도방 업주들에게 허벅지 주위를 폭행당했기 때문이다. 한 보도방 업주는 "유영철이 하도 거칠게 반항해 낭심을 잡고 허벅지를 때려 힘을 뺐다"라고 말했다. 이에 대해 한 기동수사대 경찰은 "검거 과정에서 약간의 몸싸움이 있었다. 유영철의 상처가 빨리 회복되어 검거 일주일 후 마스크를 벗긴 것이다"라고 말했다.

왜 연쇄살인 실토했나?

이번 사건 최대의 미스터리는 유 씨가 연쇄살인을 스스로 털어놓았다는 점이다. 경찰에 따르면, 유 씨를 출장 마사지 여성 실종과 관련된 혐의로 체포하자 유 씨는 "여자를 납치한 일은 없고 노인들은 많이 죽였다. 26명을 죽였다"라고 진술했다고 한다. 하지만 납치 관련 용의자가 납치 혐의를 벗기 위해 스스로 살인을 했다고 한 것은 이해되지 않는 부분이다.

유 씨는 체포 과정에서 자신을 폭행한 보도방 업주들이 경찰인 것으로 알고 있었다. 보도방 업주들이 "○○ 죽였지?"라며 사라진 보도방 여성 4명의 이름을 번갈아 대며 집요하게 물었기 때문이다. 결국 유 씨

17

는 "애들 잘 있어요"라고 말했다. 꼬리를 잡자 이들의 추궁은 더욱 집요해졌다. 업주들이 "장 아무개도 죽였지?"라고 묻자 "아! 설희요?"라며 유 씨가 가명을 댔다. 유 씨가 장 아무개 씨를 죽였다는 것을 확신하고 추궁했다. 결국 기동수사대에서 유 씨는 "죽였다. 내가 입을 열면 사회가 뒤집힌다"라고 자백했다. 보도방 업주들의 폭행과 집요한 추궁이 유 씨의 입을 연 것이다.

기동수사대에 도착한 지 3~4시간이 지난 점심 무렵에야 유 씨는 보도방 업주 일행이 경찰이 아니라는 것을 알아채고 그다음부터는 발뺌을 하기 시작했다. 이를 두고 경찰은 "유영철의 고도의 심리전이다"라고 발표했다.

기동수사대에서 유 씨는 자신의 혐의를 전면 부인하기 시작했다. 서울 신사동과 혜화동 살인 사건에 대해서도 횡설수설했다. 증거가 없었다. 몇몇 형사가 풀어주어야 한다고 말할 정도였다. 그러나 보도방 업주들은 살인범이 분명하다며 펄쩍 뛰었다. 유 씨를 붙잡은 업주 6인은 기동수사대에 3일 동안 머무르며 수사 과정에 적극 관여했다.

제보자 임 아무개 씨는 유 씨의 전과 기록에서 공무원 사칭 여부를 확인해달라고 부탁했다. 임 씨가 데리고 있는 조 아무개 씨가 지난 5월 초 자신을 경찰이라고 밝힌 사람에게 돈을 빼앗긴 사실이 기억났기 때문이다. 임 씨는 유 씨의 사진을 카메라폰으로 찍어 조 씨에게 전송했다. 조 씨는 즉각 경찰이라고 밝힌 사람이 유 씨가 맞다고 확인했다. 조 씨가 기동수사대로 달려와 유 씨와 대질 신문을 했지만 유 씨는 조 씨를 모른다고 부인했다.

이때 한 보도방 업주가 기지를 발휘했다. 조 씨가 사는 서울 봉천동 ㅂ아파트 폐쇄회로에 유 씨의 정면 사진이 찍혔다고 둘러대자 유 씨는 두 손을 들었다. 보도방 업주들은 주위를 수소문해 유 씨에게 폭행당한 적이 있는 운전사를 찾아내기도 했다. 경찰은 유 씨를 강도 및 공무원 사칭 혐의로 구속영장을 청구할 수 있었다.

경찰은 보도방 업주들에게 포상금 5천만 원을 지급하겠다고 발표했다. 서울 혜화동 노부부 살인 사건에 걸린 포상금만도 5천만 원이었다. 그런데 어찌 된 영문인지 경찰은 5명에게 5백만 원씩 2천5백만 원만을 내놓았다. 미끼 역할을 하며 위험을 무릅쓴 여성에게는 아무런 보상도 하지 않았다. 서울경찰청 강력계 관계자는 "살인 사건 제보가 아니었고 용감한 시민상을 수여하기에는 시민의 표상이 되는 사람들이 아니었다"라고 말했다. 하지만 경찰은 이 제보자들의 활약상을 숨기기에 급급했다. 경찰은 제보자들에게 언론과 접촉하면 좋지 않을 것이라는 협박성 지시를 내렸다고 한다.

한 기동수사대 형사는 "유영철은 '형님, 미제 사건 있으면 제가 책임지고 해결해드리겠습니다. 특진 걱정 마십시오'라고 말한 적이 있다"라고 말했다. 이후 유 씨는 자신의 범행을 마구 자랑하기 시작했다고 한다. 부산에서 살인 2건을 저질렀고, 서울 서남부 지역 살인 사건도 자기 짓이라고 주장했다. 지난 5월 서울 원남동 노인 살인 사건도 저질렀다고 했다. 그러나 경찰과 검찰이 유 씨의 통화 내역을 조사한 결과 위세 사건과 유 씨는 연관이 없는 것으로 확인되었다. 인천 월미도 노점상 살해 사건도 유 씨의 범행이 아닐 가능성이 크다.

19

유영철 사건, 진짜 추격자 체포되다

유 씨는 뻔히 드러날 거짓말도 태연하게 했다. 최근 검찰에서 유 씨는 결혼을 하루 앞둔 예비 신부도 자신이 살해했다고 진술했다. 하지만 유 씨는 이에 앞서 경찰에서 신부 사진을 보고는 "이 애는 안 죽였어요. 제가 이런 스타일 싫어하잖아요"라고 말했다고 한다. 경찰대 표창원 교수는 "실제 자신이 한 행동에 상상력을 동원해 악명이 널리 알려지기를 바라고 있다. 범죄 세계에서 영웅으로 기록되고 싶은 것이다"라고 말했다. ■

술 한잔 사주시면 제가 다 데려오겠습니다

2004년 후텁지근한 여름날이었다. 지금 찾아보니 7월 18일이었다. 일요일 늦잠을 자다 일어나 빈둥거리고 있었다. 뉴스 속보가 떴다. 연쇄살인범. 굉장한 놈이었다. "쉬기는 틀렸구나……." 샤워를 하고 있는데 문정우 선배에게서 전화가 왔다. "준비하고 있습니다." 먼저 봉원사 인근의 유영철 씨의 집으로 달려갔다. 텔레비전 뉴스는 신촌 봉원사를 강남 봉은사로 한창 보도하고 있었다. 한 번 둘러보고는 철수.

자정이 지나 다시 유영철 씨 집을 찾았다. 열쇠공을 데리고. 그 열쇠공은 가스 배관로를 타고 들어가 문을 열어주었다. 원룸은 음산했다. 여자를 토막 내던 목욕탕은 으스스한 기운이 흘렀다. 서랍에 있던 편지와 사진은 아직도 섬뜩하다. 부엌 찬장에는 라면과 계란이 가득했는데 오와 열을 정확히 맞추고 있었다. 낚시한 생선을 통째로 입에 넣는 유 씨의 모습을 찍은 비디오가 특히 엽기적이었다. 주거 침입죄를 저지른 탓에 기사의 완성도는 썩 괜찮은 편이었다(이걸로 잡혀가지는 않겠지. 당시 주거 침입 공소시효가 5년이니 너그럽게 용서하시라. 2007년부터 주거 침입죄는 공소시효가 7년으로 늘었다).

경찰 수사가 진행될수록 의문이 쌓여갔다. 이해 되지 않는 부분이 너무 많았다. 용의자가 연쇄살인을 저질렀다고 스스로 줄줄이 털어놓았다고? 절도 경력이 수두룩한 전과 14범이 범죄 현장에 있던 현금 7천만여 원과 6백만 원을 두고 나왔다고? 사우나에서 몇만 원을 좀도둑질할 정도로 쪼들렸는데. 경찰 발표에는 거짓말도 섞여 있었다. 유 씨가 지녔던 수면제 360알은 자살용이 될 수 없는 성분의 수면제였다. 유영철 씨도 알고 경찰도 알고 있었다. 유 씨가 자백했다는 살인 현장의 신발 흔적은 260밀리인데 유 씨가 신고 있는 신발은 275밀리였다. 내가 살펴본 그의 집 현관에 있는 신발도 모두 275밀리였다. 유 씨 체포에 지대한 공을 세운 제보자들의 포상금이 5천만 원에서 2천5백만 원으로 줄었다. 이상한 대목이 한두 가지가 아니었다.

나는 경찰이 수사 결과를 발표할 때쯤 다른 시각으로 이 사건에 뛰어들었다. 경찰 고위 간부와 목욕을 하던 중 유영철 검거에 보도방 업주들이 개입했다는 이야기를 들었다. 정보원들을 돌리기 시작했다. 건달과 대리 운전사들에게 유 씨와 관련된 모든 정보를 모아달라고 했다. 특히 보도방 업주들 중심으로 찾아달라고 했다.

21

유영철 사건, 진짜 추격자 체포되다

정희상 선배가 범서방파 김태촌 씨 밑에 있는 철○이라는 사람이 정보를 갖고 있다고 했다. "제 동생들이 말입니다, 유영철을 잡았단 말입니다." 그는 신림동 인근에서 보도방 하는 동생들이 유영철 씨를 잡았다고 주장했다. "술 한잔 사주시면 제가 다 데려오겠습니다." 일단 들어나 보자 싶었다. 그는 동국대 인근의 후미진 술집으로 나를 데려갔다. 당시 신용카드는 이미 한도 초과. 비상사태를 위해 마련한 돈이 50만 원이었다. 그에게 50만 원어치만 먹으라고 몇 번을 다짐받아 놓았다. 보도방 업주 3명이 왔다. 그들보다 양주 한 병이 들어오는 것에 신경이 더 쓰였다.

3명이 설명하는 유영철 검거 스토리는 아귀가 딱딱 들어맞았다. 유 씨가 마스크를 쓴 이유와 다리를 절었던 이유에 대한 의혹이 풀렸다. 신상명세, 잡혔다가 도망간 상황, 진술이 바뀐 내용도 경찰 조서와 대부분 일치했다. 경찰 설명보다 믿을 만했다. 기억을 더듬어보니 이 보도방 업주들은 기동수사대 사무실에서 왔다 갔다 하던 사람들이었다. 게다가 이들 휴대폰에는 유 씨의 사진이 담겨 있었다. 찍힌 날짜도 경찰 발표 이전이었다. 느낌이 왔다.

그런데 문제는 그들이 50만 원어치 술을 다 먹었는데 자꾸 더 먹으려 하는 것이었다. 이야기는 한참 더 남았는데……. 취재하랴, 술자리 중간중간 지배인에게 가서 술값을 체크하고 술을 주지 말라고 신신당부하랴 정신이 없었다. 결국 내일 다시 보자고 하고 돌려보냈다. 돌아와 경찰 수사 기록을 다시 뒤져봤다. 다음 날 만나 이야기를 마저 들었다. 이틀 연속 술을 사달라고 해서 상당히 기분 나빴던 기억이 난다. 원래 깡패들은 돈을 시원하게 쏘는데…….

내가 한참 파고 있을 때, 경찰은 희대의 연쇄살인범 유영철을 잡았다고 깔때기를 마구 들이댔다. 2000년 서울경찰청 범죄분석팀에서 심혈을 기울인 프로파일링 기법(범죄 현장 및 범인의 심리 분석을 통해 범인을 잡는 수사 기법)이 성과를 거두기 시작했다고 떠들었다. '과학 수사의 개가'라고 했다. 특히 기동수사대(주로 강력 사건을 다루는 부서로 현재는 광역수사대로 이름을 바꾸었다)는 대다수가 특진 대상자라고 들떠 있었다. 유영철 씨옆에서 사진 찍는 재미에 빠져 있었다. 피해자 가족에게 옆차기를 하는 등 유 씨를 과도하게 감싸기도 했다.

그런데 내가 '보도방 업주들이 유영철을 잡았다'는 기사를 썼다. 경찰 발표와는 상반된 이야기였다. 기동수사대는 하루아침에 잔칫집에서 초상집이 됐다. 기사가 나간 날 마포에 있는 기동수사대 앞으로 해장국을 먹으러 갔는데, 경찰들이 나를 잡아먹으려고 했다. 한 경찰관은 "두고 보자, XXX"라고 욕을 하기도 했다.

결국 3명 남기고 특진에서 다 떨어졌다. 기동수사대에서는 2명만 특진했다. 기동수사대장은 용산경찰서로 좌천성 전보를 당했다. 후에 그는 남대문경찰서 수사과장으로 자리를 옮겼는데 한화 김승연 회장 폭행 사건을 수사하지 않아 직무유기죄로 실형을 받았다. 1심에서 징역 10월. 당시 사건에는 거물 조폭인 맘보파의 두목 맘보가 깊숙이 개입돼 있었다. 그는 맘보에게 돈을 받았다는 혐의도 있었다. 물었더니 맘보는 "돈은 안 주고 술만 몇 번 먹었지. 수사하지 말라고. 강○○이 내말은 아주 잘 들어줬어"라고 말했다. 나와 해장국 집에서 싸운 경찰은

23

비리 혐의로 징계를 받았다. 노래방에서 공짜로 술을 마시고 푼돈을 받았다는 소문을 들었다.

실제로 유영철 씨를 잡고 수사에도 적극 참여한 보도방 업주 5명은 상금 5천만 원을 받기로 했는데 2천5백만 원으로 상금이 줄었다. 1인당 5백만 원. 영업을 못해서 손해가 이만저만이 아니라고 투덜댔다. 또 그렇게 받고 싶어 했던 '자랑스러운 시민상'도 받지 못했다. 어쨌든 그때까지 그들의 삶이 자랑스러운 시민이라고 하기는 어려웠으니 경찰의 처사를 이해 못할 바는 아니었다. 보도방 업주들은 상을 타게 해달라고 끝까지 내게 매달렸다. 취재에 응한 괘씸죄를 산 거라면서. 이들은 죄를 지어도 이 상이 있으면 처벌을 면해준다고 믿고 있었다. 헛꿈.

두세 달쯤 지났을까? 한 할머니에게서 전화가 걸려왔다. 살려달라고. 보도방 업주 중 우두머리의 어머니였다. 보도방 업주들이 몽땅 구속됐다고 했다. 마약 사범으로. 상 대신 벌. 역시.

50만 원, 그 맛이 얼마나 고소하겠어

어느덧 경찰 출입이 10년이 넘었다. 주로 조폭이나 마약범 등 흉악범을 담당하는 강력반에서 논다. 그중에서도 경찰들과 함께 단속 나가는 것을 좋아했다. 여수 티켓 다방 취재도 그렇게 했다. 2006년 겨울이었다. 미성년자 성매매 업소들은 경찰과 유착이 심해서 단속이 어렵다. 지방은 더하다. 그래서 청소년보호위원회의 미성년자 성매매 티켓다방 합동 단속에 따라나섰다. 여수에서 앳된 애가 다리를 팔고 있었다. 다

방에서 일하는 여자들은 자신이 '다리를 판다'고 말한다. 경차를 타고 다방과 여관을 서너 번 왕복하는 것을 목격했다. 증거를 수집한 후 다방을 급습했다. 10여 명을 연행해서 파출소에서 조서를 받았다. 소녀의 이름은 순이였다. 나이는 열여섯. 그런데 성매매에 나섰던 10대들이 '싫다'며 조서 받기를 거부했다. 삿대질을 해가며 큰 소리로 대들었다. "우리가 좋아서 그러는데 왜 그러냐." "잠깐 엄마 친구를 도와준 것뿐이다." 그러더니 친구 때문에 여기 왔다며 자기네끼리 싸우고 울었다. 경찰서는 난장판이었다. 조서 작성은 시작도 못하고 있었다. 여수 경찰에게 인수인계를 해야 서울에 올라갈 수 있었다. 새벽 1시 서울에서 약속이 있었다. 마음이 급했다. 하는 수 없이 '주 형사'로 나섰다(주 형사로 변신한 경험이 종종 있었다). 한때 나도 꽤 잘나가는 비행 청소년이었다. 집을 잘나가는. 오토바이를 타다가 어깨도 여러 번 갈아 먹고. 그래서 그 애들 마음을 좀 안다. 집은 싫고, 갈 데는 없고, 돈은 필요하고, 할 줄 아는 건 없고. 될 대로 되라고 살고 있지만 그래도 무섭고 외롭다. 잘 살고 싶은데…….

일단은 큰 소리로 조서를 받기 시작했다. "뭘 잘했다고 그래. 창피한 줄 알아야지." 순이도 소리를 질렀다. "경찰이면 다냐. 인권침해로 고소하겠다." "고소해라. 고소하다." 서로 한바탕 쏟아내자 울기 시작했다. 싸우고 울고 또 싸우고 울었다. "오빠는 하지 말라는 짓 안 했냐. 누구나 슈퍼에서 물건을 훔칠 수 있는 것 아니냐." "야, 그럴 수도 있어. 앞으로 잘하면 되지. 나도 엄청 사고 쳤다." 그때부터 그 친구가 마음을 열기 시작했다. 결국엔 다방 업주에게서 돈을 받아주기로 하고 조서를

25

받았다. "너는 잘못이 없어. 내가 돈 받아줄 테니까." 조서를 끝냈더니 그 친구가 휴대폰 번호를 찍어줬다.

그렇게 취재를 마치고 서울로 올라왔다. 월드베이스볼클래식에서 한국이 신들린 듯 잘했다. 커버스토리를 쓰라는 지시가 떨어졌다. 그다음 주에는 검찰에서 사고가 터졌다. 한 달이 지났다. 순이에게 전화를 했더니 아직도 여수에서 일하고 있었다. 경찰과 업주의 결탁 때문이었다. 그래서 바로 기사를 썼다. 〈오늘도 소녀는 '몸'을 배달한다〉. 기사 마지막 문장에 한마디 했다. "여수의 한 다방에서 우리나라에 미성년자 성매매가 사라지지 않는 이유를 찾을 수 있었다." 이 기사는 다음·네이버에서 가장 많이 본 기사로 올랐다. 여수가 발칵 뒤집혔다. 전화가 계속 왔다. 처음에는 다방 아가씨와 업주들을 태운 여수경찰서행 버스에서. 그다음은 여수 경찰들을 가득 태운 전남경찰청행 버스에서. "주 기자님, 살려주세요. 저희 죽어요." 경찰이 여러 명 날아갔다. 순이도 집에 들어갔다.

우리나라 성매매 업소 단속은 정말 수상하다. 검찰청·경찰청 앞 업소는 단속당하는 법이 없다. 특급호텔 터키탕·안마시술소에서도 성을 판다. 조선일보 계열사인 코리아나호텔에서는 10년 넘게 유사 성매매를 하다가 적발되기도 했다. 여러 차례 언론에 보도되기도 했다. 하지만 끄떡없다. 7년 전 강남 특급호텔 성매매 단속에 나섰다. 첫 번째 타깃은 한남대교 남단에 있는 리버사이드호텔이었다. 그런데 경찰이 호텔 1층에 도착할 때까지 퇴폐 업소는 영업을 하고 있었다. 경찰이 엘리베이터를 탈 때 고객을 스포츠 마사지 업소로 이동시켰다. 어떻게 그리 잘 아느냐고? 단속에 맞춰 정보원을 미리 심어놓았다. 터키탕 주인에게 물었더니 단속을 당하면 손님이 바로 준다고 한다. 그래서 단속이 나와도 안전하다는 신뢰를 주는 것이 중요하단다. 단속은 이발소 같은 데만 만날 당한다. 그것도 아주 영세한. 전 세계에서 가장 쉽게 성을 사고파는 나라라는 불명예를 얻는 데는 경찰의 공이 크다. 검찰은 말할 것도 없다.

속칭 '여자 장사'는 경찰과 업주의 더러운 커넥션이 없으면 아예 불가능한 사업이다. 강남의 서울ㅅ호텔에는 방이 168개, 아가씨가 6백 명이 넘는 룸살롱이 있다. 이 룸살롱과 호텔은 성매매로 돈을 쓸어 담는다. 그 외에도 서울에는 아가씨가 5백 명 넘는 대형 술집이 몇 군데나 있다. 하지만 끄떡없다.

경찰의 약한 고리는 돈이다. 다른 말로 스폰서. 또 다른 말로는 미끼. 그렇게 큰돈도 아니다. 이 모든 게 50만 원, 백만 원으로 굴러간다. 국정원 최고위급 간부가 부하를 스폰서에게 보내 받아온 떡값 봉투에는 달랑 50만 원이 들어 있었다. 액수보다는 스폰서가 일상화되었다는 점이 더 큰 문제다. 경찰을 움직이는 데 큰돈 들지 않는다. 절대 팔자를 고칠 액수도 아니다. 월급 5백만 원보다 눈먼 돈 50만 원이 더 달콤한 법이다. 그런데 이 푼돈이 사람을 망친다. 눈앞의 작은 이익에 중독되어 일에 대한 애정이나 사명감은 희미해진다. 그런 공무원이 수도 없이 감옥에 간다. 하지만 뒤따르는 바보들이 있다.

일전에 조정래 선생이 《허수아비 춤》을 취재할 때 내가 손잡고 다녔다. 경제 민주화를 위해 재벌, 특히 삼성에게 어퍼컷을 날리는 소설이어서 흔쾌히 나섰다. 조정래 선생은 그《허수아비 춤》에서 돈과 떡값에 대해서 명확하게 정리하셨다. "그놈의 빌어먹을 온라인 때문에 월급에서 삥땅 한 번도 못 치고 살아온 게 벌써 몇 년이야! 마누라 모르게 생긴 눈먼 돈 50만 원, 그 맛이 얼마나 고소하겠어."

조폭과 사채 대처법

조폭

내가 남자고 어려서부터 사고를 치고 살다 보니 조폭 기사를 쓰는 게 재밌었다. 또 조폭이 순복음교회 등 공적인 영역에서 활개를 치니 안쓸 수가 없었다. 그래서 전직 조폭 출신이란 오해도 받고, 위협은 없냐며 많이들 걱정한다. 그런데 걱정할 것 없다. 조폭 기사를 쓰는 걸로 조폭이 위협하거나 하면 싸우면 된다. 내가 그놈하고 싸우면, 무조건 그놈은 잡혀간다. 때릴 것 같으면 신고하면 된다. 그래서 나는 조폭에게 쫄지 않는다. 협박 전화가 와도 그냥 "바쁘니까 내일 전화해라" 그러고 끊는다. 그럼 '넣어버린다' '발라버린다' 등등 욕이 살벌하지만 그게 다 작전이다. 욕을 퍼붓고 있을 때, "야, 바쁘니까 좀 있다 해, 임마" 하면 바로 '어? 어떻게 하지?' 그쪽에서 먼저 쫀다. 또 내가 먼저 어디서 만나자고 하면 당황한다. 만나서 문제 될 것 같으면 또 신고하면 된다.

사채

먼저 사채가 어떻게 눈덩이가 되는지부터 알아보자. 화투를 치러 갔다. 처음엔 무조건 딴다. 도박꾼들이 좀 잃어줘서. 그럼 신나서 두 번째 또 간다. 첨엔 따다가 결국 다 잃고 천만 원을 빌린다. 그런데 천만 원을 빌리면 일단 거기 꽁지가 붙어서 백만 원은 떼고 9백만 원만 준다. 그런데 이번엔 못 딴다. 이제 갚을 일만 남았다. 며칠 내에 갚으면 천2백만 원. 이건 그 동네에서 비싼 이자도 아니다. 그런데 일주일 후에 못 갚으면 바로 천5백만 원. 그 일주일 후에 또 못 갚으면 2천만 원으로 계산된다. 2주 만에 2천만 원이 되는 거고 한 달까지 못 갚으면 3천만 원이 된다. 어떤 주부가 1억을 빌렸다가 몇 달 만에 빚이 20억이 됐다. 어쨌든 꾸역꾸역 10억까진 갚았다. 결국 미국으로 도망갔다. 유명가수의 부인 이야기다. 사채는 이렇게 움직인다.

돈의 액수도 액수지만 사채업자들이 서비스직종에 종사하는 사람처럼 정중하게 전화해서 "얼마 갚아주세요" 하지 않는다. 온갖 폭언과 주변인에 대한 협박이 난무한다. 그게 정말 무서운 거다. 이유는 모르겠는데 사채에 시달리는 사람들이 많이 찾아오다 보니 나는 거의 사채 전문 해결사가 됐다. 해결에도 룰은 있다. 처음에 빌린 돈이 천만 원이면 이자가 어찌 됐든 그동안 얼마나 돌려주었는지 확인한다. 원금 이상을 주었으면 이제 웬만큼 주었으니까 정리하자고 협상한다. 천만 원을 하나도 못 갚고 3천만 원이 됐다. 그러면 천만 원은 썼으니 그 액수는 언제까지 준다고 약속을 하고 돌려준다. 협상 방식은 이것을 받아들이지 못하면 아예 못 준다고 선을 긋는 거다.

그런데 맞았다고 하면 좋게 끝낼 수가 없다. 이런 경우 원금도 안 돌려주고 해결한다. 물론 내가 직접 가서 말하면 되는 건 아니다. 사채 조직은 대부분 조폭 아래에서 활동하고 있기 때문에 어떤 업자든 거부할 수 없는 사람이 존재한다. 나는 그 라인만 찾으면 된다. 깡패들이 업자한테 찾아가서 얘기하면 잘 통한다. 깡패들이 와서 행패 부리면 영업이 잘 안 될 게 뻔하니까. 간혹 안 통할 때도 있는데 그럼 "아이씨, 그런 것도 해결 못하고 그러냐"고 깡패들을 자극하면 "그것이 아니고 동생!" 그러면서 발끈하게 되고, 정리한다. 사채업자 돈을 떼어먹을 순 없으니까 원금 수준에서 협상하는 거다. 사채를 빌렸는데 갚기 싫다고 나한테 메일을 보내는 분들, 원금은 갚아야 합니다. 자제해주세요.

31

유영철 사건, 진짜 추격자 체포되다

02

부당거래 검사와
도가니 판사

오늘도 검찰로부터 출석 요구서를 받았다. 어제는 검찰로부터 전화를 받았고, 선관위가 고소할 것이라는 기사를 봤다. 그제는 긴급체포를 대비해서 변호사를 만났다. 그끄제는 경찰로부터 나오라는 통지서를 받았다. 피의자로 끌려다닌 지 10년 넘었다. 그래서 나를 법조인이라고 놀리는 사람들도 있다. 취재를 하면서 법조인들을 많이 만난다. 검사·판사·변호사·수배자·전과자……. 그래서 행동반경이 판검사들과 겹친다. 밤에는 다른 얼굴을 한 비행 판검사들도 만난다.

판검사들은 골프를 많이 친다. 골프를 빼면 대화가 3분의 1로 줄어든다. 아무래도 골프 선수가 되려는 것 같다. 날씨가 좋아 붐비는 봄가을 골프장 부킹은 판검사를 통하는 것이 가장 빠르다. 하지만 자기 돈을 내고 필드에 나가는 판검사는 거의 없다.

검경, 개가 되고 싶었다

판검사들은 룸살롱을 많이 간다. 노래를 열심히 부른다. 아무래도 가수가 되고픈 것 같다. 아직도 부서 회식을 룸살롱에서 하는 직업군은 판검사와 주가 조작을 하는 분들뿐이다. 하루 저녁에 월급만큼 술을 먹는 일은 쉽지 않다. 당연히 옆에는 사업하는 사장님이 꼭 앉아 있다.

내 친구 류승완 감독이 영화 〈부당거래〉에서 검사들에게 한 방 먹였다. 공지영 작가는 《도가니》를 통해 판검사들과 변호사의 권력 관계를 적나라하게 보여줬다. 예술은 위대하다. 찔린 판검사 여러 명 있었다. 내가 아는 부당거래 검사와 도가니 판사도 여럿 있다. 버스 한 대를 채울 수도 있다.

판검사들은 자신들이 특별한 계급이라고 생각한다. 판사들은 세상에 판사가 있고 일반인이 있다고 생각한다. 검사들은 세상에 판검사가 있고 일반인이 있다고 생각한다. 대체로 판사는 검사를 무시하고, 검사는 판사를 시기한다. 판검사 모두 승진에 목숨 거는데 판사는 법복을 벗는 것을 두려워하고, 검사는 정치권으로 갈 궁리를 많이 한다. 사법고시에 붙어 판검사가 되면 일단 3급 공무원이 된다. 월급이 절대 적지 않다. 하지만 만날 골프 치고 만날 룸살롱 갈 만큼 많지는 않다. 그들은 이게 불만인 듯하다. 내가 죽도록 공부해서 판검사가 됐는데 이 정도라니, 내가 우리나라에게 제일 똑똑한데 이 정도라니, 이렇게 생각하는 것 같다. 어쨌든 그들은 스스로를 굉장히 특별하다고 믿는다. 그래서 특별한 대접을 받는 것이 당연하다고 믿는다. 그들이 암기를 잘해서 가장 어려운 시험을 통과한 것은 맞다. 그러나 내가 만나본 판검사 가운데 똑똑한 사람은 손에 꼽을 정도다. 고위직에 앉은 사람일수록 형편없었다.

부당거래 검사와 도가니 판사

미안한 말이지만 외고나 특목고 출신, 강남 출신 판검사들은 끔찍했다. 우리 판검사들은 암기 과목 공부만 몇 년씩 하다 보니 세상 물정에 어둡다. 그들에게 여행도 하고 세상 돌아가는 것에 관심을 가지라고 조언한다. 조선일보만 읽지 말고 시사IN도 좀 읽으라고. 또 소설을 많이 읽으라고 권한다. 특히 연애소설을. 부족한 인성을 만회할 상상력과 공감 능력이 절실하다. 어차피 법전은 적용하면 되는 것이고 소설을 좀 읽어서 '피고가 왜 그랬을까'에 대한 상상력을 키웠으면 좋겠다. 고등학교 때 1등이었는데 그때 20등 했던 친구보다 돈을 더 못 버는 것 따위로 고민할 게 아니라 말이다.

리포트

죽은 권력은 죽이고
살아 있는 권력은 살려주는가

[시사IN 86호] 2009.05.06

대통령은 '검사님'이라고 불렀다. 검사 입에서는 '대통령께서'라는 말이 나왔지만 조서에는 '피의자'로 썼다. 노무현 전 대통령이 검찰에 당한 두 번째 굴욕이었다. 1987년 대우조선 노동자가 시위 도중 사망했다. 당시 노무현 변호사는 노동자 편에서 부검과 관련해 법률 조언을 해주다 제3자 개입 혐의로 구속됐다. 당시 법원이 구속영장을 기각하자, 검찰은 노 변호사를 구속하기 위해 하룻밤에 세 번이나 판사와 법원장 집을 찾아다녔다고 한다.

검찰의 공세에 노 전 대통령은 다시 교도소 담장 위를 걷는 위기에 처했다. 검찰은 박연차 태광실업 회장이 건넨 돈 6백만 달러의 주인을 '노 전 대통령의 아내와 아들'로 결론지었다. 모두 노무현 전 대통령을 보고 준 뇌물이라는 판단에 따른 것이다. 노 전 대통령이 포괄적 뇌물죄에 해당한다는 게 검찰 생각이다. 검찰의 한 고위 관계자는 "노 전 대통령의 뇌물죄를 살펴볼 때 감경 요소는 하나도 없고 가중 요소만 있다. 수뢰 관련 부정 처사, 피지휘자에 대한 교사, 적극적 요구, 2년 이상 장기간 뇌물 수수, 3급 이상 공무원…. 법대로 적용하면 노 전 대통령은 징역 11년 이상 또는 무기징역형에 해당한다"라고 말했다.

노 전 대통령은 박연차 회장으로부터 가족이 6백만 달러를 받은 것에 대해서까지 부인하는 것은 아니다. 다만 대통령 재임 시절에 돈 문제에 관해서는 알지 못했다는 주장이다. 지난 4월 30일 검찰에 출두하는 노 전 대통령을 배웅하면서 권 여사는 내내 울기만 했다고 한다. 노 전 대통령의 한 측근 인사는 "권 여사는 '다 나 때문에 벌어진 일이다. 내 잘못이다'라면서 새벽부터 울기만 했다"라고 말했다. 노 전 대통령 검찰 조사 이후 문재인 전 비서실장은 "검찰이 노 전 대통령의 자녀들이 권양숙 여사로부터 송금을 받거나 한국에 왔을 때 돈을 받은 부분이 있다고 질문을 했는데 노 전 대통령은 송금 관계나 유학 비용 등에 대해선 모르는 내용이라고 답했다"라고 말했다.

35
부당거래 검사와 도가니 판사

박연차 진술 플러스 알파는?

검찰과 노 전 대통령의 주장은 계속해서 평행선을 달린다. 검찰은 "오후 3시 이후에 돈을 줘 대통령이 모를 리 없다" "노 전 대통령이 직접 전화를 걸어 돈을 부탁했다" 따위의 박 회장의 진술을 보강하고 있다. 청와대 출입기록 등 정황도 찾고 있다.

박 회장의 진술 이외에 진술을 지탱해줄 마땅한 카드가 없다. 바로 이 점이 검찰이 노 전 대통령에 대한 구속영장 청구를 놓고 고민하는 대목이다.

노무현 전 대통령 소환 조사로 '박연차 로비' 수사는 반환점을 돌았다. 이제 살아 있는 권력에 대한 수사가 검찰의 숙제로 남게 됐다. 한나라당의 텃밭이 박연차 회장의 사업 근거지였다. 박 회장은 2002년 대선 때 한나라당 재정위원을 맡을 정도로 친한나라당 인사다.

이번 사건에서 이명박 대통령의 형인 한나라당 이상득 의원과 정두언 의원 수사에 대해 검찰은 선을 그은 상태다. 태광실업에 대한 국세청 세무조사가 시작되자 추부길 전 청와대 홍보비서관은 박 회장에게서 세무조사를 막아달라는 청탁과 함께 2억 원을 받았다. 이상득 사람으로 꼽히는 추 전 비서관은 두 차례 전화를 걸어 이상득 의원에게 세무조사를 무마해달라고 부탁했다. 추 전 비서관은 대통령의 최측근인 정두언 의원에게도 부탁했다. 검찰은 추 전 비서관이 이상득·정두언 의원에게 청탁했다는 구체적인 진술과 통화 내역까지 확보했다. 하지만 "청탁을 거절당했다"라는 추 전 비서관의 진술 한마디에 검찰은 두 의원을 조사할 이유가 없다고 밝혔다. 추 전 비서관은 재판에서 자신의 죄를 순순히 시인했다.

결국 대통령의 절친한 친구이자 후원자인 천신일 세중나모그룹 회장에게 세간의 관심이 집중된다. 천 회장은 이 대통령과 거리낌 없이 대화를 나누는 몇 안 되는 인물로 고려대 인맥과 재계 인맥의 정점에 있다. 천 회장은 고려대 교우회장을 맡았는데 여기에는 이 대통령의 후원이 컸다.

'실세' 천 회장은 태광에 대한 세무조사가 한창일 때 박 회장을 여러 차례 만나 구명에 나섰다는 의혹을 받는다. 천 회장은 박 회장과 40년 넘게 돈독한 관계를 이어온 형제 같은 사이다. 천 회장은 지난 7월 박 회장, 박 회장의 사돈인 김정복 전 중부지방국세청장, 이종찬 전 민정수석 등과 만나 '세무조사 대책회의'를 했다는 의혹을 받았다. '대책회의' 며칠 후에는 경남 진해에 있는 휴양지에서 이명박 대통령을 만났다. 또 태광이 세무조사를 받던 당시 박 회장에게서 현금 10억 원이 든 사과상자를 받았다는 보도도 나왔다.

이에 대해 청와대 측은 "대통령이 친구와 같이 개인 휴가를 갔다는 게 문제가 된다는 것 자체가 유감이다"라고 밝혔다.

검찰, 한상률 전 국세청장 조사 의지 약해

의혹의 다른 축은 지난 대선에서 천 회장이 막대한 현금을 만들어 이명박 후보를 도왔고, 특별당비 30억 원을 대납했다는 것이다. 천 회장은 2007년 11월 주식을 팔아 235억 원을 현금화했고, 46억 원을 은행에 예금한 뒤 담보로 30억 원을 대출받아 당시 이명박 후보에게 빌려줬다고 해명했다. 하지만 민주당 관계자는 "2007년 대선을 앞두고 천신일 씨와 가족이 주식을 팔아 현금화한 액수가 3백억 원이 넘는다. 근저당과 이자 등에 수천만 원 비용이 드는데, 굳이 복잡한 대출 절차를 거쳐 돈을 빌려준 이유도 궁금하다"라며 의혹을 제기하고 나섰다.

천 회장 수사에 대해 검찰은 '지켜봐달라'는 입장을 되풀이하고 있다. 검찰은 여권 수사의 가이드라인을 정한 상태다. 홍만표 대검 수사기획관은 "천 회장 수사는 박연차 태광실업 회장과 관련된 것만 본다. 대선자금 쪽은 아니다"라고 말했다.

천신일 회장을 출국 금지한 것 말고는 여권 핵심을 향한 검찰 수사가 별다른 진전을 보이지 않는다. 천 회장의 세무조사 무마 로비 의혹과 관련해서는 갑자기 미국으로 출국한 한상률 전 국세청장 조사가 필수이다. 하지만 검찰은 한 전 청장 소환에도 별 의지를 보이지 않고 있다. ■

이것이 팩트다

검사님이 막 죄를 만들잖아요

참여정부에서 '정치 검사'라는 말은 자취를 감추었다. 검사가 권력의

38

검경, 개가 되고 싶었다

시녀 노릇을 하는 시대는 종언을 고하는 듯 보였다. 이명박 정부 인사들도 노무현 정부가 권력기관을 멀리했다는 점은 높이 평가했다. 정두언 한나라당 의원은 "지난 정권이 검찰, 경찰, 국정원을 권력의 시녀로 삼지 않겠다고 노력한 점이 돋보인다"라고 말했다. 그런데 어찌 된 일인지 사라졌던 '정치 검찰'이라는 말이 새 정부 출범과 더불어 다시 고개를 든다. 공기업 민영화, KBS 사장 교체, 광우병 파동 등 사회적으로 중요한 국면마다 검찰이 청와대의 뜻을 받들어 설거지를 하는 모양새를 취하자 '정치 검찰'이라는 단어가 부활했다.

특히 노무현 전 대통령 주변에 대한 검찰의 수사 의욕과 열정은 정말 감탄할 만하다. 2010년 6월 지방선거를 앞두고 권오성 서울중앙지검 특수2부장은 한명숙 전 총리 수사에 남다른 열정을 보였다. 열정이 지나쳤다는 평가를 받았다. "검사님이 막 죄를 만들잖아요" "검사님이 무서워서 그랬어요" "검사가 호랑이보다 더 무서웠어요"……. 곽영욱 전 대한통운 사장은 법정에서 "검사가 무서워 살기 위해서 거짓말했다"라고 주장했다. 헌법과 형사소송법은 '자백의 임의성'이라는 규정을 두고 있다. 고문·협박·공포 상황 등으로 자유롭지 못한 상태에서 진실이 왜곡된 자백은 증거 능력을 배제한다는 의미다. 결국 한 전 총리는 무죄를 선고받았다.

무죄 선고 하루 전날, 서울중앙지검 특수1부가 한 전 총리의 불법 정치자금 수수 의혹을 별건 수사하고 나섰다. 검사들조차 '동생이 맞고 오니 형이 나서는 형국'이라고 말한다. 검사 출신 홍준표 의원은 "전직 총리를 수사하는데 어떻게 그리 안이하고 엉성하게 하는지 참으로 부

부당거래 검사와 도가니 판사

끄럽고 검사로서 치욕이다. 1심에서 무죄가 날 것 같으니까 또 하나 (별건 수사를) 찾겠다는 것은 검사로서 당당한 태도가 아니다"라고 지적했다. 특수1부 김기동 부장은 특수부에 5년 동안 몸을 담은 베테랑이다. 특수1부 부부장 시절에는 BBK 수사를 맡아 김경준 씨를 직접 수사했다. 김경준 씨에게 형이라고 부르라며 에리카 김과 가족에게 전화 통화를 허용한 검사다. 그는 특수3부장을 거쳐 특수1부장을 지냈다. 한 전총리는 다시 무죄를 받았지만 김 검사는 대검 연구관 및 검찰기획단장을 거쳐 현재 수원지검 성남지청 차장검사로 승진했다.

검사들이 그렇게 무섭기만 한 것은 아니다. 어떤 수사에 대해서는 부처와 같은 자비심을 보이기도 한다. BBK 수사와 특검. BBK 수사를 통해 우리는 아무리 증거가 확실해도 기소하지 않고 죄를 사해주는 검찰의 인내심을 보았다. 2011년 3월에는 MB가 '도곡동 땅'의 실소유주인지를 밝힐 수 있는 열쇠를 쥔 한상률 전 국세청장과 에리카 김 씨를 하루 간격으로 불러들여 한 방에 털어주는 검찰의 넓은 아량을 확인했다. 그동안 각종 의혹으로 지명수배 해놓고는 웬일인지 바로 종결지어준 것이다. 2010년, 군사독재 시절에나 있을 법한 총리실 공직윤리지원관실의 민간인 불법사찰 사건을 보자. '몸통'을 조사하기는커녕 검찰은 공직자윤리지원관실에 대포폰을 건넨 청와대 행정관을 호텔에서 조사하는 친절함까지 보였다. 검찰은 2010년 8월 18일, 고 노무현 대통령의 차명 계좌 발언으로 고발된 조현오 경찰청장을 부르지도 않는다. 검찰의 박애정신, 특별히 힘 있는 권력자에 대한 사랑은 부모의 사랑에 근접한다.

검경, 개가 되고 싶었다

2012년 2월 19일 서울중앙지검 공안1부(이상호 부장검사)는 서울 한남동 국회의장 공관을 방문해 박희태 의장을 상대로 한나라당 전당대회 돈봉투 사건 수사를 지시했다. 헌정 사상 두 번째 국회의장 조사라는 둥 언론은 생난리를 쳤다. 하지만 모두 쇼였다. 21일 정점식 서울중앙지검 2차장검사가 수사 결과를 발표했다. 주범 박희태 국회의장과 김효재 청와대 민정수석은 불구속, 심부름한 사람들은 구속됐다. '검찰이 무능하다' '역시 정치검사다'라는 비난이 쏟아졌다.

이미 결론은 나 있었다. 2월 17일 동아일보 기사다. "검찰이 2008년 한나라당(현 새누리당) 전당대회 돈봉투 살포 혐의(정당법 위반)를 받고 있는 김효재 전 대통령정무수석비서관과 박희태 국회의장 등을 모두 불구속 기소하는 방안을 검토하는 것으로 16일 알려졌다." 발 빠르다. 동아일보는 그 이유를 정확하게 설명하고 있다. 역시 MB 정권의 빨대 전문이다. "검찰은 선거법이 아닌 정당법 위반 혐의로 정치인을 형사처벌한 사례가 거의 없고 돌린 돈봉투가 적극적으로 표를 매수하려는 행위라기보다는 지지자들에 대한 지원 및 격려금 성격이었던 점 등을 감안해 사건 관련자들에 대한 불구속 기소를 의미 있게 검토하는 것으로 알려졌다." 박 의장은 국회의장으로 재임하면서 라미드그룹으로부터 받은 억대 변호사 수임료와 자신 명의로 1억 5천만 원대 마이너스 통장을 만들어 캠프에 전달했다. 표를 매수하려는 행위라기보다는 지지자들에 대한 지원 및 격려금으로. 한상대 검찰총장이 취임 때부터 주장한, 고질적 환부만을 깔끔하게 도려내는 '스마트 수사'의 교과서에 실릴 만하다.

최시중 방송통신위원장 수사는 어떤가? 최시중 위원장의 양아들 정용욱 전 방통위 정책보좌관이 국회의원 보좌관에게 돈봉투를 전달했다는 폭로가 제기됐다. 2009년 7월 미디어법이 날치기 통과된 직후였다. 정황이 공개되었지만 검찰은 모른 척하고 있다. 최 위원장의 소환 여부도 모른다. 양아들 정용욱 씨가 업체로부터 받은 돈이 수백억 원 대다. 검찰은 눈을 감았다. 정용욱 씨에게 돈을 준 김학인 한국방송예술진흥원 이사장 주변 10여 곳을 압수 수색한 바로 그날 정용욱 씨는 태국으로 도피했다. 지난해 12월 중순 압수 수색 전 정용욱 씨는 김학인 이사장에게 "서울중앙지검에서 수사가 시작될 것이고 압수 수색이 들어올 테니 대비하라"고 경고했다. 정용욱 씨는 "나는 윗선에 보고했고 곧 방통위 보좌역을 사직한 뒤 외국으로 갈 것이다"라고 말했다. 정용욱 씨는 얼마 전 재혼한 청와대 전 행정관과 함께 송환이 불가능한 말레이시아에 머물고 있다.

검찰은 독립이 두려웠다

이명박 정부 들어 승승장구하는 검사들에게는 몇 가지 공통점이 있다. 첫째 경상도 사투리를 쓴다. 둘째 이명박 대통령과 친인척, 측근 비리 수사를 맡아 말끔히 처리해준 경험이 있다. BBK 검사는 언제나 승진의 선두주자다. 셋째 권력의 입맛에 맞춰 무리한 수사를 진행한 경험이 있다. 노무현 전 대통령 주변을 괴롭히기만 해도 승진은 따놓은 당상이다. 3공화국 때 김대중 전 대통령을 괴롭히면 출세가 보장되었듯이. 무죄가 나도 상관없다. 나는 이런 검사들의 출석부를 만드는 작업인 '친이인명사전' 편찬에 힘을 쏟고 있다. 정권이 끝나도, 전 재산을 털어서라도, 그들에게 부끄러움을 느끼도록 하고 싶다.

노무현 전 대통령은 검찰의 정치적 독립을 보장하면 검찰이 부당한 특권을 내려놓을 것이라는 기대감이 있었다. 하지만 검찰은 독립을 소외로 받아들였다. 그래서 달려든 거다. 검찰은 정권의 개가 되고 싶었다. 개 노릇 그만해도 된다니까 안 예뻐한다고 물어뜯은 거다. 검찰 조직의 민주적 통제를 위해 참여정부는 검경 수사권 조정과 고위공직자 비리수사처를 추진했다. 하지만 바로 무산됐다. 제도 개혁 없이 검찰의 정치적 중립은 공염불에 지나지 않았다. 노무현 대통령은 순진했다. 아니 무능했다. 문재인 이사장도 마찬가지다.

노무현 대통령 자신과 친인척, 측근들이 검찰로부터 당한 모욕은 저승에서도 풀리지 않았을 것이다. 2012년 2월 말 총선을 코앞에 두고, 검찰은 고 노무현 전 대통령의 딸 정연 씨의 미국 아파트 매입 의혹에 대해 재수사에 나섰다. 2009년 박연차 게이트 당시 불거졌다 사라진 일이었다. 노 대통령을 수사했던 대검찰청 중앙수사부(최재경 부장검사)가 다시 직접 나섰다. 월간조선 보도 내용을 근거로 지난 1월 보수 단체인 국민행동본부가 수사를 의뢰해서 진행됐다고 한다. 공작 냄새가 난다. 하지만 '정치 검찰' '공작 수사'라는 여론에도 검찰은 꿈쩍하지 않는다.

반면 검찰은 이 대통령의 아들 시형 씨가 내곡동 땅을 사는 과정에서 국가에 손해를 입힌 점에 대해서는 수사할 생각이 없다. MB는 검찰에게 직접 완장을 채워주고 적극적으로 이용했다. 그러고는 잘했다며 승진 당근을 주었다. 기본적으로 공안 정국일수록 검찰의 힘이 더 세진다. 검찰은 그 힘을 즐기는 것 같다. 북한은 소수의 권력 집단이 통제하는 체제를 유지하고 있는데 검찰이 원하는 국가도 그와 비슷할지 모른다. 그래서 일부 검찰 간부들은 독재를 희망하고 갈구하기도 한다. 2010년 4월 김홍일 당시 대검 중수부장이 기자들과 식사를 하는 자리에서 이렇게 말했다. "중국은 정치 체계가 안정됐다. 당장 누가 대통령이 될지도 모르는 우리나라 상황에 비해 태자당처럼 청년 때부터 키워서 지도자를 만드는 중국의 제도는 참으로 훌륭하다. 우리도 중국같이 집단 지도체제를 갖추는 게 낫다고 생각한다." 독재를 추억하는 사람들이 너무 많다.

BBK 검사와 스폰서 검사

"당신들의 명예를 훼손했으면 내가 감옥에 가겠습니다. 그런데 돈 내놓으라고는 하지 마쇼. 돈 없는 건 잘 아시지 않습니까." 2008년 초 나를 고소한 BBK 검사들에게 이렇게 말했다. 한 검사에게서 "우리가 돈을 받으려고 하는 건 아니니까 걱정하지 마세요"라는 답이 왔다. 앞에선 소송하고 싸워도 뒤에서는 다 만난다. 선수끼리는. 내가 파악하기로는 MB와 BBK를 떼어 놓으려고 검사들도 고생이 많았다. MB가 BBK에 관련되었다는 증거들은 무수히 많다. 그러나 확실한 자료와 증거가 나와도 그건 다 MB의 장난이었으니 무시해야 한다고 결론을 내린다. 명함도 장난으로 파고, 도장도 장난으로 파고, 동영상도 장난으로 찍었다는 말이다. 아예 답을 정해놓고 시작한 거다. MB의 여러 말 가운데 BBK와 관련 없다는 말만 맞다고 콕 집어 정리한다. 그런데 MB와 BBK가 관련 없다는 검찰의 논리대로 하면 나는 주진우가 아니다. 내 신분증도 장난이고, 내 명함도 장난이고, 내가 말한 것도 다 장난이다. 그러니 나는 내가 아니다. 그들은 내가 나라는 것을 증명할 길이 없다.

검사들을 수사한 사건을 살펴보면 검사들이 얼마나 작위적으로 법을

45

해석하고, 법을 무시하는지 알 수 있다.

2009년 10월 대검 연구관 유 아무개 씨는 음주 운전을 하다가 한남대교에서 중앙선을 침범해서 차량 3대를 들이받았다. 혈중 알코올 농도는 0.055. 용산경찰서에서 수사를 해서 형사 입건했는데 유 검사는 처벌은 안 받고 얼마 후 서부지검으로 발령이 났다. 기록을 체크해보니 수사가 진행될수록 혈중 알코올 농도가 계속 떨어지더니, 결국 마지막 기록엔 중앙선 침범도 사라졌다. 그렇게 범죄가 다 사라졌다. 잘나가는 검사가 교통사고 내면 이렇게 처리한다.

2011년 말 있었던 벤츠 여검사 사건을 보자. 한 여검사가 부장판사 출신 변호사로부터 청탁을 받았다. 둘은 내연 관계였다. 여검사는 문자 메시지를 보냈다. "(사건 담당 검사에게) 뜻대로 전달했고, 영장 청구도 고려해보겠다고 한다." "○○○ 검사에게 말해뒀으니 그렇게 알라." 그러고는 바로 "샤넬 핸드백 값 540만 원을 보내달라"며 은행 계좌번호를 보냈다. 문자를 보낸 5일 뒤 서울 강남의 한 백화점에서 변호사의 법인 카드로 539만 원이 결제됐다. 여검사는 변호사로부터 벤츠 승용차를 받아 타고 다녔다. 검찰은 넉 달 넘게 방치하다 언론에 문제가 불거지자 관련자를 구속했다. 대검찰청 안병익 감찰1과장은 "당시 진정서에 벤츠 승용차 부분이 언급돼 있었지만 수많은 진정 내용을 일일이 확인하기 어려웠다"고 말했다. 검찰의 두뇌들이 모였다는 대검 수준이 이 정도다. 아니, 이래야 출세한다. 구속 한 달 만에 여검사는 보석으로 나왔다. 증거인멸과 도주의 우려가 없다는 이유에서였다. 여검사는 임신 중이었다.

검경, 개가 되고 싶었다

스폰서 법인카드로 1억 원을 쓴 검사가 있었고, 사건청탁과 함께 그 랜저 승용차와 거액의 금품을 받은 '그랜저 검사'가 있었다. 2009년 천 성관 검찰총장 후보자는 스폰서로부터 15억 원을 차용증도 없이 빌리 고, 부부 동반 해외 골프 여행을 갔고, 제네시스 승용차를 제공받아 타 고 있었다. 그런데 그는 어떤 수사도 받지 않았다. 부산 지역 사업가로 부터 수 년간 접대를 받은 이른바 '스폰서 검사' 파문. 한승철 전 대검 찰청 감찰부장과 박기준 전 부산지검장은 그렇게 당당할 수 없다. 검사 답다. 검사가 기소를 하거나 죄를 묻지 않으면 죄가 안 된다. 아무리 나 쁜 짓을 하고 많은 사람들을 못살게 굴어도 검사가 나서지 않으면 죄 도 안 되고 당연히 벌도 안 받는다. 검찰은 '스폰서 검사'가 나올 때마 다 재발방지를 이야기한다. 그것으로 끝이다. 사과하는 사람도 없다. 부끄러움을 모른다는 것이 검찰의 가장 큰 특징이다. 노무현 대통령 서 거 당시 검찰 내부 통신망에 검찰 수사에 대한 자성의 글을 올린 검사 는 단 한 명뿐이었다.

나경원 법

나경원 의원을 비난한 수만 명 가운데 단 한 사람이 처벌됐다. 김재호 판사 관할 구역에 있는. 단순히 벌금을 낼 사안이었다. 그런데 정식 재판에 회부됐고, 검찰은 징역 1년을 때린다. 기소청탁. "사건을 빨리 기소해달라. 기소만 해주면 내가 여기서……" 김재호 판사의 죄질이 나빴다. 힘 있고 법 안다고 서민 한 사람을 유린했다.

고발하고 싶지 않았다. 이후 몰려올 파도가 걱정이었다. 나는 괜찮다. 고소당하고, 검찰에 끌려가고, 재판에 끌려다녀도. 나경원 전 의원과 김재호 판사가 거짓말을 할 것이고, 청탁받은 검사들이 버틸 것이고, 결국 정의로운 검사만 고초를 겪을 게 뻔했다.

그러다 2011년 10월 나경원 서울시장 후보의 남편 김재호 판사의 기소청탁을 고발했다. 10·26 선거가 끝났다. 나는 나경원 전 의원과 김재호 판사가 기소청탁 건은 그냥 못 본 척 넘어가길 바랐다. 조용히 사라지길 바랐다. 민주당 박지원 의원이 이 문제를 제기하겠다고 나서는 걸 말리기도 했다.

나경원 전 의원이, 김재호 판사가 양심이 있다면 기소청탁 건은 문제 삼지 않았을 것이라 믿었다. 문제가 되지 않길 빌었다. 그런데 나를 고발했다. 그저 보여주기가 아니었다. 경찰과 검찰은 나를 구속하려 달려들었다.

나경원 전 의원의 피부과와 기소청탁 건은 내게 어려운 소송이 아니었다. 쉽게 방어할 수 있었다. 나는 항상 결정적인 카드 한 장은 뒷주머니에 넣어둔다. 특히 소송과 관련해서는. 그래서 경찰 조사에 당당하게 응하려 했다. 경찰청 출두 콘서트를 열자는 둥 사인회를 하자는 둥 계획이 많았다. 그런데 경찰의 한 고위 인사가 말했다. 2011년 12월이었다. "주 기자, 나경원 1억 피부과는 허위 과장 보도지만 시사IN은 법적으로 문제가 되지 않는다고 정리될 거야. 다만 주 기자가 나경원 코를 언급한 부분은 후보자 검증과 무관한 사안이어서 기소청탁 건과 묶어서 기소할 거야. 수사 방향이 정해졌어." 경찰과 검찰의 높은 분들에게 확인을 구했다. 내가 가든 안 가든 결론은 달라지지 않는다. 내가 경찰 조사에 응하지 않은 이유도 이 때문이다.

담당 경찰에게 "이미 결론 난 사건에 굳이 갈 이유가 없다"라고 말했다. 경찰이 출석 요구서를 보내기 시작했다. "긴급체포할 것이면서 수고스럽게 종이 보내지 마라. 같이 취재한 수습기자는 아무것도 모르니 나만 잡아가라. 집에는 없으니 체포하고 싶은 날짜와 장소를 달라." 경찰은 "알았다. 그런데 체포할 리는 없다"라고 대답했다. 그러면서 계속해서 출석 요구서를 보냈다. 그러고는 취재를 도왔던 수습기자에 대한 체포영장을 청구했다. 피의자가 수사기관의 소환에 응하지 않으면 법원은 보통 영장을 내준다. 하지만 이 건은 워낙 말이 되지 않았는지 법원에서 영장을 기각했다. 나는 내 주변을 건드리는 옹졸함에 화가 머리 끝까지 났다.

2012년 1월 27일 나경원 전 의원이 중구에 출마하겠다고 선언했다. 경찰이 선거운동원으로 나섰다. 이틀 만에 경찰이 수사 결과를 내놓았다. 동아일보 기사를 통해서다. 그런데 기사는 한 달 전 취재원에게 들었던 내용과 단어까지 똑같았다. "코 성형 의혹 '나꼼수'서 제기한 주간지 기자는 형사처벌 검토. 한나라당 나경원 후보의 '연회비 1억 원 피부과 이용설'이 사실무근인 것으로 경찰 조사 결과 확인됐다. 이 의혹을 보도한 시사IN 취재진을 허위사실 유포 혐의로 처벌하기는 어려울 것으로 보인다. 하지만 경찰은 시사IN 주진우 기자가 '나꼼수'에서 제기한 나 전 후보의 코 성형수술 의혹에 대해선 후보자의 자질이나 도덕성과 무관한 사생활 비방으로 보고 있다."

이어 서울경찰청 홍보담당관실은 산하 57개 경찰관서 트위터와 페이스북 홍보 담당자들에게 문자 메시지를 일제히 전송했다. "서울청 트위터에 시사IN의 나경원 피부 클리닉에 대한 입장을 올렸으니 리트위트(RT)를 부탁드립니다" "나경원 피부 클리닉 관련 경찰 수사 진행 상황을 지켜본 후 시사IN을 '비난하자'는 논조로 댓글도 부탁해요".

새누리당 정옥임 의원이 나경원법을 내놓았다. 허위사실을 유포하면 구속해야 한다고. 그리고 조중동과 방송이 나서서 '나경원법'으로 지면을 도배했다. 주진우를 구속하고, 시사IN을 폐간하고, 서울시장 선거를 다시 하자는 기사까지 나왔다. 이놈들 꼼꼼하다. 깨알 같다. 나경원 의원 측은 기소청탁을 해놓고 나를 고소하고 파렴치범으로 몰았다. 허위사실을 유포해 나의 명예를 훼손했다. '나경원법'을 엄격히 적용하면 나경원 의원은 구속이다.

2월 들어 내게 체포영장에 이어 구속영장이 청구된다는 이야기를 들었다. 나의 빨대들은 매우 정확하다. 믿을 만하다. 내가 놀면서 남들보다 괜찮은 기사를 쓸 수 있는 것은 다 주변에서 도와주기 때문이다. 아무튼 마음은 편했다. "그렇게 잡고 싶은데 잡아야지 뭐." 구속은 나꼼수에 고정으로 나설 때부터 각오한 일이다. 3명의 꼴통들이 골방에서 웃고 떠들 때 내 눈에는 구속영장과 철창이 배경화면으로 보였다. 그래서 빠질 수 없었다.

"구속. 살면 얼마나 살겠어." 집에 혹시 잘못될 수도 있다고 이야기했다. 주위에 "혹시 이상한 뉴스가 나와도 걱정하지 말라"고 말했다. 다 방법이 있다고. 그 방법은 잡혀가는 것이었다. 잡혀가서도 기소청탁 이야기는 하고 싶지 않았다.

그런데 나 전 의원과 가까운 쪽에서 이야기를 들었다. 대구경북 출신으로 이 정권에서 떵떵거리던 사람이었다. "청탁을 받았다는 검사가 나왔어. 주 기자 구속영장은 썼다가 지우고 있을 거야. 용궁 갔다가 온 줄 알아." 검찰 취재에 나섰다. 기소청탁 건은 서울경찰청 대신 서울중앙지검 공안2부에서 직접 나섰다(검찰은 부인하고 있지만). 공안2부 검사는 당시 수사 검사들에게 사실을 확인하고, 나와의 관계를 캤다. 검사들 답변이 모두 애매모호했다. 그래서 검찰은 영장을 강행하려 했다. 수사 검사들이 사실관계를 확인해주지 않을 것으로 예상한 것 같다.

부당거래 검사와 도가니 판사

"기억나지 않는다"는 식으로. 검찰 조직이 본래 그렇다. 좀 비겁하다. 법과 양심 그리고 진실과 정의는 검찰 조직에서는 출세보다 하위 개념이다. 그런데 수사 과정에서 박은정 검사가 진실을 이야기한 것이다. 어이쿠. 검찰 고위 관계자는 "박은정이 손을 들고 나왔다"라고 말했다.

모든 게 그렇게 정리되는 줄 알았다. 하지만 사건은 계속 굴러갔다. 나에 대한 영장도. 진짜 활극은 그때부터다. 그 이야기는 다음에 해야 할 것 같다.

그 시간 나경원 전 의원은 기소청탁 의혹이 여성 정치인에 대한 성추행이라며 눈물을 글썽이고 있었다.

삼성 특검, 삼성이 어려울 때 힘이 돼주다

[시사IN 32호] 2008.04.21

지난해 10월 김용철 변호사가 양심선언을 하자, 삼성은 "미치광이의 헛소리"라고 했다. 비자금은 없고, 로비도 없다고 했다. 정신 나갔다는 김 변호사의 말은 그대로인데 삼성의 말은 오락가락했다. 회사 임원 돈은 회사의 차명 계좌가 되더니 이건희 회장 돈이라고 했다. 나중에는 "선대로부터 상속받은 재산"으로 말이 바뀌었다. "삼성에 비자금은 하나도 없다"라던 해명은 삼성화재에서 비자금이 나오자 "개인 비리다"로 바뀌었다.

4월 17일 삼성 특검 수사를 마무리하는 자리에서 조준웅 특검은 "삼성 말이 맞다"라고 했다. 특검은 김 변호사의 진술이 신빙성이 없다는 점을 부각하기 위해 많은 시간을 할애했다. 조 특검은 "김용철 변호사의 주장은 오락가락한다"라고 말했다.

특검은 정작 오락가락하는 삼성의 진술은 문제 삼지 않았다. 증거인멸 우려도 없다고 했다. 특검의 말은 삼성이 더 이상 없앨 증거가 없다는 이야기로 들렸다. 그동안 삼성은 일에 지장을 줄 정도로 증거를 없앴다. 삼성화재 김승언 전무는 전산 자료를 삭제해 특검으로부터 불구속 기소됐다.

조준웅 특별검사팀은 불법적 경영권 승계 과정에 이건희 회장이 깊

숙이 개입한 사실을 확인했다. 4조 5천억 원의 차명 재산도 찾아냈다. 특검팀은 "이 회장의 포탈 세액과 배임 이득액이 천문학적인 숫자에 달하는 거액이어서 법정행이 무거운 중죄에 해당한다"라고 밝혔다. 그러나 특검은 한 사람도 구속하지 않았다. 그리고 특검은 삼성 특별 변호사 같은 이야기를 쏟아냈다. 면죄부 수사라는 비난이 뒤따르는 것도 이 때문이다.

특검은 이건희 회장이 자신의 경영권을 유지하고 이재용 전무에게 경영권을 불법 승계하기 위해 회사에 손해를 끼친 범죄행위를 확인했다. 특검의 성과라고 볼 수 있다. 그러나 특검은 "인적 탐욕에서 비롯한 전형적인 배임, 조세 포탈 범죄와는 다른 측면이 있다"라고 설명했다. 개인적인 탐욕이 아니라면 무엇 때문인지 이해하기 힘들다.

특검 발표에 삼성은 표정 관리

정·관계 로비 의혹은 사실상 손도 대지 않고 수사를 종결했다. 증거가 없다고 했다. 사실 김 변호사의 진술을 뒷받침하는 증거는 적지 않았다. 이학수 부회장과 홍석현 중앙일보 회장이 로비를 지시하는 안기부 엑스파일 테이프, 이건희 회장이 로비를 직접 지시한 '회장 지시 사항' 문건, 삼성으로부터 직접 로비를 받은 이용철 전 법무비서관, 삼성 직원이 현금 1억 원이 든 골프 가방을 가지고 왔었다는 추미애 의원…… 무엇보다 뇌물을 공여했다는 김 변호사의 자백은 직접 증거였다. 그러나 지난 2007년 전군표 전 국세청장의 경우 뇌물 공여자의 주장 외에 어떤 물증도 없었지만 검찰은 전 전 청장을 구속했다. 김용철 변호사는 "특검이 저렇게 수사를 안 하려고 하니 나도 구속되지 않을 것 같다"라고 말했다.

특검은 김성호 국정원장과 임채진 검찰총장 등 피의자와 삼성 임직원이 로비 사실을 부인했다는 점을 들어 무혐의 처분했다. 떡값 로비를 받았다고 거론된 인사들을 단 한 명도 소환하지 않고, 내사 단계에서 종결했다. 김 변호사가 직접 돈을 주었다는 김성호 국정원장의 경우 특검이 요청하기도 전에 자진해서 제출한 해명서만 가지고 결론내린 것으로 드러났다.

99일간 특검 수사를 진행한 조준웅 특검은 "개인적으로 특검 제도는 바람직하지 않다고 생각한다"라고 말했다. ■

이것이 팩트다

삼성은 당연히 그러서야죠

무소불위의 힘을 자랑하는 검찰. 그러나 검찰에게도 천적은 있었다. 삼성이다. 삼성이 뿌려대는 돈 앞에서 검찰은 힘없이 무릎을 꿇었다. 검찰 고위직을 임명할 때마다 삼성 '떡값 검사'가 요직을 차지했다. 삼성 장학생은 이명박 정부는 물론 참여정부에서도 잘나갔다. 홍석현 중앙일보 회장의 동생 홍석조 씨는 참여정부 초대 법무부 검찰국장에 올

부당거래 검사와 도가니 판사

랐다. 검찰 인사를 총괄하는 검찰국장은 검찰의 4대 요직중 하나로 꼽히는 자리다. 노무현 대통령은 삼성 떡값 검사로 지목된 임채진 씨를 검찰총장에 임명했다. 그러나 임채진 검찰총장은 노무현 대통령 퇴임 후 그의 주변을 이 잡듯이 잡았다. 2009년 12월 31일 이명박 대통령은 이건희 회장 오직 한 사람을 위한 사면을 내렸다. 이건희 전 회장의 사면을 직접 발표한 이귀남 법무장관은 삼성으로부터 떡값을 받은 검사로 지목됐던 인물이다.

검찰은 삼성 앞에서만은 작아졌다. 검찰은 주로 '바보가 되는 작전'을 구사했다. 2000년 6월 법학 교수 43명이 에버랜드 전환사채 헐값 발행 혐의(특정경제범죄가중처벌법상 배임)로 이건희 회장 등을 검찰에 고발하면서 삼성그룹 경영권 편법 승계 논란은 수면 위로 떠올랐다.

공소시효 만료를 하루 앞둔 2003년 12월 검찰은 삼성에버랜드의 허태학·박노빈 전·현직 사장을 불구속 기소했다. 이건희 회장 조사는 미루기만 했고, 실제로 이득을 본 이재용 씨는 아예 부르지도 않았다. 검찰은 삼성SDS의 비상장 주식은 평가할 방법이 없다는 이유로 6번이나 불기소 처분했다. 인터넷 검색만 해도 알 만한 내용이었다. 이 회장 기소를 주장하던 검사는 옷을 벗거나 인사상 불이익을 받기도 했다.

검찰은 삼성만 만나면 자포자기한다. 주눅이 잔뜩 들어 있다. 2005년 안기부 엑스파일 사건에서 짐작할 수 있다. 당시 안기부에서 도청한 테이프에는 이학수 삼성 전 부회장과 홍석현 당시 중앙일보 사장(현 중앙일보 회장)이 요직에 있는 검사들에게 떡값을 돌리는 내용이 고스란히 담겨 있었다. 하지만 삼성에게는 아무런 문제가 되지 않았다. 검찰은 '독

검경, 개가 되고 싶었다

수독과(毒樹毒果) 이론'(불법 도청 등 위법한 방식으로 수집된 증거는 증거 능력이 인정되지 않는다)을 내세워 대화 내용은 무시하고 도청이 이뤄진 경위만 수사했다. 삼성과 검찰은 하나도 안 다쳤다. 국정원 간부만 줄줄이 구속되는 일이 벌어졌다.

삼성의 작전은 간단하다. 증거가 될 만한 자료는 모조리 없애고, 입을 맞추고, 줄행랑을 친다. 한 삼성 직원은 "자료를 너무 파쇄해서 일에 지장이 있을 정도였다"라고 말했다. 관련 당사자들은 해외로 출국하거나 전화기를 끈다. 삼성에서는 '검찰 휴가'라는 신조어가 나돌았다. 검찰은 '삼성은 당연히 그러셔야죠'라는 식으로 전혀 문제 삼지 않았다.

무소불위 삼성에게도 고비가 있었다. 2007년 10월 29일, 삼성그룹 구조조정본부 법무팀장을 지낸 김용철 변호사가 폭로에 나서면서 삼성은 최대 위기에 놓인다. 삼성가에서 고위직을 지낸 양심 고발자는 김 변호사가 처음이었다. 삼성은 "미치광이의 헛소리"라고 했다. 비자금도, 로비도 없다고 했다. 정신 나갔다는 김 변호사의 말은 그대로인데 삼성의 말은 오락가락했다. 회사 임원 돈은 회사의 차명 계좌가 되더니 이건희 회장 돈이 됐다. 나중에는 "선대로부터 상속받은 재산"으로 말이 바뀌었다. 이 재산이 불씨가 되어 이건희 회장은 큰형 이맹희 전 회장과 재산 싸움을 벌이고 있다. 검찰 바보 작전의 파생상품이다. 삼성은 즉각 이맹희 전 회장 측에 미행을 붙였다.

법원도 삼성 문제에 관해서만은 검찰과 한편이었다. 판사들은 기묘한 논리를 개발해 삼성의 퇴로를 열어주었다. "전환사채 등의 헐값 발행으로 인한 기존 주식의 가치 하락은 회사의 손해가 아니므로 배임 죄를 물을 수 없다" "검찰이 기소를 잘못했다" "특검이 수사를 잘못했다". 김상조 경제개혁연대 소장(한성대 교수)은 "이용훈 대법원장이 삼성 고문변호사여서 그런지 몰라도, 대법원에서도 삼성 재판은 전에 없이 예외적으로 진행됐다. 법원은 약한 죄에 대해서만 벌을 주는 방법을 용케 찾아냈다"라고 말했다.

우여곡절 끝에 2008년 1월 삼성 특검이 출범했다. 삼성 특검은 한술 더 떴다. 특별검사인지 특별변호사인지 정체가 애매했다. 특검은 김용철 변호사를 투명인간으로 만드는 데 가장 많은 공을 들였다. 또 삼성이 조성한 비자금 4조 5천억 원은 이병철 전 회장이 물려준 돈이었다는 삼성의 주장이 맞다는 점을 지나치게 강조했다. 삼성 재판 특별검사였던 조준웅 변호사는 특검 후 JMS 교주 정명석의 변호사로 활약했다.

최소 20억

우리나라에서 가장 염치없는 직군이 검찰이다. 돌을 맞아도 꿈쩍도 안 한다. 무수한 스캔들이 터져도 부끄럽다고 이야기하는 사람이 극히 드물다. 검찰 내부망에 자성의 목소리가 올라오지도 않는다. 검찰 옷을 벗고 나와도 절대 검찰을 비판하지 않는다. 검찰 눈 밖에 나면 평생 괴롭다는 속설이 있다.

검찰과 스폰서 간에도 룰이 있는데 처음 만나자마자 청탁과 돈이 오가지는 않는다. 처음에는 좋은 형, 동생 관계다. 부탁 없이 그냥 형이 동생 용돈 챙겨주듯 철철이 돈을 보내고, 여행 보내주고, 휴가 가면 술 사주고 그렇게 지낸다. 또 스폰서들은 서초동 주변 횟집, 복집 등에서 검사들이 그냥 먹을 수 있도록 해주고 한 달에 한 번씩 결제해준다. 룸살롱도 그런 식으로 계약해둔 경우도 있다. 그러다가 결정적일 때 스폰서가 도와달라고 부탁한다. 스폰서는 물주가 아니다. 세상에 공짜는 없다. 돈이 많이 건너가면 갑을 관계는 반드시 바뀌게 되어 있다.

어느 날 M&A 업계의 이름난 사업가가 술집으로 나를 불렀다. 소개해줄 사람이 있다고 했다. 내가 술을 안 먹는다는 것을 잘 아는 사람이었는데 기어코 불렀다. 술집에 가보니 어떤 사람이 노래를 부르고 있었다. 그에게 날 소개했다. 내가 예뻐하는 동생 주진우 기자라고. 그 사람이 깜짝 놀랐다. 고위 검사였다. 다음 날 전화가 왔다. "고맙다. 네 덕에 하나 해결했다." 이 사업가는 검사의 스폰서였는데 청탁을 안 들어주니 협박했던 거다. 나를 불러서. 이 사업가는 지금 감옥에 있다. 검사는 옷을 벗고 정부 산하 위원회의 장을 맡고 있는데 아직도 이 사업가의 뒤를 봐주고 있다.

가끔 기자들에게도 스폰서가 있는데 기자 초년병 시절 나에게도 제안이 있었다. 당시 현대그룹 정주영 회장에 관한 기사를 썼는데 현대 측에서 만나자고 연락이 왔다. 선배는 계속 만나라고 했는데 안 만났다. 그랬더니 현대 직원이 우리 회사 밖에서 계속 기다렸다. 하루, 이틀, 사흘째에 좀 미안해서 같이 밥 먹으러 갔는데, 봉투를 내밀었다. 들여다보니까 수표 한 묶음이 들어 있었다. 바로 놓고 나왔다. 기분이 너무 나빴다. 정말 너무 기분이 나빠서 촌지에 대한 가이드라인을 만들었다. 돈을 받을 거면 확실하게 받자. 50억 원 주면 촌지 받고 기사 안 쓰겠다. 아니, 아예 기자를 그만두겠다. 이후 돈을 주려는 사람이 있으면 시원하게 50억 원 줄 거 아니면 꺼내지도 말라 했다. 그런데 50억 원을 주겠다는 사람이 없다. 그래서 자존심 상하지만 몸값을 조정했다. 약간 떨어뜨려 30억 원. 지금은 다시 생각을 고쳐 20억 원만 줘도 기자를 그만두려고 한다. 세계 경기가 위축되었으니 고려를 좀 했다. 단, 삼성은 이 조건에서 예외다.

스폰서가 영 흥미가 없는 건 그 돈 안 받아도 사는 데 아무런 지장이 없을뿐더러 오히려 불편하기 때문이다. 떡값이란 게 어마어마한 돈도 아니고 50만 원, 백만 원 수준이다. 그게 결정적으로 인생에서 중요하지 않다. 그걸로 집을 산다든가 인생이 달라지고 그런 거 아니잖은가. 그런데 몇 번 받았다간 언젠가 자기 인생을 걸고 스폰서 뒤를 봐줘야 할 때가 온다. 얼마나 찝찝한가. 권력의 개가 되고 스폰서에 환장하는 것은 근본적으로 인성 교육의 문제다. 돈을 많이 벌고 싶으면 사채업자나 사업가가 돼야 한다. 판검사라고 대접해주는 건 사회적 책임이 커서이지 돈을 많이 벌어서가 아니다. 돈이 아니라 명예를 선택한 것 아닌가. 돈도 많이 갖고 권력도 많이 갖고 명예도 많이 갖고 싶고, 너무 염치없다. 높이 올라갈수록 더하다. 고위직으로 갈수록 양심, 신념, 가치, 법 정신 이런 좋은 생각을 가진 사람들이 급격히 줄어든다.

앞에서 말했듯이 공무원은 승진에 목숨 건다. 특히 검찰은 그렇다. 한 전직 지검장이 말했다. "검사에게 승진과 출세보다 중요한 것은 없어요. 양심이, 신념이 인생을 책임져줍니까. 순진한 소리죠. 주 기자는 꼴통이니 그렇게 사는 것이지."

2008년 유명인 ㄱ씨가 나를 찾았다. 그는 대선 전부터 정치 검사들이 표적 수사를 벌였다고 주장했다. 대구 출신이 진보 진영을 도와주는 것을 트집 잡아 고려대 출신 검사들이 무혐의로 종결된 사건을 다시 들추어서 괴롭힌다는 것이었다.

ㄱ씨는 녹음해놓은 검사와의 대화 내용을 들려주었다. 경상도 사투리를 쓰는 검사의 목소리는 고압적이었다.

"지금 우리나라가 반만년 역사상 가장 잘사는 시기다. 항상 전쟁에 시달리고 중국에 빌붙어서……. 여기서 한 번 더 깽판 치면 이제 다시 기회가 없다."

"노무현 대통령 때 국민은 검증 안 된 사람을 뽑으면 5년간 피해를 본다는 학습을 했다."

"정치인한테 도덕성을 요구하는 것은 절에 가서 고기 찾는 격 아니냐."

"여자는 대통령이 될 수 없다."

"역학 하는 사람들에게 물어봤더니 이명박이 된다고 했다."

검찰 조사실에서 검사가 피의자를 상대로 하는 말이라고는 믿어지지 않았다. ㄱ씨에게 청구된 두 차례 구속영장은 기각됐다. 그러나 그 검사는 바람대로 서울지검으로 자리를 옮겼다.

몇 대 맞겠다

나는 취재원을 만나면, 수첩을 잘 꺼내지 않는다. 지금은 머리가 나빠져서 수첩에 적는데 그러고 있으면 조금밖에 얘기를 안 한다. 거기에다 녹음기까지 꺼내놓으면 더 조금밖에 안 한다.

취재원에게 얘기를 많이 듣기 위한 나름의 작전이 있다. 일단 녹음기를 가지고 가서 만지작거리다가 녹음기를 끈 다음 던져버린다. "에이 이런 거 안 하고 하나 물어만 봅시다." 그때 나오는 말, 그게 기사가 된다. 많은 말을 했지만, 중요한 건 바로 그때 나온 거다. 그래도 녹음을 열심히 한다. 소송 때문이다.

나는 모든 기사를 소송을 생각하고 쓴다. 기사가 나간 뒤 항의 오고 욕하는 전화가 오면, '아, 이번엔 잘 썼군. 괜찮았군' 이렇게 생각한다. 가끔은 나를 고소한 범죄자가 자기들이 살아남으려고 기사 못 쓰게 소송하는 것이기 때문에 녹음은 아주 중요하다. '이 기사를 쓰면 고소구나' 싶어 하나하나 조심하고 신경 쓰는데, 그 과정이 굉장히 괴롭다. 한번 고소 들어오면 또 몇 년씩 끌려다녀야 하는데 자다가도 분통 터져서 저절로 눈이 다 떠진다.

소송의 또 한 가지 무서운 점이 '돈'이다. 소송은 돈이 있어야 한다. 벌금은 작은 문제다. 사실 거의 안 지니까. 돈을 물어준 건 2011년 SBS 사장 건이 처음이다. 진짜 문제는 소송을 당하면 무조건 들어가는 변호사비 5백만 원이다. 끌려다니며 쓰는 물리적 시간도 만만치 않다. 회사에도 미안하다.

하지만 나는 이렇게 생각한다. '내 싸움 상대가 나보다 힘, 권력이 있어. 돈도 많고. 그래서 좋은 변호사를 선임해. 그런 놈하고 싸우는 일이야. 어떻게 내가 한 대도 안 맞아. 어차피 나는…… 몇 대 맞을 수 있다. 게임 값 물어줄 수 있다.'

그래서 가끔 변호사비는 내 돈으로 낸다. 변호사비는 변호사들한테 건건이 줘야 하는데 하도 많이 걸리니까 회사에다 다 말할 염치가 없다. 우리 같은 작은 매체에서 5백만 원은 매우 부담스러운 금액이다. 후배들이 장난으로 "선배 때문에 회사 망할 것 같아" 그러는데 정말 눈치가 보인다. 하지만 2012년 1년 동안은 전투 모드다. 소송과 더 친해지려 한다. 그러면 검사들도 단골손님으로 예우해준다. 요즘은 처음 출석하면 담당 검사들이 이렇게 말한다. "주 기자님이 어떤 분인지 알고, 검찰하고 어떤 관계인지 잘 압니다. 하지만 저는 편견이 없으니, 잘 수사할 테니, 협조해주십시오." 그러면 검찰 앞에서 더 당당하게 말하고 큰소리친다. "뒤에 캐비닛 보세요. 사건이 이렇게 많이 쌓였는데, 이런 거나 수사하고 있어요?"

나를 고소한 측을 변호하는 대형 로펌은 '얘는 BBK로 재판받고, 정치인 명예훼손 밥먹듯 하고, SBS 사장 비방해서 매번 재판받는, 기사

제일 못 쓰는 기자'라고 공격한다. '이 새끼는 이렇게 사법부를 무시하는 새끼야.' 이런 논리가 재판에서 먹혀서 내가 졌다. SBS 사장 건은 절대로 질 수가 없는 재판인데 지고 말았다. 담당 판사가 법정에서 "언론사에서 자기 명예가 훼손됐다고 어떻게 다른 언론사한테 돈을 내놓으라고 하냐"고까지 얘기해놓고 판결은 전혀 다르게 냈다. 내가 서는 법정에서는 이런 황당한 일이 비일비재하다. 난 이렇게 한쪽으로 휘어진 잣대가 너무나 견딜 수 없다. 그래서 오늘도 고소를 무릅쓰고 그들에게 짱돌을 던진다.

지금 이 글을 쓰는 순간에도 경찰과 검찰이 나의 구속영장을 만지작거리고 있다. 나경원 전 의원의 '코' 발언과 나 전 의원 남편의 기소청탁 건으로. 하지만 아무리 큰 파도가 밀려와도 당황하지 않는다. 김용철 변호사 사건을 하면서 배우고 느낀 게 크다. 또한 노무현 대통령 탄핵, 노건평 사건, 순복음교회 파동, 신정아 사건, BBK와 에리카 김 기사 등등. 다른 기자들이 평생 한 번 겪을까 말까 한 경험을 몇 번이나 했다. 괴로웠다. 도망가고 싶을 때도 많았다. 하지만 기자로서는 축복이기도 했다. 많이 아팠다. 대신 정말 많은 걸 배웠다. 그래서 지금의 싸움이 별로 두렵지 않다.

P. S.

나는 검찰 앞에만 가면 건방지다. 호주머니에 찔러넣은 손과 선글라스. 내가 당당하고 자신감 있어 보이니 비밀 파일을 몇 개씩 가지고 있는 것처럼 생각한다. 사실 별로 없다. 내가 결정적인 순간마다 폭탄을

부당거래 검사와 도가니 판사

터뜨리니 거대한 정보 조직이 나를 도와준다고 생각하는 사람도 있다. 그렇지도 않다. 혹시 물리적 테러의 위협은 없나 걱정하는 사람도 있는데 대비라고 할 만한 건, 몇 년 전 들어놓은 생명보험이 전부다. 전에 정봉주가 걱정하기에 난 가진 게 없어서 무서운 거 별로 없다고 했다. 그런데 가끔 걱정된다. 뒤에서 누가 때려서 죽지 않고 평생 불구로 살면 어쩌나……. 김어준도 정봉주도 가끔 이런 걱정을 한다고 했다. 나는 그렇게 중요한 사람이 아니다. 내가 가지고 있는 것도 그렇게 특별하지 않다. 조금만 열심히 하면 누구나 알 수 있는 것들이다. 검사들이, 경찰들이, 기자들이 일은 안 하고 눈치만 보고 사느라 바빠서 그렇지.

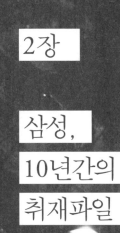

2장

삼성,
10년간의
취재파일

"해발 6백 미터 이상 땅을 사두면 돈 된다."

"인간은 65세 전후면 노망기가 듭니다. 절대 실무를 맡으면 안 됩니다."

냉장고 판매 실적에서 LG에게 뒤졌다는 보고를 받은 후,

"반도체에서 한 2조 원쯤 빼서 전국 모든 가정에 새 냉장고를 사줘라."

보통 사람이 이렇게 이야기했다면 미친놈 소리를 들을 것이다.

총수는 기업의 엑스맨이다.

01

이병철, 이건희, 이재용

전국의 기자들을 일렬로 놓고 입사 등수를 매기자면 난 분명 꼴찌일 것이다. 그래도 학력 위조 파문이 일 정도는 아닌데……. 내가 그렇게 못 배우게 생겼나. 기자가 되려고 준비를 많이 한 것도 아니다. 스펙이 라는 단어조차 생소하다. 기자 시험을 대비하는 스터디도 없었다. 당시 친구들은 나를 끼워주지도 않았다. 컴퓨터 전원 켜는 법만 알고 입사했 다. 지금도 독수리 타법을 고수하고 있다. 불과 며칠 전에는 후배 기자 의 키보드에 영어만 적혀 있어 당황한 적도 있다.

사실 난 엉망이었다. 학생을 부모님께 손 벌리며 합법적으로 놀 수 있는 사람이라고 정의했다. 대학에 간 것도 그 때문이다. 4년 더 힘껏 놀아보자고. 집안 형편이 넉넉하지 못했다. 친구들은 아르바이트를 했 지만 나는 부모님께 고생하시는 김에 조금 더 하시라고 했다. 어차피 날 낳은 게 잘못이라고. 대학교 때 노트북이 필요하다니까 아버지는 송아지를 팔아서 2백만 원을 주셨다. 며칠 후 노트북을 벼룩시장에서 반 값에 팔았다. 대신 3만5천 원짜리 파카 만년필을 사서 주머니에 꽂고 다녔다. "나한테는 이게 컴퓨터다." 학교는 용돈이 떨어지면 가는 곳이었다. 학교에 가면 맨 뒤 구석 자리에서 연애소설을 읽었다. 신문을 보거나. 다행히 학교에는 출석과 숙제를 도와주던 친구들이 있었다. 특히 지금 은행에 다니는 배승이는 내가 졸업을 못할까 걱정을 많이 했다.

그런 대학 시절을 보내고 언론사에 들어왔으니 뭘 잘했겠는가. 기자 초년병 시절에는 기사 쓰는 게 지옥이었다. 국문과를 나왔는데 맞춤법도 잘 몰랐다. 헛발질은 더 자주 했다. 괜한 것도 삐딱하게만 보다가 엄청 많이 깨졌다. 그러면서도 자주 대들었다. 그러다 2003년쯤 자각이 생겼다. 돈만 숭배하는 삼성과 조용기 목사를 보면서 세상을 보는 나만의 창을 조금씩 갖게 됐다. 나의 창으로는 기삿거리가 넘치는데 기자들이 외면하는 지점이 보였다. 매우 중요한데도 말이다. 종교, 청와대, 권력기관. 무엇보다 삼성. 전문 분야로 삼기로 마음먹었다.

기자들이 그 앞에만 가면 눈을 감고 귀를 막고 다른 데를 쳐다봤다. '어, 이거 아닌데?' 삼성 총수 일가와 최고 수뇌부는 그냥 대충 봐도 이상했다. 그런데 나오는 삼성 관련 기사는 찬양 일색이다. 일례로 "마누라만 빼고 다 바꿔야 한다"라는 말로 인구에 회자됐던 이건희 회장의 프랑크푸르트 선언. 당시 삼성을 놀라게 한 말은 따로 있었다. "인간은 65세 전후면 노망기가 듭니다. 절대 실무를 맡으면 안 됩니다. 60이 넘으면 손 떼야 합니다. 65세 넘으면 젊은 경영자에게 넘기고 명예회장으로 물러나야 합니다." 이런 무식하고 위험한 발언이 시대를 밝히는 명언으로 둔갑했다. 이건희 회장은 경영의 천재가 돼 있었다. 그래서 자연스레 질문이 생겼다. 과연 이건희 회장은 천재인가? 왜 그는 질문과 관계없는 대답만 하는 것일까? 왜 한 문장을 제대로 마치는 법이 없을까? 사회와 동떨어진 발언을 하는 이유는 무얼까? 왜 회사에 출근하지 않고 집에서 비디오를 그렇게 열심히 보는 것일까? '스물일곱 이건희처럼' 살 수 없는데 왜 그렇게 살라고 하는 것일까? 왜 '이건희처럼 생각하라'고 하는 것일까?

그래서 나는 아무도 안 쓰는 삼성의 진짜 이야기를 쓰기로 마음먹었다. 특히 이건희 회장의 이야기를. 삼성의 실체를. "남들이 안 하니 내가 해야지." 이게 삼성을 시작한 첫 마음이었다. 내가 삼성 전문가가 된건 내가 잘해서가 아니라 모든 기자가 뒤로 물러서서 내가 앞서 있는 것처럼 보이기 때문이다. 조금만 진도가 나가도 눈에 띄었다. 나에게 삼성은 블루오션이자 보물 상자였다. 열심히 안 해도 제일 도드라진 기사를 쓸 수 있는.

〈미주 한인 신문, 이재용 씨 비자금 세탁 의혹 보도해 일파만파〉〈압수 수색, 그까이 꺼 뭐〉〈입수 경위 떳떳이 밝혀라〉〈역풍 몰아치는 '보물의 왕국'〉〈중앙일보 기자는 홍석현 보디가드?〉〈엑스파일 파동 복판에 서다:최악의 인물〉〈구설 오른 '이건희 슬로프'〉〈중들도 삼성은 무서워한다〉〈삼성이 정권을 가지고 놀았다〉……. 삼성에 껄끄러운 기사만 쏟아냈다. 물론 삼성도 이 사회에 긍정적인 역할을 한다. 하지만 그런 기사를 나까지 쓸 필요는 없다. 모든 언론이 띄워주기 바쁘다.

71

이병철, 이건희, 이재용

삼성 총수 일가의 이야기가 들리면 어디든 쫓아갔다. 이병철 전 회장의 여인이라고 주장하는 사람과 아들, 이병철 회장 동생 이병각 씨의 여인이라고 주장하는 사람들, 그 자녀들도 다 만났다. 그리고 삼성가의 비교적 열린 여인들과는 친구가 됐다. 삼성가의 단골 술집 마담과 아가씨, 삼성가의 개인 교사들, 이재용 사장의 보컬 트레이닝을 했다는 가수도 만났다. 이재용 사장의 담당 마담이 도쿄 아카사카에 가게를 차렸을 때는 몇 마디 들을까 싶어서 도쿄까지 갔다. 삼성에 도굴 문화재를 팔았다는 사람을 만나려고 교토에도 갔다. 돈이 좀 많이 들었다. 또 전 부인 임세령 씨가 이재용 사장과 별거하고 파리에 갔을 때는 그들이 이혼했는지 확인하려고 매주 호적등본을 확인했다. 이건희 회장의 셋째 딸이 자살하자 남자 친구를 만나 속내를 듣기도 했다.

삼성과 관련해 시중에 나온 책은 거의 다 읽었다. 손발이 오그라들어 읽기 힘든 책이 많았다. 논문도 있는 대로 찾아봤다. 또 그들이 어떤 사람들인지 어떤 감성으로 살아가는지 이해하기 위해 별걸 다 해봤다. 이건희·이재용 부자가 자주 들르는 안양 베네스트 골프장에 골프채도 없이 가서 클럽하우스에서 밥을 먹었다(골프웨어는 차려입었다). 홍라희 여사가 다니는 식당, 카페, 단골 피자집까지 빼놓지 않고 다녔다. 또 중국 쑤저우 삼성전자 공장에 이재용 사장이 방문한다고 하면 나도 건너가서 쑤저우 신라호텔 방에서 누워 있었다.

그러다 보니 감히 말하는데 삼성 전문가가 다 됐다. 20군데 넘는 출판사에서 이부진 씨나 이재용 씨에 대한 책을 써달라고 연락해왔다. 조정래 선생님이 삼성 관련 소설을 쓰면서 취재를 도와달라고 했다. 검찰도 삼성 수사 들어갈 때 자문을 구하고, 〈PD수첩〉을 비롯한 언론인들이 삼성 취재를 할 때 나를 찾아오는 게 당연한 코스가 됐다.

2006년 2월 〈구설 오른 '이건희 슬로프'〉라는 기사를 썼다. 보광휘닉스파크가 이건희 회장 전용 슬로프를 일반에게 공개했다가 크게 꾸지람을 들었다는 내용이었다. 2003년 3월부터 스키를 타기 시작한 이 회장은 보광휘닉스파크 슬로프 하나를 통째로 빌려 스키를 즐겼다. 이 회장은 리프트 대신 스노모빌의 호위를 받으며 슬로프에 올랐다. 국가대표 출신 스키 강사가 폴을 잡고 인도하면 경호원들이 뒤를 잡고 따라다니며 넘어지는 것을 막는 이른바 '황제 스키'를 즐겼다. 그런데 슬로프 하나를 통째로 전세 냈다는 사실이 일반인에게 알려져 구설에 올랐다. 그러자 외국으로 나갔다. 2005년 3월 프랑스 한 스키장의 슬로프 3개를 몽땅 예약해서 스키를 즐기다가 구설에 오르기도 했다. AP·AFP·더 타임즈·인디펜던트 등 유력 언론들은 "유럽 왕족이나 아랍 부호들도 슬로프를 통째로 전세 내는 황당한 일은 하지 않는다"고 보도했다. 그러자 2006년 이건희 회장은 보광휘닉스파크 정상 한쪽 면에 2킬로미터에 이르는 개인 전용 슬로프를 만들었다. 그런데 이건희 회장이 삼성의 불법 대선자금과 관련한 검찰 수사 때문에 외국으로 도피하게 되자 보광은 이 틈을 타서 이건희 슬로프를 일반인에게 분양했다. 후에 이건희 회장이 귀국하여 보광이 회원권을 거둬들이면서 나의 레이더에 걸려들었다. 나의 빨대는 보광의 한 로열 패밀리. 그녀의 한마디에서 기사는 시작되었다. "요새 회사가 돈 만들려고 난리야. 이 회장이 갑자기 귀국하면서 자기 슬로프가 문제된 것에 진노해 당장 슬로프 값을 가

73

져오게 했어. 부랴부랴 백억 원대의 현찰을 맞추려고 그룹에 비상이 걸렸어." "무슨 그룹에 백억 원이 없대." "현찰 백억 원 만드는 건 대기업에서도 쉬운 일이 아니야."

기사를 쓰고 난 뒤부터 내게는 댓글 알바가 쫓아다녔다. "이름대로 노는 주 기자 너나 잘해. 삼성 욕하지 말고. 삼성이 너 같은 사람 먹여 살리고 있어. 그리고 좀 긍정적으로 놀아. 매사가 불만투성이야. 웃기는 죽일 놈의 기자군."

리포트

황제의 '황당 경영', '천재 경영'으로 둔갑

[시사IN 33호] 2008.04.29

지난 4월 22일 이건희 회장이 삼성 회장에서 물러났다. 기자회견을 지켜보던 한 외신 기자는 "대통령 위에 군림하던 왕이 20년 만에 물러난다"라고 말했다. 다음 날 그 기자에게서 전화가 왔다. "이 회장의 퇴장을 국민이 슬퍼하는 건가? 언론은 모두 천재 경영인의 퇴진을 아쉬워하고 있다."

삼성은 비약적 성장의 힘을 이 회장의 천재적 경영 능력이라고 강조한다. 이를 찬양하는 책과 보도는 셀 수 없이 많다. 지난 4월 21일 문화일보는 특검 관계자의 말을 빌려 "이건희 회장이 어느 한 분야에만 집중하는 일종의 천재 타입이라는 느낌이다. 말이 약간 어눌한데 왜 이 사람이 재계 최고 거물인지 나중에 알겠더라"고 보도했다.

그러나 삼성의 머리와 심장에서 일했던 김용철 변호사는 이건희 회장의 경영 능력에 대해 다르게 평가했다. 김 변호사는 "7년간 본사에 두 번 출근한 이 회장의 '신비주의 통치술'을 아무리 호의적으로 본다고 해도 경영 능력은 없었다"라고 말했다.

우선 실패한 사업이 너무 많다고 했다. "삼성자동차 투자는 역사상 최악의 실패였다. 독일에서 명품 카메라 롤라이 브랜드를 수입했는데 롤라이 시계를 만들다가 상표권 싸움에서 지면서 회사를 날렸다. 미국 컴퓨터 업체인 AST를 인수했는데 AS 비용을 털었더니 손실만 1조 3천억 원이 넘었다. 중국에서는 텔레비전 판 금액 3천억 원가량을 수금하지 못해 손실을 입었다. 더구나 이재용과 관련한 사업은 모조리 실패했다."

김 변호사는 이 회장의 현장 지도에 따라나선 적이 있다고 했다. 이 회장이 헬기에서 내리자 여자 근로자들이 농구를 하다 달려와서 사인을 해달라고 몰려들었다 한다. 모든 게 연출된 상황이었다. 이건희 회장도 이 사실을 알지만 좋아한다고 했다. 연말이면 이 회장이 방문한 사업장은 항상 특별한 성과를 거두게 돼 있다고 한다.

'천재적'이라고 칭송받는 이 회장의 지적은 파격이었다고 김 변호사는 전했다. "지하수가 15년 뒤에는 큰 자원이 될 것이다. 무조건 사라." "해발 6백 미터 이상 땅을 사두면 돈 된다." "집 주변에 사람 못 오게 다른 집을 모두 사라." LG에게 냉장고 판매에서 뒤졌다는 보고를 받자,

75

이 회장은 "반도체에서 한 2조 원쯤 빼서 전국 모든 가정에 냉장고를 사줘라"라고 지시했다고 한다.

김 변호사가 공개한 '회장님 지시 사항' 문건에는 경영에 관한 지침은 거의 없고, 시시콜콜한 현안이나 로비 방법까지 지시하는 내용이 담겨 있었다. 김 변호사가 처음 문건을 내놓았을 때 변호사들과 사제단 신부들은 "수준이 낮아서 이 회장의 지시라고 볼 수 없다. 삼성에서 자신의 문건이 아니라고 부인할 것이다"라고 입을 모았다.

사이비 종교 집단 같은 회의 분위기

이 회장이 회의와 토론을 좋아하는 것은 잘 알려진 사실이다. 그런데 이 회장이 주재하는 회의 또한 특별하다고 한다. 2002년 초 구조본 법무팀장이 되면서 김 변호사는 이 회장이 주재하는 최고 의사 결정 기구인 구조조정위원회 회의에 참가하게 됐다. 김 변호사는 "회의에는 우스운 엄숙함이 흐른다"라고 말했다.

회의는 아무 말 없이 이 회장의 말을 듣는 형식으로 진행된다고 한다. 이 회장은 혼자서 계속 말하지만 30분 동안 말 한마디 없이 침묵 속에 회의를 진행하기도 한다고 했다. 이 회장은 담당 임원도 모르는 세세한 부분을 가지고 이야기할 때가 많았다. 김 변호사는 "중요한 사안이 아니라 아주 하찮은 내용도 많았다. 그런데도 삼성과 언론은 천재이기 때문이라고 말한다"라고 말했다.

저녁에 소집된 회의는 식사를 곁들이며 보통 6시간가량 진행된다.

새벽까지 이어질 때도 있다고 했다. 사장들은 회의에 들어가기 전 물을 마시지 않는 것이 불문율처럼 돼 있다. 식사 때 찌개와 와인에는 손도 대지 않는다고 한다. 회의 시간에 화장실 가지 않으려는 고육책이다.

김 변호사는 "이건희 회장을 신격화하는 사이비 종교 같은 사내 분위기는 참기 힘들었다. 특히 똑똑한 사람들이 바보 노릇을 하게 만드는 현실을 받아들일 수 없었다"라고 말했다. ■

이것이 팩트다

삼성이 잘돼야 하는데……

LG에게 냉장고 판매에서 뒤졌다는 보고를 받자, 이건희 회장은 "반도체에서 한 2조 원쯤 빼서 전국 모든 가정에 냉장고를 사줘라"라고 지시했다. 이 얼마나 창조적이고 천재적인가? 그러나 보통 사람이 이렇게 이야기했다면 미친놈 소리를 들었을 것이다.

이건희 회장은 특별한 재주를 가졌다. 자기 회사에 출근하면 뉴스가 된다. 말 한마디가 큰 뉴스가 된다. "중국은 멀었고, 일본은 힘이 빠졌다"는 말도 그랬다. 이건희 회장이 수 년 전부터 하던 말이다. 맥락이 없는 이 말에 언론은 특별한 의미를 부여하느라 고생한다. 어디다 써먹을 수도 없는 말을 방송 3사를 비롯한 전 언론사에서 대서특필했다. 기자들이 해외 전자제품 박람회에 갈 때 경비는 거의 삼성이 대는데, 그

것 때문만은 아닐 것이다.

이상하고 쓸데없는 행위가 천재 경영으로 둔갑하기도 한다. 한때 DVD를 연속으로 보고 나서 일본 제품은 몇 시간 만에 열이 나는데, 삼성은 몇 시간 만에 열이 난다며 그 원인을 알아보라 지시했다. 언론에서는 천재라고 했다. 잠이나 좀 주무시지. 삼성그룹 회장 이건희를 만든 건 스티브 잡스, 빌 게이츠 같은 능력이 아니라 이병철 전 회장의 아들이기 때문이다. 김정은이 김정일 아들이어서 북한을 물려받았듯이. 이건희 회장의 영상과 문건을 뒤져서 이 회장의 어록을 정리하다 보니 천재는 절대 아닌 것 같았다. 누구나 다 안다. 말을 끝까지 들어보면 말이 되지 않는다는 것을. 그런데 이 회장의 화법을 연구한 책이 나왔다. 물론 천재라는 전제가 깔린다. 이건희 회장을 모델로 자기계발서가 참 많이도 나온다. 20대를 이건희처럼 보내라고. 그렇게 하면 폐인이 된다는 것만큼은 확실하다. 저자들도 잘 알 것이다.

이건희 회장의 비행기에서 그룹 현안을 보고받고 지시한 내용을 기록한 문건이 상당히 재밌다. '삼성 전용기 지시 사항'을 입수했는데 그 내용이 이 회장의 '천재 경영'을 보여주는 결정판이다. 사소하고 맥락 없고 지엽적이고, 너무 특별해서 정통시사주간지에서 쓸 수가 없었다.

담요를 두 장 꼭 덮어줘라

자기가 비행기 타면 꼭 담요 두 장을 달라는 건데, 그냥 말로 하면 되는 걸 그룹 지시 사항으로 기록하게 한다.

초코칩 쿠키의 초코가 촉촉함이 떨어진다

이건희 회장이 전용기에서 쿠키를 먹은 후 내린 특별 지시 사항이다. 그러자 신라호텔 베이커리에서 쿠키 담당자들이 공항까지 나와서 '앞으로 어떻게 초코칩 쿠키를 만들겠습니다'라고 답변한 내용까지 모두 다 기록되어 있다.

이재용 사장은 어떤가. 우선 e-삼성 등 손대는 사업마다 말아먹는 바람에 '마이너스의 손'이라는 별명은 널리 알려져 있다. 또한 법과 절차를 무시한 신의 재테크도 유명하다. 그러나 이재용 사장의 신의 재테크를 따라하다가는 큰일 난다. 바로 구속이다.

2008년 4월 22일 이건희 회장은 삼성 비자금 사건의 책임을 진다며 경영 일선에서 물러났다. 곧 말을 바꿔 복귀했지만. 무슨 책임을 졌는지는 잘 모르겠다. 퇴임 기자회견장에 갔다. 삼성 사장들이 "아이고, 이제 시원하십니까?"라고 내게 비아냥거렸다. 나는 삼성이 망하는 것을 추호도 원하지 않는다. 생각해본 적도 없다. 삼성은 세계적 기업이다. 다만 이건희 회장, 이재용, 이부진, 이서현 씨 등 오너만 떼어 놓으면 더 좋은 회사가 될 수 있다고 믿는다. 최고 인재들을 모아서 오너를 위해서 부정(不正)을 강요하는 구조만 바꾸면 삼성은 정말 세계 제1위 기업이 될 수 있다. 이건희 회장 일가는 글로벌 기업 삼성의 핵심 역량이 아니라 핵심 방해 요소다.

이는 한국 경제의 문제점이기도 하다. 우리 경제의 가장 큰 걸림돌은 재벌이고 재벌의 가장 큰 리스크는 총수다. 총수가 저지르는 온갖 범죄

이병철, 이건희, 이재용

를 처리하는 데 회사는 모든 역량을 퍼부어야 한다. 총수는 기업의 엑스맨이다.

지난해 4월부터 서울 서초동 삼성전자 사옥 42층 회장 집무실로 이건희 회장이 출근하기 시작했다. 김용철 변호사가 근무하던 7년 동안 이건희 회장은 본사에 딱 두 번 출근했다. 그 기간 삼성의 기업 성적표가 좋았는데, 이제 일주일에 한 번씩이나 출근한단다. 마음이 덜컥 내려앉는다. 경영에 많이 관여하면 안 되는데……. 삼성은 정말 잘돼야 하는데……. 걱정이다. 정몽준 회장이 정치에 눈을 돌린 덕분에 현대중공업이 세계적인 기업이 되었다고 나는 믿는다. 정몽준 회장이 '현대중공업 경영에 전념하겠다'는 말이 나오는 순간 현대중공업 주가는 곤두박질칠 거라고 장담한다. 삼성그룹의 최대 리스크는 이건희 회장과 그 일가다. 이 회장 일가가 사라지면 삼성의 리스크가 사라진다는 것 또한 장담한다. 기업이 투명해지고 단단해진다는 것을 말이다.

우리나라 대기업들은 자기들이 잘해서 글로벌 기업이 되었다고, 국가를 먹여 살린다고 생각한다. 어느 정도는 맞는 말이다. 하지만 싼 이자로 돈 빌려주고, 세금 탕감해주고, 독점 주고, 부동산 투기 눈감아주는 특권이 재벌 성공의 핵심이었다. 삼성이 부동산 투기, 사카린 밀수 등이 없었다면 이렇게 성장할 수 있었을까? 수입차 규제가 없었다면 현대자동차가 이렇게 성공할 수 있었을까? 우리나라 재벌의 성공에는 국민들의 희생이 있다. 그런데 이익공유제에 대해 이건희 회장은 "사회주의 용어인지 공산주의 용어인지 도무지 들어본 적이 없다"라고 말했다. 오만하고 뻔뻔하다. 이게 천재 경영이다. 삼성은 이미 초과 이익의 20퍼센트를 직원에게 보너스로 주는 '초과이익 배분제'를 시행하고 있다. 세금을 적게 내려는 꼼수와 관련이 깊다. 직원 명의로 재산을 숨겨놓기도 했다. 뇌물을 뿌리고 미행을 밥 먹듯 한다. 이건희 회장은 사회주의를 꿈꾸고 있는지 모른다는 생각이 가끔 든다.

이병철, 이건희, 이재용

거부할 수 없는 제안

2000년대 초반 시사저널은 삼성을 비판하는 거의 유일한 언론이었다. 지금은 아니지만 당시는 삼성의 돈이 기사 편집에 그다지 큰 영향을 미치지 못했다. 특히 이건희 로열 패밀리와 그를 옹위하는 구조조정본부(현재는 미래전략실. 이 조직은 문제만 터지면 이름을 바꾼다) 관련 기사는 시사저널에서만 찾아볼 수 있었다. 시사저널은 삼성의 문제점을 꼼꼼하게 짚는 삼성 통권호를 내기도 했다. 그러다 평지풍파를 겪는다.

2006년 6월의 일이다. 중앙일보 사장 출신 금창태 시사저널 사장이 삼성 기사를 인쇄소에서 통째로 들어냈다. 기자, 편집국장의 동의 없이. 다른 언론사에서는 종종 있는 일이라고 한다. 하지만 자존심이 센 시사저널 기자들은 참을 수 없었다. 편집권은 기자가 지켜야 할 가장 중요한 가치 중 하나다. 분명하다. 이윤삼 편집국장이 항의성 사표를 냈다. 그러자 바로 사표가 수리됐다. 부당하다고 항의하는 기자들은 줄줄이 중징계를 받았다. 급기야 파업으로 이어졌다. 회사 측은 프리랜서를 고용해 완전히 다른 성격의 시사저널을 내놓았다. 그러고는 용역 깡패를 고용해 기자들을 겁주고 욕했다. 특히 깡패가 선배 여기자들에게 욕을 하는 것은 참기 힘들었다. 상처가 깊었다. 아팠다. 그리고 정직한 사람들이 만드는 정통시사주간지 시사IN을 창간했다. 사실은 정직당한 기자들이 만들었다.

시사저널 사태의 표면적인 이유는 삼성 기사 삭제 사건이다. '2인자 이학수의 힘, 너무 세졌다'는 제목의 경제기사였다. 크게 중요하거나 비판적인 내용은 없었다. 당시 기사를 작성한 기자는 삼성으로부터 관리받는 기자였다. 지금도 시사저널에서 일하고 있으니 성향을 짐작할 수 있다. 삼성이 시사저널을 압박한 이유는 다른 데 있다고 생각한다. 파업이 일어나기 얼마 전 나는 이건희 회장의 비서와 관련된 기사를 써놓았다. 제목은 '이건희 여자의 엘리베이터 승진'. 이건희 회장의 개인 비서 박명경 씨에 관한 기사였다. 삼성 문서에서 이건희는 A, 홍라희는 A′, 이재용은 JY, 이부진은 BJ로 기록된다. 이학수는 그냥 이학수고, 윤종용도 윤종용이다. 그런데 직계 가족 이외에 이니셜로 불리는 사람이 딱 한 명 있다. MK. 바로 박명경 삼성전자 상무다. 또 하나의 가족이란 뜻이다.

기업가의 사생활은 정치인이나 종교인의 사생활에 비해 관대한 잣대를 들이대야 한다는 게 내 생각이다. 나는 우선 로맨스에 대해서는 관대하다. 가카의 로맨스와 큰 목사님의 로맨스에 대해서 기사를 쓴 적이 없다. 우리나라의 제일 유명한 절의 큰 스님은 골프와 요트를 즐기는 취미가 있었다. 낭만 중이다. 큰 스님은 사랑하는 사람과 라스베이거스로 카지노 여행을 다니곤 했다. 취재를 마치고 큰 스님과 마주 앉았다. 옆에 보좌하는 스님이 함께 앉았다. "○월○일 ○○○ 보살님과 라스베

이병철, 이건희, 이재용

이거스에 가셨죠?" "……." "중국 상하이도 함께 가셨지요?" "……."
옆에서 보좌하는 스님이 울기 시작했다. "스님은, 스님은 사랑했어요."
나는 바로 나왔다. 골프채 메고 수행하는 스님들 이야기를 간단히 적고
손을 털었다.

하지만 사생활이 아니라 공적 영역으로 들어오면 이야기는 달라진
다. 나름의 잣대를 들고 있다가 그어놓은 선을 넘으면 그때부터는 시작
한다. 상대편은 내가 사악해진다고 한다. 박명경 씨 이야기가 계속해
서 나의 안테나에 걸렸다. 그녀의 오빠를 위해 삼성에서 자리를 만들
어주었다는 이야기가 나왔다. 이건희 회장 셋째 딸이 MK 때문에 고민
이 컸다고 했다. 그녀의 남자 친구는 "'MK 때문에 엄마가 피눈물을 흘
렸다. 마음에 받아들여지지 않는다'고 되풀이했다"라고 말했다. 그러던
중 박명경 씨가 이 회장의 총애를 업고 인사에 개입한다는 소리가 들렸
다. 사람이 그녀 주위에 몰리고 있었다. 선을 넘었다고 판단했다. 잣대
를 들이댔다. 3페이지에 걸쳐서 기사를 썼다. 변호사 감수까지 끝마쳤
다. 변호사는 소송에 걸릴 수도 있다고 했다. 회사에 가서는 "변호사님
이 소송에 안 걸리도록 문구를 다듬어주셨다"라고 보고했다.

그런데 회사에서는 기사를 일단 미루자고 했다. 그때가 마침 독일 월
드컵 기간이었는데, 거기부터 다녀오라고 했다. 그냥 발사만 하는 기사
니까 편한 마음으로 비행기에 올랐다. 어차피 나 아니면 쓸 기자도 없
었다. 그런데 독일에 간 사이 회사에 난리가 났다. 삼성 기사 삭제 사건
이 터진 것이다. 결국 파업에 나서게 된다. 노사 간의 첨예한 상황에서
박명경 씨 기사는 아예 지면을 잃어버렸다. 나는 시사IN 창간호에 이

런 기사를 내보내려고 했다. 실명과 사진 그리고 재산까지 합해 시사저널 때 썼던 것보다 더 신랄하게 쓰겠다고 했는데 선배들이 께름칙하게 여겼다. 창간호부터 이런 기사를 싣고 가면 반 기업적이라는 걸 공표하고 가는 거고, 삼성 때문에 나온 사람들이니 프레임에 갇힌다는 논리였다. 동의하지는 않았다. 그런데 치받지도 않았다. 그렇게 박명경 씨 기사는 빛을 보지 못했다.

2006년 당시 써놓은 기사의 일부분이다.

삼성전자 박명경 상무. 그녀는 전체 임원의 1퍼센트에 불과한 여성 임원 중에서도 유독 눈에 띈다. 삼성 관련자들은 그녀에 관해서는 아는 것도 없고 대답할 수 있는 부분도 없다고 했다. 어떤 일을 하는지도 밝힐 수 없다고 했다. 삼성그룹의 한 임원은 "그녀가 하는 일을 알려고 하는 것은 그룹 내의 금기 사항이다"라고 말했다. 박 상무는 여러모로 특이한 이력의 소유자다. 우선 그의 초고속 승진 행진이 범상치 않아 보인다. 1995년 삼성생명 과장으로 삼성그룹에 등장한 박명경 상무는 1998년에는 삼성전자로 '호적'을 파와 차장이 되었고, 4년 만인 2002년 3월에는 임원 관문을 통과한 상무보 자리에 오른다. 그리고 3년 만인 2005년 상무 자리에 올라 '엘리베이터 승진'을 거듭했다.

박 상무는 전문대 출신으로 삼성전자 임원에 오른 유일한 여성이라는 기록도 갖고 있다. 박 상무는 삼성그룹 전략기획실이라는 삼성그룹의 콘트롤 타워에서 일하는 유일한 여성 임원이다. 전략기획실은 삼성의 중·장기 사업 전략을 입안하고 그룹을 지휘하는 수뇌 부서다. 전략기획실에서 박 상무가 일하는 곳은 회장실 1팀이다. 회장실 1팀(팀장 김준 전무)은 이건희 회장 의전과 경호 업

이병철, 이건희, 이재용

무를 수행하는 조직이다. 박 상무는 이건희 회장을 가장 가까운 곳에서 보필한다. 이건희 회장 가족 식사 모임에도 자주 모습을 드러내고, 해외 출장길에는 항상 동행하는 것으로 알려져 있다. 이 회장 전용 비행기에도 박 상무 자리가 있다. 그녀는 MK로 불린다. 이 회장과 거리가 가까운 만큼 그룹 내에서 힘이 센 것도 사실이다. 최근 삼성 인사에서 "길은 MK를 통한다"는 말이 나돌았다.

박 상무의 형제들도 삼성과 인연을 맺고 있다. 오빠인 박명동 씨는 삼성전자 상무로 재직하고 있으며 동생 광동 씨도 삼성그룹의 협력 회사인 ㅅ의 사장이다. 이건희 회장 일가를 제외하고 가족이 삼성전자의 중역 자리에 오른 예는 박명동·명경 씨 남매 이외에는 알려진 것이 없다.

박 상무의 '엘리베이터 승진'과 더불어 눈에 띄는 것은 그녀의 탁월한 재테크 능력이다. 1990년대 서울 종로구 구기동 ㄷ빌라에 살던 박명경 상무는 2000년 서울 강남구 수서동 소재 수서삼성아파트를 삼성생명으로부터 사들였다. 2003년에는 서울 강남구 도곡동 소재 타워팰리스 124평 펜트하우스 두 채를 사들인다. 삼성전자(지분 90%)와 삼성SDI(지분 10%)가 공동 소유하고 있던 곳이었다. 부동산114의 시가 조회에 따르면, 박 씨 소유의 타워팰리스 아파트 한 채의 값은 55~59억 원이다. 박 상무는 집을 살 때 은행 대출 등의 도움을 받지 않았다. 아무리 연봉 수준이 한국 최고 수준인 삼성그룹 임원이라고 해도 봉급 생활자인 박 상무의 자금 동원 능력이 가히 신기에 가깝다. 박 상무가 로또 1등에 당첨된 적은 없었다.

이건희 회장 가족과 친분이 깊은 한 인사는 "이 회장의 셋째 딸이 박명경 때문에 '우리 엄마가 피눈물을 흘렸다'고 말하는 것을 여러 차례 들었다"라고 말했다.

기자 생활하면서 그런 난리는 없었다. 기사를 작성하기도 전에 삼성에서 공식적·비공식적으로 찾아왔다. 내가 삼성 사람들을 안 만나주었더니, 다른 기업체 선배가 삼성 사람을 한 번만 만나달라는 청탁도 했다. 내 아들이 영어를 배우기 적당한 나이라면서 "몇 년이든 외국에 보내주겠다"고 했고, "주 기자의 앞날은 책임지겠다" "시사저널 광고를 책임지겠다"고도 했다. 삼성 측 인사는 '거부할 수 없는 제안'이라고 했다. 마리오 푸조의 《대부》를 보면 '거부할 수 없는 제안'이라는 표현이 나온다. 돈과 관련해서는 거부할 수 없는 제안을 거부해야 '진짜 멋있다'는 생각을 고등학생 때부터 해오고 있었다. 난 즉석에서 거절했다.

87

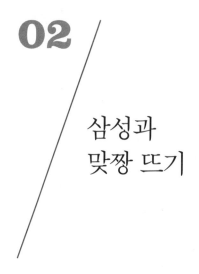

02

삼성과
맞짱 뜨기

시사IN을 창간하고 한 달쯤 지났을 때 김용철 변호사가 나에게 걸어왔다. 운명이라고 생각했다. 김용철 변호사와 이야기하면서 삼성에 대한 많은 퍼즐 조각들을 맞추었다. 하지만 그 과정은 고통스러웠다. 삼성 비자금과 관련한 기자회견을 하고 수사가 진행될 때도 절대 무시할 수 없는 인물들과 조직들이 찾아왔다. 그리고 내 주변을 맴돌았다. 한 발 잘못 디디면 낭떠러지에서 떨어진다는 생각이 들었다. '아, 이렇게 죽는구나'라는 순간을 여러 번 겪어야 했다. 여러 가지 면에서 조심하고 대비했다. 김 변호사와 나는 안전을 고려해 호텔을 옮겨 다녔다. 2~3시간 수면, 잠이 모자라 팽팽한 긴장감으로 하루하루를 버텼다. 협박, 유혹, 오해, 뒷말, 비난……. 삼성과 권력기관과 힘 있는 자들과 싸우는 것은 두렵지 않았다. 삼성은 교묘했다. 같은 편, 주변 사람들에게서 비난과 음해가 나오기 시작했다. 참기 어려웠다. 괴로웠다. '내 인생은 뭐가 이 모양인가.' 서러워서 울면서 다닌 날도 많았다. 중간에 포기하고 도망가고 싶은 적이 너무 많았다. 하지만 삼성과 맞짱 뜨는 게 내 운명이구나 싶어서 그냥 뚜벅뚜벅 걸었다.

리포트

삼성은 비자금과 편법의 제국이다

[시사IN 7호] 2007.10.29

삼성이 발칵 뒤집혔다. 삼성 전략기획실(옛 구조조정본부) 최고 권력자 이학수 부회장과 2인자 김인주 사장이 아파트 앞에서 한밤중에 '뻗치기'를 했다. 매일 전략기획실에서 긴급 회의가 열린다. 삼성은 중국에 유학 간 임원마저 급히 불러들였다. 밤에만 삼성맨으로 활약하던 공무원들이 신변을 노출하고 삼성을 위해 발 벗고 뛰어다닌다. 삼성의 위기다. 엑스파일 사건 때도 대수롭지 않게 생각하던 삼성이다. 외환위기 터지고 이런 난리는 없었다.

순전히 한 사람 때문이다. 김용철 전 삼성 구조조정본부 법무팀장 (50). 그는 1997년부터 2004년까지 7년간 삼성 구조조정본부(구조본)의 재무팀과 법무팀에서 일했다. 그는 기업체로 간 최초의 검사였다.

그의 주장에 약점은 있다. 구체적인 자료가 뒷받침돼 있지 않기 때문이다. 하지만 그는 양심 고백을 하는 게 아니라 '자수서'를 쓰는 것이라고 말한다. 삼성과 공범으로서 수사를 받겠다는 뜻이다.

삼성의 관제탑인 전략기획실은 삼성보다는 이건희·이재용 일가를 위해 존재하는 듯 보인다. 전략기획실은 천문학적인 비자금을 만들어 큰 덩어리는 이건희 회장 일가를 위해 썼다. 부스러기는 정계·관계·학계·언론계에 뿌려 삼성의 손과 발이 되도록 관리했다.

전략기획실 전략지원팀(옛 재무팀)은 계열사 사장단 및 재무담당 임원, 전략기획실 임직원 명의의 차명 계좌를 이용해 비자금을 조성해 운용하고 있다. 분식 회계를 통해 연간 1조 원가량 비자금을 만들었다.

계열사마다 비자금 액수가 할당되면 무조건 돈을 만들어 보내야 한다. 삼성이 분식 회계를 통해 조직적으로 비자금을 조성한 것은 대선 자금 수사 때마다 빠짐없이 불거졌다.

물론 국세청의 묵인이 있어야 가능한 일이다. 삼성은 국세청 공무원 관리에 역점을 뒀다. 회사 고위층은 국세청 신참 직원의 집에서 화분갈이를 해줄 정도로 정성을 들였다. 김용철 변호사의 녹취록 중 일부를 보자.

모아진 비자금은 전략지원팀 금고로 들어간다. 삼성 본관 27층 전략지원팀 내 경영지원팀(옛 재무팀 내 관제팀) 구석에 상무 방이 있다. 상무 방에는 가구가 있는데 그 뒤 벽에 비밀 문이 있다. 이 문을 열면 철창이 나오고 그 안에 비밀 금고가 있다. 안에는 각종 유가증권·의류권·상품권·순금이 있다.

금고에 보관하는 돈은 비자금 중 극히 일부분이다. 비자금은 전략지원팀에서 차명으로 관리한다. 전·현직 핵심 임원 천여 명의 차명계좌에 현금·주식·유가증권 따위로 분산되어 있다.

비자금의 일부 부스러기는 대통령 선거, 국회의원 선거 등 각종 선거의 불법 자금으로 제공돼 선거판을 어지럽혔다. 삼성의 자금 없이 치러진 것은 선거가 아니었다. 또한 '떡값'이라는 이름으로 정치인, 판검사, 정부 고위 관리, 언론인 등 사회 지도층 전반에 뿌린다. 형태도 현금, 골프 접대, 상품권, 호텔 할인권, 고급 포도주 등 다양하다. 삼성이 떡값을 주면서 '관리'하는 인사는 모두 우리 사회 지도층이다. 삼성의 관리를 받는다는 것은 미래를 보장받았다는 의미로 통용된다. 삼성은 '삼성 돈은 뒤탈이 없다' '증거가 드러나도 삼성은 불지 않는다'는 속설을 만들어 거부감을 줄여주었다.

삼성을 호위하는 인맥은 삼성의 정보를 국가정보원을 능가하는 수준으로 끌어올렸다. 전략기획실에는 모든 정보가 모인다. 청와대는 물론 국정원·검찰·경찰의 정보 보고가 매일 들어왔다. 언론사의 정보 보고는 실시간으로 접수됐다. 삼성 관계사인 중앙일보의 정보 보고는 하루에 두 번씩 전략기획실 책상에 올라왔다. 심지어는 삼성에 비판적인 시민단체의 회의록이 전략기획실 팩스로 들어오기도 한다.

삼성 천거로 장관 된 인사 많아

인맥과 정보로 삼성은 공무원 인사에까지 영향력을 발휘한다. 삼성의 천거로 장관이 된 인사는 많다. 삼성을 비판했던 공정거래위원장은 공교롭게 연임에 실패했고, 이후 변변한 자리를 얻지 못했다. 공정위에 파견된 한 검사는 삼성과 관련한 조사를 시작하자마자 검찰청으로 불려 들어가 좌천당했다. 검찰총장 내정자 등을 비롯해 검찰 인사도 삼성은 발표 전부터 미리 알고 있었다.

김 변호사가 양심선언을 결심하고, 언론의 취재가 시작됐다. 이를 저지하기 위해 가장 먼저 그리고 열성적으로 움직인 것도 공무원이었다. 대검찰청, 청와대, 정부 고위 관료가 삼성의 논리로 김 변호사를 매도하고 삼성을 두둔하고 나섰다. 한 정부 고위 관료는 "김 변호사가 정신적으로 문제가 있고 아내와 함께 돈을 뜯기 위해 자살 폭탄 테러를 감행하고 있다"라고 말했다. 반론을 펴기 위해 시사IN 편집국을 찾은 삼성 홍보팀 고위 간부는 이 관료와 똑같은 논리를 폈다. 어휘마저 비슷했다. ■

이것이 팩트다

신부님들이 삼성을 위해서 기도해주십시오

2007년 가을 함세웅 신부님이 나를 불렀다. "누가 찾아왔어. 삼성에서 뭘 했다는데, 주 기자가 좀 알아봐. 사람이 너무 불안해. 주 기자가 좀 방법을 찾아봐." 삼성 비자금 사건의 서막이었다. 양재역 1번 출구 뒷골목에 있는 카페에 있다가 그 옆 카페에서 처음 그를 만났다. 첩보영화처럼. 삼성의 첫 고위직 내부 고발자. 삼성의 실체를 이해하는 데, 삼성이 저지른 불법과 탈법을 알리는 데 너무나 소중하고 드문 기회였다. 그가 말하는 내용은 내가 해온 취재와 딱딱 맞았다. 퍼즐이 하나씩 맞아 들어가기 시작했다.

그런데 주변 사람들이 김용철 변호사를 미더워하지 않았다. 김 변호사와 함께 삼성에 맞선다? 뜻이 모아지지 않았다. 삼성에서 고위직으로 누릴 것 다 누리고, 은퇴하고 고문료도 다 받고, 고문료 지급이 다 끝날 때쯤 삼성을 고발한다고 나선 거였으니 비난은 어찌 보면 마땅했다. 더구나 예상치도 못한 사람들이 삼성 측의 입장을 대변했다. 당시 이재정 통일부장관이 찾아왔다. 최학래 한겨레 전 사장도 삼성 편에서 적극적으로 움직였다.

세상에 알리자고 한 사람은 거의 없었다. 전부 반대했다. 그럼에도 불구하고 나는 가치가 있다고 생각했다. 김용철 변호사 입장에서는 가만히 있으면 삼성 부스러기라도 먹고 계속 편하게 살 수 있다. 그걸 거절하고 나왔다는 용기를 높이 샀고, 또 삼성의 실체를 밝히는 것이 그의 과거를 욕하는 것보다 훨씬 가치 있는 일이라 생각했다. 그래서 총대를 멨다. 함세웅 신부님을 설득했다. "삼성이 우리 사회를 돈으로 어지럽히고 망가뜨리는 것을 두고 봐서는 안 됩니다. 김용철은 삼성의 실행파일이자 증거입니다. 신부님이 안 하면 삼성 문제는 누구도 못 건드립니다. 지금 안 하면, 영원히 못합니다."

유일하게 윤원일 안중근기념사업회 사무총장이 내 편을 들어줬다.

김용철 변호사가 가지고 있는 자료는 3개뿐이었다. 하나는 비자금 통장 번호, 또 하나는 이건희 지시 사항, 마지막은 〈행복한 눈물〉이었다. 증거가 부족했다. 김용철 변호사의 말에 신빙성을 얹어줄 무언가가 필요했다. 내 생각에는 고백의 진정성이라면 가능할 것 같았다. "어떻게 하면 되겠어?" "신부님들이 삼성을 위해서 기도해주십시오." 함 신부님의 판단은 빠르고 정확했다. 기자회견문의 초안은 신부님께서 직접 펜을 잡았다. 삼성 관련 부분은 내가 맡았다. 〈삼성을 위해서 기도합니다〉라는 기자회견문이 나왔다. 이렇게 해서 2007년 10월 29일 제기동성당에서 기자회견을 열었다. 이날 기도를 마치고 김 변호사의 비자금 통장 번호 하나만을 공개했다.

한국에서 가장 힘센 적과 싸워야 하니 하나하나를 조심해야 했다. 여론이 절대적으로 중요했다. 삼성 전문가들을 열심히 만났다. 곽노현 교수, 김상조 교수, 심상정 의원, 참여연대의 김기식 정책위원장, MBC의 윤도환, 전동건 기자 등을 찾아가 조언을 들었다. 그분들의 조언과 도움을 바탕으로 김용철 변호사의 언론사 인터뷰도 준비하고 기자회견도 했다. 6번 넘는 기자회견의 밑그림도 그 과정에서 그렸다. 처음에 비자금 통장을 꺼내고 그다음에 지시 사항을 꺼냈다. 〈행복한 눈물〉은 마지막. 기도를 먼저 하고 자료를 하나 붙였다. 여론이 삼성 문제에 주목하고 문제에 공감하도록 신경을 썼다. 나는 김용철 변호사의 고발을 가지고 특검까지 끌고 가겠다는 생각이었다.

너 뭐야?

김 변호사는 불안해 보였다. 당시 이학수, 김인주 씨 등 그룹의 최고 위층이 직접 나서서 김 변호사를 설득하려고 했다. 김 변호사는 그들이 회유가 불가능한 상황이라고 판단하면 자신을 납치할지도 모른다는 불안감에 빠져 있었다. 회사에서 문제를 일으킨 사람들을 납치한 예가 많다고 했다. 자신이 그런 회의를 주재하기도 했다고. 자신이 쓸쓸한 뒷골목에서 죽을 수도 있다고 했다. 김 변호사의 거처를 이틀에 한 번꼴로 옮겼다. 성당 사제관 3곳, 호텔 6곳 그리고 절로 그를 데리고 다니며 숨겼다. 그러는 동안 인간 김용철을 자세히 들여다볼 수 있었다.

김용철 변호사는 '검사스럽다'. 표정과 태도가 거만했고 말투는 고압적이었다. 생각이며 행동이며 말투가 아직도 영락없는 검사다. 김 변호사는 검사였음을 자랑스럽게 생각했다. 검사를 그만둔 것을 억울해했다. "검찰이 썩었다"고 이야기하면서도 김 변호사는 대부분의 검사는 반듯하다며, 검찰에 대한 애정을 숨기지 않았다. 어쩌면 아직도 김 변호사는 검사이고 싶은지도 모른다. 그와 대화하다 보면 '너 뭐야? 네가 뭐 할 수 있겠어?' 이렇게 온몸으로 말하고 있는 듯했다.

김 변호사는 까다롭다. 자존심 세고, 자기가 제일 똑똑한 줄 안다. 그런데 사제단 신부들에게는 예의 바르다. 사제단 김인국 신부는 "김 변호사와 생활하면서 그가 정말 어려운 길을 택했다는 것을 이해할 수 있었다"라고 말했다. 하지만 김 변호사는 다른 변호사와 시민단체 사람들에게는 무뚝뚝하게 대했다. 때로는 말투 때문에 변호사와 시민단체 활동가들이 마음을 다치기도 했다. 김 변호사에 대해 어느 신부는 고등학생 같다고 했다. 한 시민운동가는 공범자가 너무 거만하다고 했다. 기자들이 핵심을 벗어난 질문을 하면 김 변호사는 면전에서 "공부 좀 하라"고 핀잔을 줬다. 검사 앞에서 가방을 던지고 책상을 걸어차기도 했다. 건방지다면 나도 뒤지지 않는다. 면전에서 김 변호사에게 죄를 자수하는 심정으로 고개를 더 숙이라고, 말투가 건방지다고 지적을 해 댔다. 김 변호사가 나의 멱살을 잡은 적도 있었다. 두 번이나.

그렇지만 김용철 변호사에게 고마운 마음이 있다. 사회를 위해 자신의 편안함을 버리는 것은 쉬운 일이 아니다. 그 모든 이야기를 나한테 해준 것, 나를 믿어준 것도 고맙다. 김 변호사 집에 갔을 때 이탈리아제 맞춤 양복 한 벌과 만년필을 선물로 준 적이 있다. 내 스타일이 아니어서 입지는 않는다. 기념품으로 간직하고 있다. 지금도 내겐 김용철 변호사가 사회에 보탬이 되는 좋은 일을 할 것이라는 믿음이 있다.

3백 원짜리 기자

삼성 커뮤니케이션팀 이인용 부사장. MBC 앵커에서 자리를 옮긴 그는 삼성에서 부사장에 올랐다. 2010년 11월 한겨레21은 "(MBC) 오 부장이 몰래 취득한 문화방송 내부 정보를 삼성 전기실(전략기획실) 임원들에게 보고했다. 보고 대상 중에는 이인용 부사장도 포함돼 있다"라고 보도했다. MBC 보도국 내부 정보가 MBC 사내 메일을 통해 삼성으로 실시간 보고되고 있었다. 다른 언론사도 사정이 비슷하다. 2012년 2월 29일 삼성 수요사장단회의가 끝난 뒤 기자들과 만난 자리에서 이인용 부사장은 삼성가의 상속재산 분쟁에 대해 "그 문제는 이미 정리가 다 끝났다는 입장에 변함이 없다. 이건희 회장부터 전 임직원이 앞만 보고 달려가도 참 어려운 게 경영 환경인데, 이런 소송이 제기되니 안타깝기도 하고 걱정이 되기도 한다"라고 말했다. '앞만 보고 달려가도 참 어려운' 세상이다. 삼성은 정보 보고받고, 미행을 하느라 얼마나 고생이 많을까?

많은 기자들은 삼성과 친해지면 덕 볼 게 많다고 여긴다. 사실 그렇다. 친구가 되면 우선 뒤탈 없는 돈을 받을 수 있다. 집에 가전제품도

다 바꿔주고, 휴대폰은 최신형이 나오면 교체해준다. 미국이나 유럽에서 행사가 열리면 비즈니스 석에 태워서 제일 좋은 호텔에 묵게 해준다. 명절 때 떡값, 결혼식 때 축의금을 두둑이 챙겨주고, 기삿거리도 준다. 신문사 내부적으로는 삼성에서 광고 받아와서 커미션을 받을 수 있고, 삼성을 밀어주면 승진하는 데에도 절대 유리하다. 김용철 변호사 폭로 직전 삼성 수뇌부에서 회사를 찾아왔다. 나는 안 만나주고 자리를 피했다. 삼성 수뇌부는 문정우 당시 시사IN 편집국장과 이런 대화를 나누었다.

"광고 협찬 이외에도 삼성이 언론사에게 해줄 수 있는 게 수십 가지가 넘는다."

"우리 말고도 김용철이 천주교정의구현사제단을 찾아간 것은 모든 언론사에서 안다. 기사는 어차피 나온다. 우리를 막는다고 해도 소용없다."

"시사IN만 안 나오면 다른 언론사는 절대 기사가 나오지 않는다. 모든 언론사에서 '1보 금지'(맨 처음 보도하지 않는다) 묵계가 되어 있다."

묵계라……. 삼성의 위력을 실감했다.

2003년 대선 비자금과 관련한 수사가 대검 중수부에서 진행될 때였다. 당시 MBC 〈PD수첩〉에서 삼성에 관한 프로그램을 만들었다. 당시 피디는 내게 삼성 전문가라며 인터뷰를 요청했다. 실상은 삼성에 관해 인터뷰를 해줄 기자가 없었다. 인터뷰도 별것 아니었다. '삼성은 종교기관 같다' '국정원보다 치밀하고 광범위하게 사람들을 감시하고, 정보를 모은다' '우리나라 법을 자신들 편리하게 바꾸는 힘이 있다'. 이런 평범한 내용이었다. 상식적인.

　이 방송이 나간 후부터 삼성에 내 파일이 만들어졌다고 한다. '건방진 기자'라는 딱지도 이때 붙었다. 사실 이건 억울한 측면이 있다. 눕듯이 뒤로 기대앉아서 와이셔츠 단추를 풀어헤치고 인터뷰하는 장면이 일부 방송에 나갔다. '건방진' 장면은 모두 공식적인 인터뷰 녹화가 끝난 다음에 있었다. 방송용으로 인터뷰할 땐 당연히 무릎을 모으고 그 위에 손을 가지런히 얹고 공손하게 말했다. 방송인데 어떻게 '건방'질 수 있나. 인터뷰 끝났다고 해서 긴장을 풀고 삼성에 관한 몇 가지 이야기를 했는데 그 부분이 방송에 나간 거였다. 그러니 건방질 수밖에. 웃기는 권위로 누르려고 하지 않는 한 나는 늘 공손하고 순하다. 껄끄러운 취재원과 누나들을 포함해 다들 그렇게 말한다. 무서운 사람인 줄 알았는데 전혀 아니라고.

　2006년 시사저널 파업 때의 일이다. 파업 스트레스가 심리적·경제적, 다방면으로 몰려왔다. 가족 모두가 힘들었다. 부부 싸움을 크게 하고 밖에서 지내고 있었다. 삼성의 고위 인사가 갑자기 나를 찾아왔다.

　"내가 아껴서 하는 얘긴데, 주 기자, 이혼은 안 된다. 오래 떨어져 있는 건 안 된다."

　"삼성 정보력이 무섭긴 무섭군요."

　섬뜩했다. 그때 내가 나와 있다는 사실은 쫓아낸 사람 말고는 아무도 몰랐다. 회사 옆 사람, 제일 친한 친구도 몰랐다. 그런데 삼성이 알고 있던 거다. 나를 계속 지켜보고 있었고 나에 관한 정보 보고가 올라간다는 거다. 그 정도 수준으로 뒤를 파는 줄은 정말 상상도 못했다. 파업 때 사무실에 나가지 못했다. 나중에 가보니 내 컴퓨터에서 삼성 파일만 사라졌고, 삼성 관련 박스만 사라졌다. 내부자의 소행이었다. 그 일을 겪은 뒤 삼성 자료는 무조건 세 군데로 분산해놓는다.

삼성이 지켜보자 술도 끊었다. 기자가 술을 못하는 게 말이 되나, 취중에 진담이 나온다, 취재에 제약이 있다 등등 선입견이 많았다. 막상 술을 끊어보니 취재와 술자리는 별로 상관관계가 없었다. 인간관계를 형성하는 데도 마찬가지였다. 경제적 이유도 고려 사항이었다. 나는 밥값은 내가 내야 한다고 생각한다. 취재원에게 밥이든 뭐든 한 번 얻어먹으면 한 번 사야 한다고 생각한다. 그게 도리에도 맞다. 밥값은 감당할 수 있다. 찌개를 대접한들 어떤가. 원래 김치찌개를 좋아하기도 하고. 술을 한두 번 사면 그 달은 완전 마이너스다. 그래서 허점을 보이지 않으려는 것과 함께 경제적 이유로 아예 끊었다. 내가 술을 안 먹고, 돈으로 움직이지 않으니까 삼성에서는 당황하고 답답해했다. 일단 안 만난다. 만나더라도 술을 안 먹는다. 커피숍에서 보자고 한다. 커피숍에 가서도 "방금 마시고 와서, 안 마셔도 되죠? 그냥 좀 걷죠"라고 말한다. 좀 황당해한다.

내가 실수할 수 있다. 모함이나 함정에 빠질 수도 있다. 그러면 나는 발가벗겨진 채 뒷골목에서 아주 쓸쓸하게 죽음을 맞이할 수도 있다. 이름값이 커질수록 추락의 깊이도 깊어질 것이다.

그래도 내 길을 가려 한다. 벽돌 두 장을 놓고, 짱돌을 던지면서, 욕을 바락바락 하면서……. 그 함정을 고발하면서 죽겠다고 결심했다. 대신 '그래, 나 하나 죽이려고 누구를 움직여서 이렇게 했느냐'고 대들 생각이다. 감수하겠다고 마음먹었다.

"우리 인생이란 게 3백 원짜리다." 내가 자주 하는 말이다. 이건 내 얘기다. 몇 년 전 어느 월급날이었다. 월급 통장은 비었고 주머니를 뒤졌는데 3백 원밖에 없었다. 그때는 지갑도 없었다. 차비도 안 되는 돈. 악착같이 일해도 결국은 3백 원 쥐고 있다. 그런데 사람들은 그걸 지키려고, 몇십 원 더 모으려고 아등바등한다. 다른 사람 피눈물 나게 한다. 어차피 인생에서 돈은 그리 중요한 게 아니라고 생각한다. 내 인생에서 중요한 것들을 순서대로 놓으면 돈은 7등 정도 된다. 나도 돈 버는 것이 좋고 돈 쓰는 것은 더 좋은 줄 안다. 하지만 돈에 인생이 저당 잡힌 노예가 되는 것은 경계한다. 이건 멋이 없다. '돈 벌려고 회사 다닌다' '돈 벌려고 누군가에게 잘 보인다'. 이건 사실 슬픈 얘기다.

내 주머니에 3백 원밖에 없는데 이걸 지키려고 눈치 보고 살지 말자. 쪽팔리게 살지 말자. 어차피 잃어도 3백 원 아닌가?

삼성과 맞짱 뜨기

3장

종교,
가장 강력하고
오래된 마피아

우리나라처럼 돈을 뜯는 십일조는 전 세계적으로 없다.
돈을 내라고 이렇게 깔때기를 들이대는 목사도 전 세계에 없다.
프랜차이즈 분점 교회를 만들어 비디오를 보면서
'아멘' 하는 교회가 다른 나라에 있다는 이야기를 들어본 적이 없다.

01

큰 목사님은
무엇을 사랑하는가

2008년 10월 기독교윤리실천운동 조사에 따르면 우리 국민이 가장 신뢰하는 종교는 천주교(35.2%), 불교(31.1%), 개신교(18%) 순이었다. 지난 2009년 8월 시사IN 조사에서 개신교의 신뢰도(26.9%)는 천주교(66.6%)의 절반에도 미치지 못했다. 특히 20~30대 응답층에서 개신교에 대한 불신이 컸다. 이는 예수는 낮은 곳으로 내려갔는데, 한국 교회와 교인들은 높디높은 곳으로만 올라가려 하는 데 대한 경고다. 한국 교회는 대기업을, 목사는 총수를 꿈꾸고 있다. 일부 대형 교회는 재벌의 못된 형태를 그대로 따라한다. 여기에 대통령 이명박이 있다. 교회에 다니는 대통령과 측근들이 하나님보다 돈을 좇으면서 개신교에 대한 비판은 더욱 심화되었다. 그런데 다른 종교들의 사정도 크게 다르지 않다.

노벨물리학상 수상자인 미국의 스티븐 와인버그는 "종교가 있든 없든 선한 일을 하는 좋은 사람과 악한 일을 하는 나쁜 사람은 있는 법이다. 그러나 좋은 사람이 악한 일을 하려면 종교가 필요하다"라고 말했다. 불행하게도 그의 분석이 한국 사회, 우리 종교계의 단면을 꿰뚫고 있는 것 같다.

리포트

싸움과 소송이 충만한 순복음교회

[시사IN 205호] 2011.08.19

지난 4월 22일 서울 여의도 순복음교회 새벽 기도회에서 조용기 목사(75)가 설교 중이었다. "요 근래 우리 교회, 저로 말미암아 많은 시련과 환란이 있는 것을 하나님 앞에 고백하고 자백합니다. 또 제가 여러분에게 잘못을……." 조 목사는 갑자기 강단에서 걸어 나왔다. 그러고는 신자들에게 무릎을 꿇고 엎드려 큰절을 했다. 조 목사는 눈물을 흘리며 교회에서 불거진 가족 갈등에 대해 사죄했다.

얼마 후 조 목사의 부인인 김성혜 이사와 장남 조희준 대표사무국장도 재단법인 사랑과행복나눔에 사표를 냈다. 순복음교회의 갈등은 수면 아래로 가라앉는 듯 보였다.

하지만 조용기 목사가 김성혜 이사와 조희준 대표사무국장의 사표를 반려하면서 문제가 다시 불거졌다. 그동안 국민일보 회장 자리를 놓고 벌인 가족 간 갈등이 사랑과행복나눔 재단에서 폭발한 것이다. 조용기 목사 가족 안에서 시작된 갈등도 조 목사 가족은 물론 순복음교회 장로·신도에까지 확대되었다.

사랑과행복나눔 재단은 2008년 4월 여의도 순복음교회가 조 목사의 제2기 사역(소외 계층에 대한 구제 사역)을 펼치기 위해 설립한 공익 법인이다. 여의도 순복음교회의 한 목사는 "조용기 원로목사님 은퇴비로 교회가 5백억 원을 내놓았고, 이 돈을 목사님이 헌납해 재단이 세워졌다. 조 목사님이 물질 욕심이 없음을 보여주는 사례다"라고 말했다.

조용기 목사 퇴직금 5백억 원 싸움

조 목사와 김성혜·조희준 씨가 주도하던 사랑과행복나눔 재단은 지난 6월 17일 임시 이사회를 열고 조용기 이사장을 총재로 추대했다. 그리고 김성혜 한세대 총장과 김창대 장로를 공동 이사장으로 선임했다. 이때부터 순복음 사태는 폭발했다. 대표이사인 김창대 장로는 이명박 대통령의 동지상고 동창으로 이 대통령 후원회 '명사랑' 회장을 지냈다. 이 대통령이 재산을 출연한 재단법인 청계의 감사도 맡고 있다. 또 청와대 민정수석을 지낸 이종찬 장로를 한세대 이사로 영입했다. 한세대 총장은 김성혜 씨가 맡고 있다. 이에 대해 여의도 순복음교회 측은 조 목사와 김성혜·조희준 모자가 정권 실세들을 끌어들여 교회 문제를 정치적으로 풀려 한다고 주장했다. 한 장로는 "조 목사는 예수가 두려운 것이 아니라 사람 권력을 중요시하고 무서워한다"라고 말했다.

여의도 순복음교회 측은 "지난 임시 이사회는 법적 효력이 없다"라면서 6월 22일 새 이사진을 구성하고 다시 임시 이사회를 개최했다. 그리고 조용기 목사를 포함한 이사 14명을 선임했다. 졸지에 재단에 이사회가 두 개 생긴 것이다. 이때부터 사랑과행복나눔 재단은 사랑과 행복보다는 싸움과 소송이 난무하는 재단이 되었다.

지난 7월 조용기 목사는 이영훈 여의도 순복음교회 당회장에게 보내는 메모를 사랑과행복나눔 홈페이지에 공개했다. "장로들이 이렇게 무리하게 나가면 나는 여의도 순복음교회를 떠나 따로 시작할 작정입니다."

7월 31일 조 목사의 설교 한 부분이다. "교회를 사랑한다고 하면서 나의 발목을 붙잡고 내게 흉악한 그물을 덮어씌우는 사람이 있으면 앉아서 한번 둘이 대면해보고 싶습니다. 누가 교회를 위해서 더 많이 헌금을 냈는지, 헌금 계산을 한번 해보자, 헌금을 얼마나 내었는지, 내었으면 그것을 가지고서 교회를 사랑한다는 증거를 내세워야 되는 것입니다." 이를 두고 순복음교회의 신자인 이 아무개 씨는 "헌금이 교회를 사랑하고 하나님을 섬기는 척도라는 것이 순복음교회의 현실을 말해준다"라며 혀를 찼다. ■

사탄기자가 되다

내게는 오래된 별명이 있다. '사탄기자', '악마기자'. 2004년 여의도 순복음교회 조용기 목사를 취재하면서 생긴 별명이었다. 기자 생활을 시작하면서 힘과 돈으로 사회를 어지럽히는 놈들만 상대하겠다는 생각이 있었다. 이렇게 권력형 비리를 주로 뒤쫓다 보니 종교도 내 오랜 출입처 중 하나가 됐다. 종교는 정신에 관한 문제고 우리 사회에서 대단히 중요한 역할을 점하고 있다. 하지만 종교 비리는 검찰도 고개를 절레절레 내젓는다. 언론은 말할 것도 없다. 고민할 것도 없었다. '그럼 내가 해야지.'

순복음교회 문제를 터뜨리기 전에도 신앙촌, 아기동산, 꽃동네 등 종교 문제를 많이 썼다. 취재는 더 많이 했다. 종교 관련 기사를 쓰고 나면 고달파지는 건 사실이다. 종교를 비판하면 우선 신도들이 몰려온다. 더 큰 걱정은 무조건 소송으로 이어진다는 것이다. 종교 단체는 항상 비싸고 유능한 변호사를 고용한다. 그들은 꼼꼼하게 약점을 파고든다. 내외부적으로 많이 깨지기도 했다. 2004년 조용기 목사 관련 17페이지 짜리 커버스토리를 썼는데 신문사 앞에 순복음교회 신도 수천 명이 몰려와 데모를 했다. 지역별로 당번을 짜서 피켓을 들고 와 시위를 했다. '주 기자를 죽이자' '사탄기자 물러나라'. 그 전에 한나라당과 이회창 후보 지지자들한테도 많이 당했다. 하지만 회사 앞에 수천 명이 몰려와서 데모하는 건 처음이었다. '아, 내가 기사를 쓰긴 잘 썼구나. 이번엔 밥값 했다'는 생각이 들어 즐거웠다. 당시 120억 원짜리 소송이었으니 내 몸값이 제대로 평가받는다고 농담 삼아 말하고 다녔다.

사실, 순복음교회를 기사화하기 전부터 시끄러웠다. 시사저널의 사주 심상기 씨는 여의도 순복음교회 장로 출신이었다. 기사를 이미 송고했는데, 사주는 기사 나가면 자기가 죽는다고 계속 말렸다. 우리 선배들이 이 기사는 반드시 나가야 한다고 맞섰다. 나는 "기사가 안 나오는데 내가 뭐하러 다니느냐"며 기사를 써놓고 2주 정도 꼬장을 부렸다. 기사가 나가고 조용기 목사는 은퇴하겠다고 선언했다. 가족에게 교회를 물려주지 않겠다는 약속도 했다. 젊은 신도들이 이탈했지만 순복음교회 자정을 걱정하는 신도들도 많이 생겼다. 나는 신도들에게는 욕을 먹었지만 한국 교회 특히 순복음교회에는 보탬이 되는 일을 했다고 생각한다.

리포트

'큰 주먹'을 사랑하다

[시사저널 790호] 2004.12.07

조용기 목사의 폭넓은 인맥 가운데 유독 관심을 끄는 두 사람이 있다. 바로 김태촌 씨와 조양은 씨다. 조용기 목사와 김태촌 씨의 인연은

• 1980년대 말로 거슬러 올라간다. 인천교도소에 수감 중이던 김 씨는 인천순복음교회 최성규 목사 소개로 조용기 목사와 연을 맺었다. 김 씨가 1989년 폐암 선고를 받고 형 집행정지로 풀려나자 조 목사는 병원으로 찾아가 안수기도를 여러 번 해주었다.

김태촌 씨의 친구이자 서방파 부두목이었던 손하성 씨는 "조 목사님은 아침저녁으로 태촌이에게 안수기도를 해줬고 우리는 목사님을 모시고 집회를 돌았다. 우리는 목사님 경호원보다 더 안쪽에서 경호했다. 행사 분위기를 잡는 것도 우리 몫이었다"라고 말했다. 김 씨는 여러 차례 신앙 간증을 하기도 했다.

김태촌 씨가 조 목사 집안일에도 적극 나설 정도로 두 사람은 가까운 사이였다. 1991년 김 씨는 조 목사의 아들 희준 씨 이혼에 개입했다. 당시는 희준 씨와 유리코 씨 사이에 혼담이 오가는 시기였다. 희준 씨의 첫 번째 부인 나 아무개 씨의 어머니는 재판에 나와 "김 씨가 '10억 원을 줄 테니 이혼하라'고 강요했다"라고 진술했다. 아버지 나 씨는 "김 씨가 '우리가 협박 전화를 한다고 떠들고 다니면 가족을 싹 쓸어버리겠다'고 협박했다"라고 증언했다. 김 씨의 운전기사였던 구 아무개 목사가 검찰에 제출한 비망록에 따르면, 김 씨 신변에 문제가 생겼을 때 즉시 알려 조처를 취하도록 한 첫 번째 인물이 조용기 목사였다.

조 목사와 김 씨는 현재도 좋은 관계를 이어가고 있다. 최근 사회보호법 재심을 청구한 김 씨를 위해 조 목사는 탄원서를 제출하기도 했다. 김 씨의 누나 숙자 씨는 "감사하게도 조 목사님이 김태촌 형제가 석방되면 올바른 신앙생활을 할 수 있도록 이끌고 기도하겠다는 취지의 탄원서를 써주었다"라고 말했다. 조 목사는 11월 17일 있었던 김 씨 아들의 결혼식에는 금일봉을 보냈다. 김 씨는 "나와 조 목사님의 17년 인연, 사생활 등을 다 이야기하면 세계적인 이슈가 될 것이다. 의리를 지키기 위해 입을 열지 않고 있다"라고 말했다.

"조 목사와 두목들, 서로를 이용했다"

조양은 씨는 순복음교회 권사인 어머니의 권유로 순복음교회와 연을 맺었다고 한다. 조 씨는 1995년 조 목사의 주례로 성대한 결혼식을 올렸다. 조 씨는 지난 2월 순복음교회 재단 한세대 대학원에서 석사 학위를 받아 세상을 놀라게 했다. 조 씨는 "조 목사님과 자주 만난다. 목사님이 신앙 활동과 사회 활동 양쪽 면에서 물심양면으로 도와주신다"라고 말했다.

검찰 한 고위 간부는 "조 목사는 주먹계 보스를 전도했다고 설교했고, 김태촌과 조양은은 조 목사를 통해 조직에서 손을 씻었다는 듯한 믿음을 주었다. 양쪽이 서로를 이용한 측면이 있다"라고 말했다. 순복음교회에 다니는 한 전직 법조인은 "검사가 30명, 법조인이 백 명 넘게 다니는 교회에 무슨 일이 생기면 어깨들이 설치고 다닌다. 어처구니없는 일이다"라고 말했다. ■

종교, 가장 강력하고 오래된 마피아

십일조를 발명하다

우리 형도 순복음교회를 다니고 형수님 집안은 모두 다녔다. 오촌은 순복음교회 악단에서 연주를 한다. 그렇지만 도저히 참을 수 없었다. 기사가 나가고 깡패들도 난리가 났다. 나를 잡으러 다닌다는 둥, 포를 뜬다는 둥 별별 소리가 다 들렸다. 뒷 번호 '1111'. 김태촌 씨에게서 전화가 왔다. "자네가 어떻게 나한테 그럴 수 있는가?" "에이, 그럴 수도 있지요." "나한테 말도 안 하고 기사를 썼는가?" "내가 기사 쓴다고 말하면, 쓰지 말라고 했을 거 아니에요?" "잡지를 수거하든지 조치를 취해야 하는 것 아닌가?" "이미 다 나갔어요. 남자가 쩨쩨하게 왜 그래요?" "뭐. 쩨쩨해?" "네." "그, 그런가?" 그 사건 후에도 내가 김태촌 씨의 동생들하고 잘 지내니까 김태촌 씨가 "그놈은 조심해야 된다"고 단단히 일렀다고 한다. "그놈 아주 맹랑한 놈이다. 기자는 맞는지 몰라."

2004년, 한국 교회의 화두는 '세습'이었다. 해방 후 교회를 일구던 사람들이 은퇴할 나이가 돼서 교회가 2세대로 넘어가는 시기였다. 처음에는 조용기 목사도 큰아들 조희준 씨한테 교회를 물려주려고 했다고 한다. 그런데 큰아들은 초대형 사고를 치고 다녔다. 둘째 조민제 씨는 국민일보를 맡게 됐다. 참고로 셋째는 카페를 운영하면서 연예인과 염문설을 뿌리며 즐겁게 지냈다. 그러다 보니 조 목사는 교단 법을 바꿔가면서 임기를 연장하고 있었다. 목사 임기를 65세에서 70세로, 다시 75세까지 연장했다. 그러고는 갑자기 부인 김성혜 씨가 목사 안수를 받는다. 이건 좀 심하다 싶었다. 그날부터 바로 순복음교회를 다니기 시작했다.

6개월 정도 교회에 다니면서, 조용기 목사와 관련된 책을 60권 정도 읽고, 논문도 여러 편 찾아 읽었다. 그때 정리해놓은 것이 여의도 순복음교회에 대한 비판들의 교본이 됐고, 특집기사의 뼈대가 됐다. 순복음교회의 총체적 문제를 세상에 처음으로 까발린 이 기사와 취재자료는 아직까지도 순복음교회에 관한 리서치나 취재에 인용되고 있으니 당시 순복음교회에서는 나를 정말 잡아 죽이고 싶었을 것이다.

이명박 씨가 유력한 대통령 후보로 떠오르자 이번에는 소망교회에 열심히 다녔다. 크리스마스와 송구영신 예배도 가고, 아지트도 소망교회 앞 카페로 정했다. 그래서 교회 열심히 다니면 신앙심이 생기지 않느냐는 질문도 가끔 받는다. 그 답 대신 여기서 정봉주 전 국회의원의 별명으로 유명해진 '깔때기'의 어원과 역사를 밝힌다. 깔때기는 조용기 목사의 설교를 표현할 방법을 찾다 떠오른 말이다. 설교를 듣다가 언제쯤 돈 얘기 하겠다 생각하면, 한 치의 오차도 없이 헌금 얘기가 나온다. 어떤 내용의 설교를 하든 어김없이 이 깔때기가 들어온다. 천국에 가려면 십일조를 내야 한다고. 정봉주보다 더 자주 들어온다. 그러니 깔때기의 원조는 조용기 목사다. 막상막하로는 오직 조중동 깔때기가 있다. 이들은 어떤 사안이든 나쁜 일이 생기면 북한 때문이다. 아니면 DJ나 노무현 탓이든지. 조중동은 북한 없었으면 어떻게 살았을까?

우리나라처럼 돈을 뜯는 십일조는 전 세계적으로 없다. "모든 버는 돈의 십일조, 월급의 십일조를 내라. 그래야 천국 간다." 이건 성서에 있는 게 아니라 한국 목사들이 개발한 수익 모델이다. 돈을 내라고 이렇게 깔때기를 들이대는 목사도 전 세계에 없다. 조용기 목사는 우리나라 교회의 대형화·금권화·만능화의 출발점이다. 프랜차이즈 분점 교회를 만들어 비디오를 보면서 '아멘' 하는 교회가 다른 나라에 있다는 이야기를 들어본 적이 없다. 누가 얼마나 훌륭하다고? 조폭하고 어울리고 권력과 재산에 누구보다 집착하고, 여자들을 각별히 사랑하는 큰 목사님의 맨 얼굴을 봤지 않는가.

조양은 전도사, 김태촌 형제님

내 직업의 소명의식을 일깨워준 은총은 큰 주먹들과의 소소한 수다에서 시작되었다. 조양은 씨와 김태촌 씨를 취재하는 중이었다. 조양은 씨를 만나서 얘기를 나누는데 샌드위치를 구워 가지고 왔다. 내게 권하며 "맛있냐?"고 묻더니 자기가 순복음교회에서 매점을 하고 있다고 거드름을 피웠다. "조 목사의 아버지 문제도 정리하고, 말 안 듣는 장로들도 내가 다 정리했다니까."(조용기 목사는 아버지와 동생과 사이가 나쁘다. 동생은 은혜와진리교회 조용목 목사다) 조양은 씨는 1995년 여의도순복음교회에서 조용기 목사의 주례로 결혼식을 올렸다. 이후 순복음교회 교단의 순복음신학대학과 총회신학대학원을 나왔다. 나에게 '조 전도사'라고 불러달라고 했다. 나는 그건 못하겠다고 했다.

김태촌 씨가 형 집행 정지 기간에 인하대병원에서 입원해 있을 때 병실에 갔더니 어떤 사람이 통성 기도를 하고 있었다. 한국기독교총연합회 대표회장을 지낸 최성규 목사였다. 조용기 목사의 오른팔과 같은 존재다. 병실에는 조용기 목사가 보내준 난이 있었다. 김태촌 계보에 있는 한 조폭 보스는 "(김태촌 씨가) 조 목사님이 자기를 제일 예뻐한다고 했다"고 말했다. 김태촌 씨는 "조 목사 아들 이혼하는 것도 해결해주고, 교회도 인수해주었다"라고 자랑처럼 말했다. 조 목사가 언제나 자기를 위해 기도해주고 옥바라지도 해준다고 했다. 나는 일부러 믿지 않는 척 했다. "믿을 수가 없어요. 조 목사랑 같이 찍은 사진이나 한 장 줘봐요." "아야, 사진 갖고 와라." 김태촌 씨가 바로 부하에게 사진을 찾아보라 고 했다. 며칠 후 큰 목사와 김태촌 그리고 어깨들이 교회에서 폼을 한 껏 잡은 사진이 도착했다. 두 건달 두목의 이야기를 듣고 본능적으로 결심했다. 큰 목사와 큰 주먹 스토리를 꼭 한번 쓰겠다고. 이들을 만날 때마다 마지막 질문은 "조 목사님은 뭐 해요?"였다. 머릿속에 켜켜이 자료가 쌓여갔다.

정통파 조폭의 오늘날

조폭이 기업 M&A 했고, 주가조작 했다며 갈수록 지능화되고 있다 는 뉴스가 자주 나온다. 그런데 뉴스에서는 조폭이라 하지만 그들은 진 짜 조폭에게 돈 뺏기는 잔챙이들로 족보도 없다. 계보에 있는 조폭들 은 오락실, 도박으로 돈 벌지 않는다. 정통파 조폭은 유흥업소 관리와 이권 청탁에 개입해 돈을 번다. 조창조나 김태촌 같은 이름난 조폭들은 조폭들 가족 칠순이나 결혼식 가서 5백만 원, 천만 원씩 출연료도 받는 다. 그쪽 동네에서는 누가 결혼식에 왔냐 안 왔느냐에 따라 격이 달라 진다. 조폭 경조사에 사람들이 돈을 많이 내는데 다 먹고살라고 주는 거다. 적금과 비슷한 성격이다. 칠순잔치 초대장 봉투에 당사자 이름뿐

큰 목사님은 무엇을 사랑하는가

아니라 계파 보스 이름도 쓴다. 서방파면 김태촌, 양○○ 그리고 맨 아래 조직원 이름을 쓴다.

행사마다 등급이 있는데, 영남 행사에서는 설운도와 현철, 호남 쪽에서는 남진이 와야 쳐준다. 또 하객으로 신상사, 조창조, 이강환, 김태촌, 조양은 이렇게 빅5 중 한두 명이 오면 A급 행사다. "오늘 누구 왔대." 그러면서 병풍들이 우르르 가서 인사한다. 상갓집도 똑같다.

이렇게 된 까닭은 이미 깡패가 이름을 얻는 시대가 지났기 때문이다. 오늘날은 아무리 잘나가는 깡패라도 그 동네 빼고는 잘 모른다. "너 내가 누군 줄 알아?" "누군데?" "나 김팔봉이야." "그게 누군데?" 이렇게 우스워지기 십상이다. 그러니 유명한 하객을 유치하는 데 목숨을 건다.

조폭들의 의리? 그런 거 멸종됐다. 족보도 없고 계파도 없다. 그러니 잘나가는 놈은 있지만 이름 있는 깡패는 없다. 옛날에는 감옥에 가면 뒤를 봐주고 나오면 챙겼다. 이제는 그런 거 없다. 요즘 깡패들은 위에서 "저 새끼 담가라" 이러면 앞에선 "네" 이렇게 대답하긴 하는데 그다음 날 와서 "아…… 여동생이 다음 달 시집가는데……" "아버지가 편찮으시고 어머니가 갑자기 심근경색이 오려고 하는데……" 등 갖은 핑계가 다 나온다. 형량 1년치에 얼마 이런 보장이 없으면 못하니까. 그러니 깡패들이 위협할 때 안 무서워하면 별일 없다. 조폭이 나타났다면 경찰에 신고하면 된다. 조폭에게 돈만 남았다. 돈이 의리다.

종교, 가장 강력하고 오래된 마피아

02

무엇이 높은 신부님들을 화나게 만들었을까

세계에서 가장 오래되고 거대한 마피아는 어디일까? 바로 천주교다. 교회에 비해 알려지지 않아서 그렇지 천주교도 크고 작은 문제로 시끄럽다. 문제가 있어도 내부에서 처리하는 관습 때문에 외부로 알려지지 않을 뿐이다. 특히 천주교 고위직 사제들은 보수적이고 정치적인 행보로 교계에 오명을 남겼다.

우리나라 천주교 신자 수는 4백만 명가량 된다. 신자 수에 비해 우리나라 천주교는 큰 영향력을 갖고 있고 존경을 받는다. 신자가 늘고 있는 유일한 종교이기도 하다. 이는 이 땅의 민주화가 정착하는 데 횃불 역할을 한 천주교 사제들의 헌신과 희생이 바탕에 있었다. 사제와 평신자들에 의해 조직된 단체들은 1970년대 이후 독재 정권에 맞서 민주화 운동을 주도적으로 이끌었다. 천주교 지도부와는 별개의 일이었다.

정진석, 추기경이 된 진짜 이유?

[시사저널 854호] 2006.02.24

천주교 서울대교구장 정진석 대주교(니꼴라오, 75)가 지난 2월 22일 추기경으로 서임되었다.

4백만 명가량 되는 천주교 신자 수에 비해 한국에서 천주교는 큰 영향력을 갖고 있다. 이런 힘에는 이 땅에 민주화가 정착하는 데 횃불 구실을 한 천주교 사제들의 헌신과 희생이 바탕에 깔려 있다. 하지만 서울교구의 한 신부는 "엄밀히 말해 정 추기경이 민주화에 공헌한 것은 거의 없다"라고 말했다.

정진석 추기경은 1931년 서울의 독실한 천주교 집안에서 태어났다. 1961년 3월 사제 서품을 받은 그는 1970년 당시 39세로 최연소 주교 서품을 받아 청주교구장에 올랐다. 1998년부터 그는 김수환 추기경의 후임으로 서울대교구장 대주교로 있다. 정 추기경은 교회 살림에 탁월한 능력을 보였다. 서울 강남의 하이닉스 반도체 사옥을 사서 세를 주고, 강남 성모병원을 새로 짓고 있다. '미사예물공유제도'라는 서울교구만 시행하는 독특한 제도도 그가 만들었다. 이 제도 덕에 부실했던 서울교구가 윤택해졌다.

정 추기경은 교회법의 권위자이기도 하다. 관련 서적을 22권이나 낸 학구파다. 그의 일상은 산책·명상·교회법 연구·집필이 되풀이된다.

정 추기경은 텔레비전을 일절 보지 않는다. 대신 조선일보·중앙일보·동아일보를 열독한다고 한다.

하지만 몇 가지 이유로 그가 추기경에 오르지 못할 것이라는 견해도 적지 않았다. 첫 번째가 꽃동네 문제다. 정 추기경은 청주교구장으로서 오웅진 신부가 사회복지단체 꽃동네를 설립하는 데 결정적 도움을 주었다. 꽃동네는 비리로 얼룩졌고, 오웅진 신부는 유죄를 받았다. 오 신부는 천주교 신부가 아니었다면 구속을 피할 수 없었으리라는 구설에 올랐다.

꽃동네 문제 · 노조와 갈등 등으로 구설도

1998년 청주교구 신성국 신부는 청와대에 탄원서를 보내 "서울대교구청 정진석 대주교가 오웅진과 함께 권력과 금력을 향유하고 있다"고 비판했다. 다음은 신 신부의 주장이다. "정 추기경이 청주교구장으로 있었을 때인 1998년 청주 성모병원 인수를 강행하면서 '사재를 다 털었다'며 10억 원을 내놓았다. 그러나 그가 서울대교구로 떠난 뒤 개인적으로 관리하던 통장에서 무려 20억 원이 나왔고, 다른 통장에서도 상당액이 드러났다. 정 추기경은 1년 뒤인 1999년에도 '전재산이다'라며 5억 원을 꽃동네대학교에 장학금으로 내놓았다. 정 추기경은 꽃동네와 관련된 자금 거래를 밝혀야 한다." 이에 대해 서울대교구의 한 신부는 "돈에 관한 의혹은 전혀 문제될 것 없다"라고 일축했다.

두 번째는 노조와의 갈등이다. 민주노총 보건의료노조의 한 관계자는 "병원 파업 때마다 성모병원이 가장 문제였고 가톨릭 지도부는 악랄한 모습을 보였다. 정 추기경은 손해를 감수하고서라도 병원 문을 닫고 아파트를 건설하겠다고 협박했다"라고 말했다. 2002년 강남 성모병원 한용문 노조지부장은 명동성당 내에서 집회를 했다는 이유로 구속되었다.

사회문제에 대해 발언하는 것을 자제했던 정 추기경이었지만 사학법 개정에 대해서는 "공산주의나 하는 일"이라고 신랄하게 비판했다. 그런데 노조 활동은 1890년부터 교황청이 장려하는 권고 사항이다.

그가 추기경에 서임된 데에는 추기경 권좌를 둘러싸고 경쟁하던 대주교보다 상대적으로 흠이 적었던 것이 주효했다는 분석이 나온다. 가장 유력하게 거론되던 대구대교구 이문희 대주교의 경우 골프장을 운영하며 잡음을 낸 것이 탈락의 결정적 요인으로 작용했다는 후문이다.

정 추기경이 평양교구장을 맡고 있다는 점도 추기경에 오를 수 있었던 중요한 이유로 거론된다.

그런데 정 추기경이 북한을 보는 시각에 대해 우려하는 사람들도 적지 않다. 남북문제의 권위자인 박창일 신부는 "정 추기경은 북한 교회는 교회가 아니라며 서울교구 신부들에게 북한에 가서 미사를 하지 말라는 명령을 내렸다. 평양교구장이 북에서 복음을 선포하는 기회까지 말살하고 있는 것이다"라고 말했다.

천주교 일각에서는 정 추기경이 그동안 보였던 보수적인 행보에서 크게 벗어나지 않을 것으로 예상한다. 그렇다면 정 추기경 서임의 의미를 천주교가 변화를 바라지 않는 것으로 해석해야 하는 것일까. ■

종교, 가장 강력하고 오래된 마피아

정진석 추기경, MB의 천군만마가 되다

1976년 충북 음성군 맹동면에 세워진 꽃동네는 국내 최대 사회복지 시설이다. 꽃동네를 일군 오 신부는 1996년 '아시아의 노벨상'이라고 불리는 막사이사이상을 수상하며, 소외된 이웃들을 위해 헌신하는 사제의 표본이 되었다. 그런 오 신부가 2005년 충주지원에서 유죄 판결을 받았는데 판결문을 들여다보면 세상 물정을 모르는 신부가 소외된 자들의 천국을 키우다 저지른 실수라고 보기에는 무리가 있다. "오 신부가 수녀와 수사들이 요양원에 근무하는 것처럼 허위로 서류를 작성해 국고보조금 5억여 원을 받은 사실과 환경오염을 이유로 꽃동네 수용자들을 동원해 인근 광산 개발을 저지한 혐의(업무방해)가 인정된다."

오 신부는 땅을 사랑했다. 음성 지역 땅 수백만 평을 오 신부, 수사, 수녀 그리고 오 신부 가족 명의로 사들였다. 1998년 꽃동네에 대한 국정감사에서 오 신부의 땅이 문제가 된 적이 있다. 그러자 꽃동네 측은 국정감사를 이틀 앞둔 1998년 10월 28일, 재단법인 청주교구 천주교 유지재단 명의로 오 신부 형제들의 일부 땅에 근저당권을 설정했다. 유지재단 측은 1999년 9월 권리를 포기해 근저당권을 말소했다. 땅은 형제 소유가 되었다. 부동산 투기 의혹이 일기도 했다. '꽃동네 인터체인지' 투기 의혹도 그중 하나다. 꽃동네 측은 1998~1999년에 꽃동네 수녀와 수사 18명 명의로 맹동면 봉현리 일대를 집중 매입했다. 후에 이

무엇이 높은 신부님들을 화나게 만들었을까

곳은 꽃동네IC가 생겼다. 꽃동네 측은 "주변 땅을 꽃동네 환우들의 자활 작업장으로 쓰려고 했다"라고 주장했다. 오 신부의 동생 충진 씨는 꽃동네 공사대금을 허위로 청구해 1억 4천만여 원을 받아낸 혐의로 구속되기도 했다.

오 신부는 태화광업의 광산 개발을 방해한 혐의에 대해서 유죄를 받았다. 태화광업 측은 오 신부가 금광을 탈취할 목적으로 광산 개발을 막았다고 주장하고 있다. 한 청주교구 신부는 "광산 개발을 막겠다고 꽃동네 측이 개의 머리를 광산 입구에 걸어놓고, 장애인들을 동원해 시위를 벌였다. 인도적인 차원에서 있을 수 없는 일이다"라고 말했다.

오웅진 신부가 꽃동네를 세우는 데 가장 큰 힘이 되어 준 사람이 정진석 추기경이었다. 꽃동네가 사회적으로 문제가 됐을 때도 오웅진 신부는 아무런 타격을 입지 않았다. 정진석 추기경 어머니의 묘소가 충북 음성군 맹동면 꽃동네에 있다.

2010년 12월 8일 국회에서 날치기로 4대강 예산이 처리되던 날, 정진석 추기경이 기자간담회를 열었다. "주교단이 4대강 사업이 자연을 파괴하고 난개발의 위험을 보인다고 했지, 반대한다는 소리는 안 했다. 오히려 위험을 극복하는 방법으로 개발하라는 적극적인 의미로도 볼 수 있다" "4대강 사업에 대한 판단은 자연 과학자들이 다루는 문제요, 토목공사하는 사람들이 전문적으로 다룰 문제이지, 종교인들의 영역이 아니다".

이명박 대통령에게는 천군만마와도 같은 말이었다. 그동안 천주교는 한목소리로 '4대강 반대'를 외쳐왔다. '생명과 평화'는 천주교에서

종교, 가장 강력하고 오래된 마피아

결코 타협할 수 없는 절대 가치다. 보수적이고 사회문제에 나서는 것을 탐탁지 않게 여기는 천주교 주교(개별 교구를 관할하는 성직자)들이 4대강 사업에 반대하고 나선 것은 이것이 생명과 직결된 문제이기 때문이었다. 2010년 3월 천주교 주교단은 성명서를 내놓았다. "한국 천주교의 모든 주교들은 4대강 사업이 이 나라 전역의 자연환경에 치명적인 손상을 입힐 것으로 심각하게 우려하고 있습니다. ……'너희 앞에 생명과 죽음, 축복과 저주를 내놓는다. 너희나 후손이 잘되려거든 생명을 택하여라'(신명기 30절)." 2010년 5월 서울 명동성당에서 4대강 사업 중단을 촉구하는 시국 미사가 열렸다. 명동성당 본당에서 시국 미사가 열린 것은 1987년 6월 항쟁 이래 23년 만의 일이다. 6월에는 주교회의 의장인 강우일 주교가 4대강 공사가 진행되고 있는 경기도 양평 두물머리에서 미사를 집전했다.

그런데 왜 추기경은 국민이 반대하고, 천주교가 반대하는 4대강 사업을 찬성하고 나섰을까? 그 이유로 그의 수구적인 정치색과 함께 이권을 꼽는 사람이 많다. 서울교구의 한 신부는 "사적지 명동성당의 재개발을 허가하는 조건으로 추기경이 4대강 사업 반대 의사를 접은 게 아닌지 의구심을 가진 신부가 많다"라고 말했다. 2010년 12월 3일 명동성당 주변에 12층과 9층 건물 두 채를 세우는 내용을 골자로 한 재개발 사업이 문화재청 심의를 통과했다. 그동안 여섯 번이나 부결된 사안이었다.

정진석 추기경을 보면 떠오르는 일화가 있다. 김대중 전 대통령이 1980년 광주민중항쟁으로 군법회의에서 사형선고를 언도받고 청주교

무엇이 높은 신부님들을 화나게 만들었을까

도소에 수감 중이었다. 사형선고가 내려지자 독실한 신자였던 김대중 대통령 가족이 당시 청주교구장 정진석 주교를 찾아가 여러 차례 김대중의 봉성체(미사에 참석할 수 없는 신자에게 성체를 모셔가 영해주는 것)를 요청했다. 하지만 그는 끝내 거절했다고 한다. 훗날 함세웅 신부가 사형수가 청한 봉성체를 사제가 거절한 이유를 묻자, 정진석 추기경은 아무 말도 하지 않았다고 한다.

이것이 팩트다

박근혜를 사랑하는 주교들

천주교 주교들은 정치적으로 대단히 보수적이다. 사회문제에 나선 것은 극히 이례적인 일이다. 이명박 정부 들어 4대강과 용산 참사 그리고 강정 제주 해군기지 문제에 주교 한두 명이 관심을 표했을 뿐이다. 참여정부 당시 대통령 탄핵 때도 천주교 주교들은 신중함을 보였다. 독재 때도, 유신 때도, 1980년 광주에서 사람이 죽어갈 때도 그랬다.

그러던 천주교 주교들이 가장 분연히 나선 때가 있다. 아마 역사에 기록될 만큼 강력하게. 2005년 열린우리당이 주도로 사립학교법 개정에 나섰을 때다. 당시 박근혜 한나라당 대표가 사학법 개정을 막겠다고 장외투쟁에 나섰다. 대중의 반응은 싸늘했다. 부패한 사립학교에 대한 추억은 대부분 가슴에 하나씩 가지고 있었다. 법이 바뀌어야 한다는 공감대가 있었다. 박근혜 대표는 한나라당 내에서도 고립되는 형편이었다. 하지만 천주교에서 나서면서 분위기는 달라지기 시작했다. 주교들은 긴급 대책회의를 열고, 법률 불복종 운동, 한 발 나아가 노무현 정권 퇴진 운동을 벌여 나가기로 했다. 학교 문을 닫겠다는 소리까지 했다. 김수환 추기경까지 나서 대통령에게 개정 사학법에 대해 거부권을 행사해줄 것을 요구했다. 김진표 당시 교육부총리는 사학법 처리 이후 종교 지도자를 부리나케 쫓아다니고 있었다. 김수환 추기경은 김 부총리를 만나주지도 않았다. 반면 추기경은 박근혜 대표를 만나 격려했다. 이명박 대통령의 일방 독주에 대해서 추기경의 쓴소리를 들어본 적 있는가? 주교들의 목소리를 들어본 적이 있는가? 왜 천주교 주교들이 개정 사학법을 반대하는가? 무엇이 신부들을 화나게 했을까?

주교들이 가장 문제 삼는 부분이 이사회 이사 중 4분의 1을 외부인사로 한다는 대목. 사유재산권 침해와 더불어 종교 교육이 타격을 입는 것이 주교에게는 걱정거리인 거다.

주교들이 사학법 개정을 거부하는 다른 이유는 천주교가 보수화되었다는 데 있다. 천주교는 이미 거대한 조직을 거느린 기득권 세력이 되어버렸다. 천주교는 학교를 소유한 사용자·고용주 입장에서 개정 사학법을 판단한다. 천주교의 보수성은 주교들이 그간 보여준 노조에 대한 거부감에서 잘 드러난다. 천주교 산하 사업장의 노사 충돌이 잦았는데 대부분 파국으로 치닫고 노조 무력화로 끝났다. 1988년 대구 파티마병원 분규와 관련하여 '대구대교구 사제평의회·사제단' 명의로 "노조가 반가톨릭·반교회적 도전을 일삼고 있다"라고 비판했다. 2002년 대전

무엇이 높은 신부님들을 화나게 만들었을까

성모병원은 노조 파괴 전문가를 고용했다는 비판을 받았다. 2002년 목포 가톨릭병원은 노사 문제가 불거지자 아예 문을 닫았다. 민주노총 관계자는 "2002년 강남 성모병원 한용문 노조지부장은 명동성당 내에서 집회를 했다는 이유로 구속됐다"라고 말했다. 인도인인 배야고보 신부는 "한국 천주교는 예수님의 사랑과 자비보다 법과 격식 중심의 좁은 시각에 갇혀 있다. 존재론적이라기보다는 소유의 관점에서 접근한다"라고 말했다.

사학법 개정 반대의 목소리는 박정희·전두환·노태우 정권과 정치적 밀월 관계였던 대구교구에서 주도적으로 냈다. 천주교 내 대구교구의 위세는 막강하다. 사학법 개정 반대 분위기를 주도했던 박근혜 당시 한나라당 대표와 대구대교구 이문희 대주교는 선대부터 각별한 인연을 갖고 있다. 이 대주교의 부친은 이효상 전 국회의장. 그는 1968년 박정희 전 대통령이 영구 집권하도록 길을 닦아준 삼선개헌 날치기 통과 때 의사봉을 두드린 장본인이기도 하다. 이효상 전 의장은 1971년 대통령 선거에서 "문딩이가 문딩이를 안 찍으마 누가 찍노" "이번 선거는 전라도캉 갱상도캉 싸우능기 아이가" 등 지역갈등을 노골적으로 선동한 인물이기도 하다.

대구교구는 이효상 전 의장의 차남 이문희 신부를 1972년 10월 보좌주교로 임명했다. 1965년 사제가 된 후 불과 7년 만에 주교가 된 이 대주교는 40년 넘게 주교직을 수행하고 있다. 이문희 대주교는 우리나라 주교 가운데 추기경에 가장 근접한 사람이라는 평가를 받는다. 천주교 내 영향력도 막강하다. 대구교구는 가톨릭신문사·대구평화방송·대구

가톨릭대학교·대구가톨릭대학병원 등을 거느리고 있다. 특이한 점은 교구에서 일반 신문인 매일신문을 소유하고 있다는 점이다. 동아일보 1988년 11월 5일자 기사다. "대구에서는 역사가 오랜 영남일보가 역사가 짧은 매일신문에 흡수되었다. 영남일보 사장 이재필 씨는 '발표는 51대 49였지만 나는 단 한푼의 보상도 받지 않았다'고 폭로하고 '매일 측이 우리를 삼킨 것은 입법의원 전달출 신부의 로비 때문이다'라고 주장했다." 사립학교법 개정안이 국회를 통과하자, 매일신문은 다음 날 10일자 〈내년 신입생 모집 중지〉라는 기사를 1면에 싣고, 사학법인들이 헌법소원과 법률 불복종 운동에 나서기로 했다고 썼다. 며칠 후에는 "개정 사학법이 사학의 정체성을 소멸시킨다"는 이문희 대주교의 성명을 그대로 1면에 올렸다.

대구교구에서 팔공골프장을 소유하고 운영한다는 것은 더욱 놀랍다. 5공화국 당시 골프장 허가는 최고 권력자의 특혜 없이는 원천적으로 이뤄지지 않았다. 대구시 안에 그것도 팔공산도립공원 내에 팔공컨트리클럽이 들어선 것은 대단한 특혜다. 현재 골프장의 주식 백 퍼센트를 가톨릭 대구교구에서 소유하고 있다. 전달출 신부는 팔공골프장의 회장이었다. 전 신부는 1980년 가톨릭 사제라는 신분에도 불구하고 전두환 등 신군부 세력이 구성한 '국가보위입법회의'에 들어가 국가보안법, 언론기본법, 노동법 등 각종 악법을 양산하는 데 일조했다. 당시 가톨릭 사제의 신분으로 국가보위입법회의에 참여했던 사람은 전달출, 이종홍 신부. 모두 대구교구청 소속이었다. 매일신문과 팔공골프장을 보면 어느 것 하나 교회적인 것이 없다.

역사적으로 일부 천주교 주교 등 수뇌부들은 민주화 세력에게는 극복해야 할 대상이기도 했다. 그들은 친일에 앞장섰고, 독재와 유신에 침묵하거나 동조했다. 안중근 의사는 19세에 영세를 받았고 황해도에서 선교 활동을 한 신앙인이었다. 이토 히로부미를 저격하고 사형장으로 끌려가기 전에도 기도를 잊지 않은 신실한 신자로 기록된다. 이토 저격 당시 조선교구장이었던 뮈텔 주교는 "살인범 안중근은 천주교 신자가 아니다"라고 선언했다. 사형에 앞서 마지막 성사를 원하는 안 의사의 요청을 거부했고, 심지어 빌렘 신부에게 안 의사를 위한 미사 집전을 금지하기도 했다.

천주교 대구교구는 박정희 정권의 버팀목이기도 했다. 1971년 원주교구 지학순 주교와 신자들이 군사 정부의 독재와 부정부패를 비판하는 시위를 벌였다. 하지만 대구교구에서 발행하는 가톨릭시보는 사설을 통해 지 주교를 비판했다. 1976년 명동성당에서 열린 '3·1절 기념 미사'를 통해 〈3·1 민주구국 선언문〉이 발표됐다. 김대중·문익환·문동환 등과 함께 천주교정의구현사제단 함세웅·신현봉·문정현 신부가 구속되고, 김승훈·장덕필·김택암·안충석 신부가 불구속되었다. 주교단은 침묵을 지켰다. 1980년 5·18 광주민주화운동에 대해 광주교구 윤공희 대주교가 광주의 아픔을 호소했다. 하지만 추기경을 비롯한 다른 주교들은 침묵했다.

추기경과 주교들의 입장과 달리 천주교정의구현사제단은 개정 사립학교법을 찬성하며 나섰다. 한 신부는 "학교는 신자와 모든 국민들에게 기증한 아름다운 공동체 법인이다. 이를 성당의 것, 성직자의 것이

종교, 가장 강력하고 오래된 마피아

라고 하는 것은 사회 구원을 위한 소명을 가진 종교인으로서 부끄러운 일이다"라고 말했다. 정진석 추기경이 4대강 사업을 옹호하자, 원로 신부와 천주교정의구현사제단은 추기경을 즉각 비판하고 나섰다.

무엇이 높은 신부님들을 화나게 만들었을까

〈두사부일체〉를 찍다

함세웅 신부님과의 첫 만남은 영화 〈두사부일체〉 스토리 그 자체였다. 2002년 당시도 청소년 폭력 문제, 성폭행 문제가 뜨거웠다. 일진이란 단어가 처음 등장했다. 아이들이 돈을 모아 월급처럼 정기적으로 일진에게 상납을 하면 일진은 그 돈으로 오토바이를 사고, 문신을 파는 구조가 밝혀졌다. 비행 청소년으로 분류되었던 내가 보기에도 도저히 이해가 안 됐다. 직접 학교에 가서 애들을 만나야 했다.

수소문하다가 소개를 받아 함 신부님을 찾아갔다.

"제가 학교 다니면서 말썽을 부리긴 했는데 요새 애들은 이해가 안 가요. 제가 학교에 다니면서 보고 이해하고 싶어요. 학교에 좀 넣어주세요. 적어도 한 학기는 다니면서 보겠습니다."

'뭐 이런 놈이 다 있나?' 하는 표정으로 멀뚱이 쳐다보셨지만 허락해주셨다. 그때가 서른 살쯤이었는데, 함 신부님 소개로 세종고에 가게 되었다. 머리도 깎고, 교복도 맞췄다. 그런데 교장 선생님이 나를 보더니 너무 황당해했다. 교사들도 불편해했다. 어쩔 수 없이 돌아왔다. 한 사학의 이사장을 졸라 강남의 어느 여고에 국어 교생으로 들어가기로 합의를 봤다. 그런데 첫날 한 학생이 눈앞에서 거짓말을 해서 충격을 받고 돌아왔다.

내 딴에는 위장 학생이 오면 선생님들도 좋아할 줄 알았다. 나이 많은 애를 제일 문제 반에 넣으면, 문제아들은 꼼짝 못할 테니 학교 분위기도 정리될 수 있으니까. 그런데 선생님들께서 불편했는지 반대하셨다. 그때 학생으로 들어갔으면 실사판 〈두사부일체〉 확실하게 찍고 나올 수 있었다.

내 취재 기법은 단 한 가지다. '일단 가본다. 그리고 일단 해본다.' 누구를 만나야 하면 택배나 선물 배달원은 기본이고, 빚을 내서라도 해외에 나가고, 내곡동 땅이 문제라면 외제차를 빌려서 직접 땅을 보러 다닌다. 심지어 소개팅 자리를 만들어 취재원과 만나기도 했다. 취재를 위해 가동하는 사조직도 있다. 규모는 오토바이 2대하고 봉고차 1대. 명령만 하면 바로 모인다. 김용철 변호사 숨길 때도 이 친구들이 보초 서고 따라다녔다. 돈을 언제 줄지 모르고 안 줄 수도 있지만 나를 믿고 따라주는 동생들로, 인간적으로 엮여 있다. 문제는 그 동생들이 다 자기가 기자인 줄 안다는 거다.

무엇이 높은 신부님들을 화나게 만들었을까

신부님 신부님 함세웅 신부님

'루카', 내 세례명이다. 세례를 받지는 않았다. 천주교 신자도 아니다. 하지만 주일에 미사를 올리고 심지어 성당 근처로 이사를 가기도 했다. 이게 다 함세웅 신부님 때문이다. 함 신부님에게는 늘 사람이 찾아온다. 다 약자들이다. 경찰이나 검찰로부터 억울한 일을 당했다는 사람이 오면 "네가 와서 좀 들어봐라" 하며 나를 부르신다. 어느 날, 또 누구 얘기 들어보라며 나를 부르셨는데 찾아온 사람이 말이 되지 않는 내용을 되풀이하는 거였다. 내가 옆에서 듣고 있다가 "그건 사실관계가 다른 것 같고요. 아닌 것 같습니다" 하면서 말을 몇 번 잘랐다. 김용철 변호사 사건이 한창 진행될 때라 피곤한 신부님이 괜한 데 신경을 쓰는 게 마음에 걸렸다. 신부님이 나를 몇 번이나 제지하시더니 끝나고 나서 한마디 하셨다. "저 사람은, 저 얘기가 하고 싶어서 온 건데, 내가 들어줘야지. 내가 사제인데. 내가 이거 들어주라고 있는 거야." 아, 그때 내가 크게 배웠다. 내 월급은 기사 써서 받는 돈 20퍼센트, 사회에 보탬 되는 일 하고 받는 돈 30퍼센트, 나머지 50퍼센트는 약자 얘기 들어주는 것으로 받는 돈이라고 생각한 게 그때였다.

그러다 보니 나는 해결사로 소문이 났다. 정말 다종다양한 사람들이 찾아온다. 사기를 당한 판사나 조폭, 치정 관계에 휩싸인 재벌이나 마나님, 사채업자에 쫓기는 사람, 뭔가 끈이 필요한 사람 등등 헤아릴 수 없다. 오죽 답답했으면 나한테까지 찾아왔나 싶어서 웬만큼 나쁜 사람 아니면 말이 되든 안 되든 일단 끝까지 들어준다. 물론 90퍼센트 이상은 영양가 없는 얘기다.

정말 억울한 사람들도 많다. 할머니 한 분이 찾아오셨다. 무허가 주택에서 살았는데 신고하랄 때 안 해서 집을 뺏기자 소송을 걸었다. 대법까지 가서 결국 졌다. 따져보니 법적으로 할머니가 이길 수 있는 방법이 없었다. 하지만 그냥 가시라고 할 수 없었다. 할머니 앞에서 바로 구청에 전화해서 소리를 높였다. "아니, 할머니한테 설명을 해야지. 서류를 보내면 알아? 당신이 집 뺏긴 사람 마음을 알아?" 그러면 저쪽에서 대거리를 한다. 기다렸다는 듯이 욕을 몇 마디 하고 끊는다. 대신 욕하는 거라도 듣고 응어리를 푸시라고. 할머니한테는 "아, 이 새끼 진짜 나쁜 새끼네. 법이라는 게 여러 사람 죽여요" 이러고 보내드린다. 그리고 조금 있다가 다시 구청에 전화해서 "아까는 죄송했습니다. 이해하세요. 할머니가…… 제가 도울 수 있는 방법을 찾아볼게요" 하고 사과한다.

간혹 그들의 하소연이 기사를 통해 나가더라도 세상을 바꾸기는커녕 계란으로 바위치기다. 사실 나도 해줄 수 있는 게 없다. 그냥 같이 욕하고, 전화 한 통 해주는 게 그들을 위한 내 역할이다.

강정마을에 갔을 때 함 신부님께 물어본 적이 있다. 왜 우리는 만

무엇이 높은 신부님들을 화나게 만들었을까

날 지는 싸움만 하느냐고. 왜 만날 져야 하느냐고. 신부님이 그러셨다. "주변 사람들, 동지들이 당하고 있는데 우리가 그 사람들한테 부끄러우면 안 되잖아." 신부님은 신념이라고 하지 않으셨다. "다 그렇게 당하고 있는데 우리만 편하자고 그쪽으로 가면 안 되잖아." "신부님, 그래도 너무 자주 져요." 신부님한테는 괜히 응석이 부리고 싶다.

종교, 가장 강력하고 오래된 마피아

4장

언론,
우리는 진실의 일부만을
알 수 있을 뿐이다

나는 조선일보에 왕족과 사원은 있지만
기자는 없다고 생각한다.
한나라당 출입기자가 한나라당에 가면,
그동안 한나라당 기사를 어떻게 썼다는 건가?
대우 출입기자가 대우의 간부로 간다면,
그동안 대우를 얼마나 대우하는 기사를 썼다는 건가?

01

거짓이 되기로 한다

2007년 9월 시사IN 창간이 카운트다운에 들어갔다. 정통 시사주간
지의 격에 맞는 대형 특종이 필요했다. 그런데 실패. 어쩔 수 없이 일찌
감치 마감해놓은 신정아 씨 기사와 인터뷰로 특집을 꾸려야 했다. 이틀
밤낮을 새우고 창간호가 나왔다. 늦게 일어났는데 전화가 백 통쯤 와
있었다. 어리둥절해하며 출근했더니 수십 명의 기자가 시사IN 편집국
에 몰려와 있었다. 모두가 우리 창간호를 보고 달려와 미국으로 도망간
신정아 씨를 대신해 나에게 인터뷰 요청을 했다. 신정아 씨와 관련된
자료를 가진 사람이 나밖에 없는 상황이었다.

미술기자를 하다 캐나다에 건너간 성우제 선배 덕이었다. 성 선배가
뉴욕에서 신정아 씨 인터뷰를 성사시켰고 내가 뒤를 받치며 취재했다.
미국으로 도피한 신정아 씨와 끈을 가지고 접촉하는 기자는 나밖에 없

었다. 다른 언론사들이 신정아 씨를 벗기려고 하면서 내 기사도 덩달아
커져버렸다. 예상치 못한 결과였다. 뒷맛은 씁쓸했다.

리포트

스님과 언론의 신정아 벗기기

[시사IN 1호] 2007.09.17

"도대체 왜들 이러는 거예요? 제가 그렇게 큰 잘못을 한 건가요?" 신
정아 전 동국대 교수(35)는 억울하다고 했다. 하지만 당당했다. 신 씨는
"매사추세츠공대(MIT) 입학처장이 28년 동안 학력을 속이다 들통 났는
데 뉴욕 타임스에 몇 줄 나고 끝났다고 들었다. 가짜라고 판명되면 쫓
겨나는 것으로 끝인데 한국에서는 나와 아는 것만으로도 죄가 된다"라
고 말했다.

신정아 씨 파문을 정치권에서는 '정권 실세의 부도덕과 무너진 청와
대의 자정 시스템'이라고 규정했다. 학계에서는 '썩어빠진 학벌 공화국
에 대한 일침'이라고 했다. 하지만 신 씨 파문은 본질과는 아무런 상관
없이 굴러갔다. 언론은 사생활을 들여다보는 데 매달렸다. 검찰도 신이
나서 마구 내달렸다. 연애편지, 선물, 누드 사진⋯⋯. 문화일보에 보도
된 여자의 벗은 몸 사진은 이 사회 집단 관음증의 정점이었다.

사실 지금의 신 씨를 만든 것도 8할이 언론의 공이었다. 1997년 말

금호미술관에 영어 통역 아르바이트생으로 고용된 스물다섯 살 신정아. 신 씨는 이듬해 금호미술관 큐레이터로 정식 채용된다. 병아리에 불과한 신 씨에게 조선·중앙·동아를 비롯한 중앙 일간지들은 문화 칼럼을 내주었다. 조선일보에서 신 씨는 전시를 소개하는 필진이었고, 동아일보에서는 지난 6월까지도 칼럼을 썼다. 중앙일보가 주최하는 중앙미술대전에서는 심사위원으로 참여했다. 2000년 7월 언론에 얼굴을 처음 내민 신 씨는 불과 2년 만에 미술계의 샛별이 되었다.

신 씨는 기자들을 관리하는 데 엄청난 공을 들였다. 현직 미술 담당 기자는 물론 다른 부서 기자들에게도 신 씨는 정성을 다했다. 금호미술관에 근무할 때 신 씨는 지방 출신 기자들의 귀성 비행기표를 마련해주곤 했다. 이후 신 씨는 명절 때마다 비행기표를 선물로 보냈다. 주부 기자들에게는 참기름과 고사리 등 맞춤 선물을 따로 챙겼다. 하지만 10년 동안 자신과 친하게 지내던 기자들이 최근 자신을 공격하고 있다며 신 씨는 "기자들이 악마 같다"라고 말했다.

신 씨는 2002년 성곡미술관 큐레이터로 자리를 옮긴다. 언론과 원로들의 지지를 업고 있던 신 씨는 변양균 전 청와대 정책실장(58)과 가까워지면서 날개를 단다. 신 씨는 "성곡미술관으로 직장을 옮기고 얼마 후 변 실장을 예일대학 동창회에서 처음 만났다. 예일대 총동창회장인 박성용 금호 회장님과 같이 만나 서너 차례 밥을 먹기도 했다"라고 말했다.

왕성한 활동력을 보이던 신 씨는 변 전 실장을 배경으로 영역을 넓혀간다. 서른세 살 신 씨는 2005년 9월 동국대 대학원 미술사학과에 조 교수로 특별 채용됐다. 동국대는 동양미술사만을 가르치는 학교다. 서양미술사를 전공한 신 씨를 임용하자 반발이 컸다. 지난 9월 12일 검찰은 "2005년 변 전 실장이 홍기삼 전 총장에게 예일대학을 나온 유능한 후배라며 신정아 씨를 추천했다"라고 밝혔다. 당시 동국대는 개교 백주년을 앞두고 발전기금을 모으는 데 관가의 도움이 절실했다.

불교계 갈등, 신정아 파문 촉발

2007년 2월 신 씨의 학력 위조 의혹이 일었다. 하지만 지난 7월 파문을 딛고 신 씨는 광주 비엔날레 예술감독으로 선정된다. 롤러코스터 상승이다. 여기서 신정아 파문은 폭발하고 만다. 변 전 실장이 서둘러 나섰지만 진화는 역부족이었다.

도화선은 동국대 전 이사 장윤 스님의 폭로였다. 배경에는 조계종 내부의 뿌리 깊은 갈등이 자리하고 있었다. 대한불교 조계종은 총무원을 장악한 여당과 동국대·불교방송을 장악한 야당이 치열하게 대치하고 있다. 2004년 장윤 스님은 필동 중앙대병원 인수 과정 문제를 검찰에 제기하며 동국대재단 영배·영담 스님을 압박했다. 이를 문제 삼아 동국대 이사회는 지난 5월 장윤 스님을 이사직에서 해임했다. 그러자 장윤 스님은 지난 2월부터 제기한 신 씨의 가짜 학위 문제를 지속적으로 거론하기 시작했다. 동국대 이사진을 압박할 호재로 생각한 것이다.

처음에는 장윤 스님의 주장이 별 주목을 끌지 못했다. 배후에 변 전 실장 이름이 나돌 때도 시큰둥했다. 하지만 신 씨와 변 전 실장 뒤에 몸

언론, 우리는 진실의 일부만을 알 수 있을 뿐이다

통, 즉 유력한 대권 주자 또는 그 이상이 있다는 주장 때문에 스님의 주장은 폭발력을 갖기 시작했다.

조계종 총무원에서 만난 한 스님은 "신정아 사태는 동국대 이사진을 공격하기 위해 능력 있는 공무원의 로맨스를 권력형 비리로 만든 사건이다. 동국대 이사 자리 몇 개를 얻으려고 장윤이 절에 불을 지른 꼴이다"라고 말했다. 옆에 있던 스님은 "불난 절에서 여자가 뛰어나오는 것을 기자들이 중계하면서 장사를 하고 있지 않느냐"라고 말했다. ■

그들은 악마였다

그녀가 입으면 유행이 됐다. 그녀의 누드는 단연 톱기사였고, 새우깡 먹고 싶다는 한마디가 기사 제목이 됐다. 그녀의 '연애편지'는 국보만큼 중요해졌다. 기자들은 그녀의 숨소리 하나까지 쫓았다. 미술관 후원금 횡령 혐의로 점점 좁혀지는 그녀의 죄목에 비추어보면 더더욱 그랬다. 뭐가 그리 대단한 사람이라고? 뭐가 그리 대단한 사건이라고? 사실 '신데렐라 유리 구두'를 신겨 신 씨를 구름 위에 올린 것도 바로 언론이었다.

신정아 씨는 기자를 통해 이름을 알리고 인맥을 쌓아올렸다. 기자의 취재원은 사회 지도층 가운데서도 핵심에 있는 인물이다. 기자를 통해 사람을 소개받는 것이 가장 확실하다는 사실을 신 씨는 꿰뚫고 있었다. 신 씨에게 기자 관리는 모든 업무보다 우선이었다. 자신은 라면을 먹을 지언정 기자들에게는 돈을 아끼지 않았다고 신 씨는 당당하게 말했다. "세상일에 로비가 필요하지 않은 곳은 없다. 정당한 로비는 필수다. 자랑 같지만, 나는 그 부분에서는 다른 사람에 비해 동물적으로 탁월하다." 그래서인지 신 씨 주변에는 늘 기자들이 포진하고 있었다.

신 씨는 "기자들의 성추행 때문에 괴로웠다"고 토로했다. "저녁에 술한잔 하자는 것부터 식사가 끝나면 가라오케에서 노래를 부르며 내 몸을 더듬는 기자도 많았다. 심지어는 자러 가자고 말까지 하는 기자도 있었다. 그래서 내가 큐레이터와 내레이터 모델이 구별 안 되느냐고 했다. C기자는 택시가 출발하자마자 달려들어 나를 껴안으면서 운전기사가 있건 없건 윗옷 단추를 풀려고 난리를 피웠다." 성추행을 한 기자는 한나라당 국회의원이 됐다.

1999년 4월 C기자가 쓴 기사다. "그녀는 두 번이나 강인한 '생존력'을 보여준 슈퍼우먼이기도 하다. 4년 전 삼풍백화점 사고 때 9시간 가까이 콘크리트 더미에 묻혀 있다 구조됐으며, 지난해 이 미술관의 구조조정에서 다시 한 번 살아남았기 때문. 그녀는 결혼할 나이가 찼지만, 아직 남자보다는 일과 아이스크림이 더 좋다는 낙천주의자다."

나경원 전 의원은 소개팅을 주선할 정도로 신 씨와 친분이 깊었다. 신 씨는 "나경원 의원은 변호사 시절부터 모임을 함께했다. (나경원 의원의) 집에 그림을 걸어주기도 했다. 광주 비엔날레 총감독이 되자 축하 메시지를 보내왔다"라고 말했다. 그러다가 사건이 터지자 나 의원은

언론, 우리는 진실의 일부만을 알 수 있을 뿐이다

신정아 씨를 비난하는 논평을 쏟아냈다.

드러난 신 씨의 최종 학력은 미국 캔자스 주립대학 중퇴. 이 학력으로 신 씨가 이화여대·한양대·국민대·중앙대·상명대 대학원에서 강의할 수 있었던 것은 언론의 집중 조명을 받았기 때문이었다. 언론을 통해 신분 상승에 성공한 신 씨. 학력 세탁을 거쳐 이후 변양균 전 청와대 정책실장을 만나면서 아찔한 고공비행을 하다 결국 학력 위조에 덜미를 잡히고 만다. 언론은 그녀에게 탐사보도의 전형을 보이며 추락을 재촉했다. 신 씨는 언론에 몸서리쳤다. "언론의 표현대로라면 오히려 명품과 비싼 식사에 넘어온 기자들이 더 문제 아닌가? 그들(언론)은 악마들이다. 악마보다 더 악한 이름이 있으면 붙여주고 싶다."

대부분의 신문들은 신정아 씨의 사생활을 누가 더 적나라하게, 더 집요하게 까발리는지 경쟁하고 있었다. 사회정의나 국민의 알 권리를 들먹이기에는 너무 저질이었다. 신문은 정말 잘 팔렸다. 누드 사진을 맨처음, 그것도 1면에 용감하게 박아 넣은 종합일간지 문화일보는 매진을 넘어 서버까지 다운됐다. 우리나라 신문업계 역사상 유일무이한 사건이다. 언론이 칼춤을 추자 구경꾼들이 모여들었고 더욱 신이 난 언론과 구경꾼들은 함께 정신을 놓고 춤판을 벌인 거다. 아무리 신정아 씨가 잘못했다고 하더라도, 알 권리가 중요하다 하더라도, 시민들에게조차 누군가를 발가벗겨서 광장에다 세워 놓고 돌을 던질 권리는 없는 것이다.

내 취재 대상은 본래부터 신정아 씨가 아니었다. 그녀를 띄우고 또 그녀를 발가벗기는 기자들을 추적했다. 특히 가장 비싼 선물을 받았다

145

거짓이 되기로 한다

는 조중동 미술기자들을 직접 찾아가서 물어봤다. "신정아 씨가 뭐라고 뭐라고 하던데, 맞죠?" 그러면 다 당황했다. 그러면서 이름은 쓰지 말아달라고 부탁했는데 당시 기사에 실명으로 나왔던 기자들은 신정아 씨의 뒤통수를 친 '절친' 기자들이었다. 중앙일보의 한 여기자에게서 전화가 왔다. "기사 안 내실 거죠?" 묻기에 낸다고 했더니 이름을 낸다면 문제 삼겠다는 거다. 해서 대답했다. "문제, 삼으세요. 전 원래 이름을 써요."

그런데 더욱 재밌는 것은 신정아 씨가 출소하고 나서 첫 인터뷰를 월간조선과 했다는 사실이다. 조선일보가 자신을 제일 먼저 욕하고 가장 큰 돌을 던졌음에도 신정아 씨는 조선일보에 언급되고 싶은 사람인 것이다.

나는 신정아 사건 기사를 통해서 우리 언론과 사회가 한 사람을 어떻게 가지고 놀다가 던져버리는가를 보여주고 싶었다. 신정아 사건은 국민의 알 권리라는 미명하에 어떤 일들이 벌어질 수 있는지 보여준다. 언론학 교과서에 실릴 만한 사례다.

대통령의 총애를 받는 고위직 공무원이 있다. 그 오빠한테 잘 보여서 한 자리를 따내려는 여자가 있다. 그리고 그 오빠는 자신의 권력을 이용해 그녀를 도왔다. 누가 잘못했나? 변양균 실장이 열 배, 백 배 잘못했는데, 변양균 실장은 살고 신정아 씨는 구속됐다. 법에는 맞는지 몰라도 양심이나 형평성에 안 맞는다. 그래서 모두가 신정아 씨를 마녀로 만들 때 나는 다른 기사를 썼다.

애초 기사 가치 측면에서 신정아 씨는 그렇게 중요한 사람이 아니었

언론, 우리는 진실의 일부만을 알 수 있을 뿐이다

다. 사회에 보탬이 되는 뉴스도 전혀 아니다. 정국을 뒤흔드는 중요한 게이트나 스캔들도 아니었다. 겉은 고위 공직자와 미술계 신예 스타의 부적절한 사생활 그리고 권력 남용과 학력 위조였다. 그러나 내막은 더 치사했다.

당시 조계종에는 여러 계파가 있었는데, 돈과 권력을 쥔 주류파와 돈이 없는 개혁파가 대립 중이었다. 그 싸움 중에 스님이 반대파를 공격하려 들고 나온 무기가 '신정아'였다. 신정아는 이희호 여사와 관계가 있다는 소문으로 등장한다. 아무도 관심이 없었다. 그러자 권양숙 여사와 관계가 있다며 파보면 다 나온다고 소문을 키웠다. '현직 대통령의 비리'와 연결 고리가 있다고 하자 시큰둥하던 언론에서 갑자기 파고들기 시작했다. 그러나 파보니 이건 뭐 키다리 아저씨 스토리였던 거다. 권력 있는 아저씨와 젊고 잘나가는 여자의 연애 이야기. 젊고 야심 있는 여자가 학력을 위조해서 이익을 취하고 키다리 아저씨와 연애를 하면서 권력 부스러기를 얻어먹은 로맨스일 뿐이었다. 광장에 내몰려 돌 맞을 정도의 일은 아니었다. 그런데 권력형 비리로 몰아가던 언론은 연애편지가 나오면서 옳거니 하고 판을 벌였다.

거기다가 변양균 실장은 노무현 대통령의 남자였다. 당시 조중동이 달라붙은 사건은 무조건 노무현 대통령과 관계가 있다는 말이 돌았다. 조중동이 원하는 바이기도 했고 장사도 되는 그림이었다. 신정아 씨도 책을 내면서 그런 뉘앙스를 풍겼다. 계산적으로. 스캔들이 터지고 신정아 씨가 뉴욕으로 도피했을 때 처음 쓴 책 원고를 지금도 가지고 있다. 가제가 '날고 싶은 나비의 작은 꿈'이었다. 이번에 출판한 《4001》과 대조해봤더니 많은 부분이 달라져 있었다. 뉴욕으로 도망가서 자기가 세상에 전하고 싶은 이야기를 쓴 초고는 훨씬 순수한데, 출간된 책은 이슈를 노린 계산이 다분히 깔려 있었다. 우선 그 초고에는 노무현 대통령 관련한 내용은 아예 없었다. 《4001》에 노무현 대통령이 무슨 일이 있을 때마다 자기를 불러서 상의했다고 하는데, 내가 이 동네 잘 안다. 말이 안 된다.

언론, 우리는 진실의 일부만을 알 수 있을 뿐이다

어릴 때부터 삐딱했다

기자가 되기 전 축구 기자가 될까 고민했다. 축구만 보고 사는 건 좋은데 그걸로 밥까지 벌어먹고 살 만큼 축구가 우리 사회에 시급한가, 그런 고민을 하다가 시사저널로 바로 왔다.

사회에 보탬이 돼야 한다. 이건 신념이 아니라 간지다. 나보다, 우리 회사보다 우리 사회를 생각하는 게 멋있어 보였다(여기서 국가는 우리가 제대로 된 대통령을 가져본 적이 없어서 좀 쓰기 그렇고, 사회가 딱 좋다). 어렸을 때부터 그랬다. 초등학교 4학년 때부터 장래희망이 기자였는데, 5학년 때 딱 한 번 장래희망란에 야당 대변인이라고 적은 적이 있다. 담임선생님이 나를 불렀다. "왜 야당 대변인이냐. 잘못 적은 것 같다. 전두환 대통령은 여당이다." 내가 답했다. "여당은 애초에 틀려 먹었다. 그래서 사회가 제대로 가게 하려면, 야당 역할이 중요한데 야당 대변인이 잘 못하는 것 같다. 바른말도 해야 하는데 좀 세게 했으면 좋겠다." 선생님 표정이 아직도 생생한데 '이거 이상한 놈이네' 이런 눈빛이었다. 그 선생님과는 아직도 연락하고 지낸다.

어릴 때부터 삐딱했다. '이웃집에 오신 손님, 간첩인가 살펴보자.' 그

표어를 보고는 선생님한테 "아니, 이웃집에 손님이 왔는데 그렇게 의심하면 이웃 간에 싸우는 거 아닌가요?" 이렇게 말했다가 되게 욕먹었다. 이승복이 진짜 죽으면서까지 꼭 그렇게 공산당이 싫다고 해야 되느냐고, 앞에서는 가만히 있다가 그냥 뒤에서 욕하면 안 되는 건지 물어봤다가 호되게 당한 적도 있다.

경찰서에까지 잡혀간 적도 있다. 학교에서 분필을 챙겨서 집에 오는 길에 낙서를 했다. "김일성이 돼지는 아니다. 북한군도 늑대는 아니다." "전두환은 대머리다." 두서도 없고 앞뒤도 없었다. 그냥 무념무상으로 끄적거리다가 바로 경찰서로 끌려갔다. 별 문제는 없었다. '저 새끼 뭐가 되려고…… 쯧쯧' 이런 눈초리 몇 번 받고 짜장면 얻어먹어서 신났던 기억이 난다.

언론, 우리는 진실의 일부만을 알 수 있을 뿐이다

02

조선일보,
센 놈이 더 세지는가

조선일보가 언론인가? 아직도 답이 안 나온다.

지하철에서 조선일보를 보는 시민을 보면 안쓰럽다. 조선일보에는 지하철을 타는 서민을 위한 기사는 없다. 조선일보는 친일파·독재 세력·수구·재벌의 기득권만을 대변하려는 것 같다. 어떤 사안이라도 그들을 위한 깔때기 기사가 나온다.

MB 정부가 들어서고 조선일보의 힘은 더욱 막강해졌다. 조선일보는 사람을 살릴 수도, 죽일 수도 있다고 생각한다. 사건을 자기편에 유리한 쪽으로 몰고 갈 수 있다고 생각한다. 실제로 그런 경우가 셀 수도 없다. 나꼼수를 괴담의 진원지라고 기사화하면서 신뢰도를 떨어뜨리려는 것도 이런 방법의 일환이다. 정작 괴담의 진원지는 조선일보가 아닌가?

전부터 나는 조선일보를 꼼꼼하게 취재하고 있었다. 디테일이야말로 진짜 본질로 이끄는 나침반이다.

조선일보의 대한민국

나꼼수 공습

2012년 1월 11일 나꼼수에 대한 공습이 시작됐다. 그 첫 포문은 조선일보가 열었다. 〈"정봉주 옥중편지, 검열 걸려 못 나온다" 나꼼수의 거짓말〉이라는 기사에 내 사진이 등장했다. 내가 중요한 사람도 아니고, 내용도 별거 아닌데, 무려 조선일보에서.

이 기사가 문제 삼은 건 시사IN 기자들이 돌아가면서 쓰는 개인적인 취재 뒷얘기 '기자의 프리스타일'에 실은 내 글이었다. 정봉주가 감옥에서 부인을 통해 보낸 편지를 보고 울컥했다는 거였다. 원래는 정봉주가 감옥에서 부인, 미권스(정봉주 팬클럽), 나꼼수 이렇게 셋에게 각각 1통씩 총 3통을 썼는데, 나꼼수와 미권스에게 쓴 편지는 검열 당해서 밖으로 나오지 못했다. 그런데 부인에게 보낸 편지에서 나꼼수 삼인방한테 고맙다고 사랑한다고 전해달라는 내용이 있었다. 티격태격하며 싸우다 보니 정들었고 보고 싶고, 막상 감옥에 들어가니까 짠했다. 미안하고 사랑한다고 썼다. 그런데 조선일보는 거짓말이라는 거다.

　나랑 특별한 관계인 사람이 감옥에 가서, '미안하다' '사랑한다'는 얘기를 쓴 게 거짓말이라니. 정봉주는 우리 멤버였고, 나꼼수가 아니었으면 감옥에 가지 않았을 것이다. 순서상으로 내가 가장 먼저 감옥에 갈 줄 알았는데 먼저 간 거라서 괜히 더 미안했다. 내가 사랑한다는데, 내 마음이 이렇다는데, 내 마음을 알 리 없는 기자가 내 감정을 두고 거짓말이란다. 게다가 그걸 기사로 썼다.

　그리고 나꼼수 멤버들에게 보내진 편지는 검열된다. 우리는 그걸 알면서도 구치소에 문제 삼지 않았다. 정봉주가 구치소에서 불편해질까봐. 사실 별 내용도 아닐 게 뻔하니까. 원래 정봉주의 말은 내용이 없다. 그런데 조선일보 기사는, 정봉주가 들어가기 전에 써놓은 편지인데 이제 받은 척한다는 거였다. 정봉주가 미리 뭔가 준비하고 편지까지 써놨을 리가 없다. 만날 붙어 있는데 남자끼리 무슨 편지를 주고받는단 건가. 이런 걸 다 떠나서 내가 편지를 받았고 가지고 있다는데, 여기에 의혹을 품고 기사를 쓴다면 나한테 먼저 확인했어야 한다.

　이런 내용은 가치가 없어서 기삿거리가 안 된다. 우리 회사 후배가 이런 걸 기사 아이템으로 들이밀었다간 내가 무슨 일을 벌일지 상상하기 두렵다. 나뿐만 아니라 모든 언론사에서 그랬을 것이다. "야, 이 새끼야. 지면 안 아깝냐." 이건 절대 나갈 수 없는 기사다. 이런 기사를 조선일보에서 실은 건 나꼼수 흠집 내기, 그 외에는 아무것도 없다. 이 기사 후에도 며칠 간격으로 〈"性 농담 계속하겠다"('나꼼수' 멤버 김어준)…… 자칭 '잡놈'들 전성시대〉〈욕설·비아냥·성희롱…… 권력이

된 나꼼수, 자기 덫에 걸렸나〉와 같은 흠집 내기 기사를 꾸준히 싣고
있다.

지난 1월 11일을 다시 주목해보자. 그날 시간차를 두고 '주진우 학
력위조' '나꼼수 비즈니스 석' '공지영 샤넬 백'이 모두 쏟아져 나왔다.
그날 네이버는 내 프로필을 고졸로 수정했다. 어느 시점부터 네이버에
주진우 대학 안 나왔는데 왜 나왔다고 써놓느냐고 항의가 빗발쳤단다.
'타진요(타블로에게 진실을 요구합니다)' 운영자 왓비컴즈는 사과하지 않으
면 인생살이가 험난할 것이라고 협박까지 했다. 내 인생이 여기서 어떻
게 더 험난해질 수 있나. 인터넷 검색 한 번으로 확인될 사실치고는 너
무 시끄러웠다. 그래서 이 '옥중 편지' 건에 대해서 대응하지 않기로 했
다. 언론이라야, 기자라야, 뭘 물어보면 대답도 하고 인터뷰도 하지. 쓰
레기는 청산의 대상이지 대화의 상대가 아니다.

조선일보의 팩트

2012년 1월, 조선일보는 1면에 '단독'이라며 〈김정남 "천안함, 북
(北)의 필요로 이뤄진 것"〉이라는 기사를 대서특필했다. 도쿄신문 편집
위원하고 김정남하고 이메일 인터뷰를 했는데, 김정남이 천안함 사건
은 북의 필요로 이뤄졌다고 시인했다는 것이다. 물론 전혀 사실이 아니
다. 그 인터뷰 당사자가 천안함 얘기는 물어본 적도 없고, 기억조차 나
지 않는다고 했다. 조선일보는 그냥 소설을 써서 기사라고 내놓았는데
그 이메일 인터뷰 전체를 공개한 책이 나와서 거짓말이 밝혀지게 된 거

다. 파장은 있는 대로 키워놓고, 사과는 안 한다. 원래 조선일보 기자들은 사실 여부는 전혀 고려하지 않는다. 이런 식의 날조 기사를 통해 자기들이 원하는 프레임을 만들고 그 속에서 여론을 몰고 가는 게 조선일보의 생존 수법이다.

그래서 10년 전부터 나는 조선일보를 깔때기라고 했다. 결국 모든 결론이 북한이고, 모든 미스터리한 일은 북한 소행이다. 잘못된 것은 모두 김대중이나 노무현 때문이다. 어떤 현상이 벌어지든 결론은 정해져 있다. 그들은 팩트를 보도하는 게 아니라, 자기가 원하는 것을 기사로 만든다.

이런 출세가 자랑스럽다?

나는 조선일보에 왕족과 사원은 있지만 기자는 없다고 생각한다. 조선일보에서 나온 《조선일보 사람들》이란 책이 있다. '출세'한 조선일보 출신을 정리해놓았다. 각종 비리와 구설수에 오른 사람들이 대부분임에도 조선일보의 자랑스러운 역사라고 당당히 박아놓았다. 어떤 기자는 골프가 취재를 위해 필요하다고 2, 3년간 골프에 빠져서 살다 보니 선수급이 됐다고 한다. 이게 자랑거리인가. 그럼 2, 3년 동안 취재하고 기사 쓰는 일은 접었단 말인가? 휴직 중이었나? 대우에 출입하다가 대우에 취직해서 사장까지 됐다는 경제부 기자도 '자랑스러운 역사'에 담겼다. 그건 잘한 게 아니라 나쁜 거다. 정치부 출입하던 기자가 정치인이 됐다, 이런 게 어떻게 자랑거리인가. 물론 정치를 할 수는 있다. 그런데 한나라당 출입기자가 기사 쓰다가 바로 한나라당에 가면, 그동안 한나라당 기사를 어떻게 썼다는 건가? 대우 출입기자가 대우 간부로 간다면, 그동안 대우를 얼마나 대우하는 기사를 썼다는 건가? 조선일보가 훌륭한 이유가 직원들의 숨은 재능을 발휘하게 해주고 이직을 장려해서란 말인가.

조선일보 기자들은 유독 정치판으로 많이 간다. 거의 대부분이 한나라당에서 활약했다. 먼저 최구식 의원. 작년 10·26 부정선거의 주역이다. 창의적이다. 여당 의원이 선관위를 공격하다니. 그는 20대 철없는 비서의 단독범행으로 몰고 가고 있지만 배후가 있다는 건 삼척동자도 안다. '주물○○' C의원. 문화부 기자 시절 신정아 씨를 엄청 띄워주는 기사를 쓰고는 성추행했다고 한다. 그러다 신정아 씨 자서전에서 창피를 당했다. 전 청와대 정무수석 김효재. 10·26 부정선거 건으로 조현오 청장과 상의를 했던 당사자. 박희태 국회의장 돈봉투 사건의 주역으로 활약했다. 신재민 전 문화체육관광부 차관도 있다. 그는 SLS 이국철 회장으로부터 법인카드를 받아 1억 3백만여 원을 사용한 혐의 등으로 구속됐다. 그전에 차량 지원을 받기도 했다. 조선일보 다닐 때 SLS중공업에 우호적 기사를 써주고, 현금 3천만 원을 받았다. 스케일이 크다. 대통령 선거 경선 때부터 신재민 전 차관이 SLS로부터 가져간 돈은 10억원에 이른다고 이국철 회장은 전했다. 신재민 전 차관은 "호의로 받았다"라고 한다. 조선일보 출신들은 이런 능력을 어디서 배웠을까?

괜한 두려움

조선일보의 힘은 개인의 욕망과 맞물리는 지점에서 나온다. 삼성처럼. 대부분 조선일보를 욕하면서도 잘 보이고 싶어 한다. 지식인들이 특히 그러한데 조선일보에 나오면 대우받고 출세했다고 생각한다. 원고료도 다른 신문사보다 높아서인지 평소에 뭔가 잘 보이면 도움이 될 거라 여긴다.

또 막연한 두려움이 있다. 내가 조선일보 90주년 생일선물로 기사를 하나 쓰려고 했는데 내부에서 별로 안 좋아했다. 굳이 거기하고 싸워야 하나, 저놈들이 힘이 센데 혹시 해코지하지는 않을까 하는 막연한 두려움. 사실 해코지, 없다. 할 수 있는 거, 별로 없다. 조선일보가 괴롭혀봤자 별거 아니다. 전 사원이 다 쪽박 찰 일도 없고 손해는 그냥 좀 감수하면 된다. 조선일보에 기사 안 나가고, 인터뷰 안 해도 영향 미치는 거 별로 없다. 그런데 그 조금의 손해를 사람들은 크게 생각한다. 엄청 잘 먹고 잘살겠다고 이를 악물었다면 모를까, 조선일보에게 받을 것도 없고 빼앗길 것도 없다.

우리가 조선일보를 대하는 태도는 전형적인 권력에 대한 두려움이다. 이건희 회장이 나와서 "경제가 좋아질 것이다" 그러면 뭔가 생길 것 같지만 이건희 회장이 나한테 주는 것은 없다. 오히려 내가 이건희 회장의 삼성 갤럭시를 팔아주는 것이다. 옆 동네 건달이 힘이 세면 그 동네가 잘나가는 것 같아서 괜히 주눅 들고 그런 거다. 피해도 이익도 실체가 없다.

157

지금까지 사람들은 조선일보 기사가 문제가 있더라도 혹시나 불편해질까 봐 웬만하면 모른 척했지만 앞으로 그럴 필요가 없다. 내가 책에 조선일보 때리는 내용을 세게 넣는데 출판사가 가려준다며 뺀다면 그건 잘하는 게 아니다. 오히려 더 세게 나가야 조선일보가 잘한다. 이걸 아는 사람은 거의 없다. 바로 이게 조선일보의 힘이다. 괜한 공포.

장자연

#1

장자연 씨의 매니저 유장호 씨를 만났다. 그 일로 경찰 조사를 받았다. 정작 장 씨가 유서에 분명하게 지목한 '조선일보 사장'은 아직 경찰 조사를 받지 않는데. 경찰 높은 사람한테 따졌다.

"왜 수사를 안 해요? 그리고 왜 나를 조사하는 거예요?"

"음…… 그래도 이렇게 됐으니 해주셔야겠습니다."

"아니, 조선일보 방상훈 사장은 조사했나요?"

"안 했죠."

"방상훈 사장은 안 하고 저만 수사하는 게 말이 돼요?"

"말은 안 되죠. 근데…… 좀 도와주세요."

#2

'조선일보 사장'은 수사 발표 하루 전날 조사를 받았다. 그것도 딱 한 번. 35분 만에. 이름과 주소만 써도 30분인데 35분에 무슨 조사를 하

나. 무슨 수로 조서 11장을 끝내나. 뭘 했다는 건지 알 수 없다. 경찰이 친절하게 문답도 알아서 다 써오고 '조선일보 사장'은 사인만 한 거다. 미친 수사력이다.

한 젊은 여성이 죽어가며 말을 남겼는데 사람들은 못 들은 척한다. 개인적 억울함뿐 아니라 범죄행위가 있다는데 경찰은 변죽만 울리기로 작정한 듯 보였다. 당시 장자연 리스트 수사 지휘를 한 경기경찰청장이 바로 조현오 청장이다.

조선일보 90주년 생일상

나는 세상에 내보내지는 않았지만 2010년, 조선일보 탄생 90년을 맞아 19페이지짜리 생일상을 차렸었다. 제목은 '조선일보공화국'이었다. 목차는 대략 이랬다.

–조선일보는 과연 1등 신문인가?

매출액과 수익은 1위. 그러나 신뢰도와 기사 정확도 꼴찌 수준.

조선일보는 군사 독재 시절 어떻게 1위에 올랐나?

–조선일보 매출액, 이익 등 각종 지표와 기자들의 연봉

–조선일보 방상훈 사장 인터뷰 추진(안 해줄 경우 조선일보 측에 원고 청탁 예정)

–조선일보와 정치권력의 관계(서울대 강명구 교수, 전북대 강준만 교수)

–조선일보는 정치인 양성소

–장자연이 불붙인 조선일보 지분 전쟁

-방우영 회장과 방상훈 사장의 지분 소송

-지분 소송 벌이는 방일영 회장의 후처 인터뷰

-조선일보의 오보 · 패소 퍼레이드

-법 위에 군림하는 조선일보와 사주들

-조선일보 출신 정치인은 왜 쓰레기가 많은가?

-재개발 사업의 최대 수혜주 조선일보

-조선일보 인턴기자는 왜 섹스 기사에 탐닉하나?

내게 있어 조선일보는 숙제와 같다. 꼭 한번 쓰고 싶은데 시국이 이런지라 너무 바쁘다. 그런데 때때로 가카를 향한 사랑을 잠깐 접고 후다닥 이 숙제를 마무리하고 싶은 마음이 불쑥불쑥 올라오곤 한다.

언론, 우리는 진실의 일부만을 알 수 있을 뿐이다

03

MBC가 이제야
파업을 하는 이유

기자들은 권력을 안다. 누구보다 잘 안다. 권력이 있는 데에 정보가 있고 힘이 있는 곳에 기사가 있다. 안테나가 본능적으로 그쪽으로 작동한다. 그래서 기자들이 가장 먼저 권력자를 찾게 돼 있다. MB한테 가장 먼저 줄을 댄 언론사는 물론 조중동. 그런데 MBC 기자들이 MB 씨의 공보맨으로 변신한 것이 놀라웠다.

2012년 공정 방송을 위해 MBC가 총파업에 나섰다. 이들은 왜 파업을 하게 됐을까? 이명박 대통령의 과도한 언론 장악 때문이다.

한편으로는 이명박 대통령은 끝났고 박근혜 의원 뒤에 서기에는 불안해서 슬쩍 발을 빼는 것이라는 의구심을 지울 수 없다. 물론 모두가 그렇다는 것은 아니고 몇몇 영혼 없는 기자의 이야기다. 그들은 가깝게는 〈PD수첩〉이 망가지는 데 철저하게 방조하거나 도왔다.

예전 파업 때는 결정적인 순간에 권력에 붙어 파업의 동력을 잃게 했다. 그 사람들이 버텨줬으면 최문순, 손석희 선배들은 감옥에 가지 않아도 됐다. 〈PD수첩〉 폐지 논란은 권력과 언론의 관계, 언론 장악의 메커니즘이 어떻게 이뤄지는지 극명하게 보여주는 사례다.

`리포트`

시대의 목격자 PD수첩 사라지나

[시사IN 123호] 2010.01.19

"'주저앉는 소'는 '광우병 소'가 아니었다. 눈물짓는 흑인 어머니 딸의 사인도 광우병과 무관했다. 그것 말고도 영어 번역자에 의해 프로그램 전체에 걸친 날조와 왜곡, 과장과 거짓이 낱낱이 폭로됐다." 2009년 4월 29일자 조선일보 사설이다. 제목은 '날조 〈PD수첩〉이 나라 뒤엎은 지 1년, 책임진 사람이 없다'였다. 2009년 6월 18일 청와대 이동관 대변인은 〈PD수첩〉을 "사회적 흉기"라고 표현했다. 뒤이어 한나라당은 "허위·조작 방송"이라며 〈PD수첩〉 폐지를 촉구하고 나섰다. 모두 현 정권에 대한 피디의 개인적인 적개심에서 비롯된 것이라고 했다. 하지만 이 주장이야말로 왜곡되고, 조작되고, 날조된 측면이 있다.

검찰은 공소장에서 "주저앉은 소들이 광우병에 걸렸거나 걸렸을 가능성이 매우 크다"는 보도는 허위라고 주장했다. "1997년 8월 이후 출생한 소에서 광우병에 걸린 소가 한 마리도 발견되지 않았고, ……실제 광우병 검사 통계 결과에 비추어 광우병에 걸렸을 가능성이 거의 없음." 검찰은 열두 살이 안 된 미국 소는 광우병에 걸렸을 가능성이 거의 없다고 주장한다. 하지만 미국 검찰도 이런 논리를 주장하지는 않는다.

검찰 "미국 소 광우병 가능성 거의 없음"

검찰 주장대로 〈PD수첩〉이 허위 사실을 단정한 것도 아니다. 〈PD수첩〉 진행자가 "아까 그 광우병 걸린 소도 도축되기 전 모습은 충격적이다"라고 한 표현은 문제가 있다. 하지만 〈PD수첩〉은 방송에서 "이 동영상 속 소들 중 광우병 소가 있었다고 단정할 순 없다. 그러나 이 소들이 광우병 소인지 여부도 알 길이 없다"라고 밝혔다. 〈PD수첩〉에서 주저앉은 소 동영상은 광우병 위험으로 검사받아야 하는 주저앉은 소가 검사 없이 도축되어 유통되었다는 점을 보여준다.

주저앉은 소를 광우병 의심 소로 간주한 것은 〈PD수첩〉뿐만이 아니었다. 2007년 발표한 자료에서 미국 농무부는 "주저앉은 소 도축 금지는 광우병 예방 조처다"라고 밝히고 있다. 2008년 1월 미국 동물 보호 단체에서 다우너 소 동영상을 공개하자, 조선·중앙·동아 모두 주저앉은 소의 광우병 감염 가능성을 언급했다. "미국 농무부는 다우너 소의 경우 식중독균이나 광우병 등에 감염될 가능성이 높아 식용으로 사용하는 것을 금지하고 있다."(조선일보)

주저앉은 미국 소가 광우병과 무관하다고 주장하는 집단은 전 세계에서 한국 정부와 검찰뿐이다. 〈PD수첩〉이 의도적으로 아레사 빈슨이 광우병으로 죽었다고 거짓 보도했다는 주장도 터무니없어 보인다. 검찰 공소장의 일부분이다. "로빈 빈슨(아레사 빈슨의 어머니)이 인터뷰에서 말한 'CJD(크로이츠펠트 야코프병)'를 임의로 'vCJD(인간광우병)'로 바꾸어 'MRI 검사 결과 아레사가 vCJD(인간광우병)일 가능성이 있다고 하더군요'라고 왜곡하여 자막 처리하였고……." 이는 검찰이 〈PD수첩〉 번역의 일부를 담당한 정지민 씨의 주장을 그대로 받아들인 것이다(정지민 씨는 〈PD수첩〉 외국어 번역자 13명 중 한 사람이다). 정 씨는 "자신은 CJD라고 번역했는데 제작진이 의도적으로 vCJD로 고쳤다. 이는 명백한 왜곡이다"라고 주장했다. 하지만 재판 과정에서 정 씨의 주장은 여러 대목에서 모순점이 드러난다.

정지민 씨는 "빈슨의 어머니는 CJD와 vCJD를 분명히 구분해서 말하고 있으며 특히 MRI상 진단으로는 CJD만을 말했다"라고 주장했다. 그런데 재판에서 공개된 정 씨가 번역한 부분 동영상에서 아레사 빈슨의 어머니는 "MRI를 통해 'a variant of CJD'라는 진단을 받았다"라고 말했다. 미국 농무부와 미국 질병관리센터에서 'a variant of CJD'는 인간광우병을 의미한다. 김보슬 피디는 "결정적 오역은 정 씨가 한 것이다"라고 말했다.

검찰 · 보수 언론이 사실 왜곡

2009년 6월 15일 중앙일보는 검찰이 확보한 빈슨 유족의 의료소송

소장과 재판 기록 등 어디에도 인간광우병이라는 언급이 없었다고 보도했다. 하지만 아레사 빈슨의 가족들이 의료진을 상대로 한 손해배상소송 소장에는 다음과 같은 구절이 있다. "빈슨은 2008년 4월 2일 MRI 검사를 받았고, 이를 Dr. Kim이 판독했다. 빈슨은 흔히 광우병이라 불리는 변종 크로이츠펠트 야코프병 진단을 받아 2008년 4월 4일 퇴원 조처됐다."

〈PD수첩〉의 의도적인 오역이 없었다는 점은 재판 과정에서 밝혀졌다. 오히려 검찰과 보수 언론이 사실을 왜곡했다는 의혹이 제기되는 형편이다.

〈PD수첩〉을 좌파 방송이라고 몰아붙이는 주장도 아귀가 맞지 않는다. 지난해 6월 검찰이 수사 결과를 발표하자 조선일보는 "〈PD수첩〉 작가는 MB에 대한 적개심으로 광적으로 일했다. 국민의 알 권리나 건강권은 말뿐이고 자신들이 반대하는 정권을 흔들고 무너뜨리려는 것이다"라고 적었다. 동아일보는 "광우병 프로그램이 갓 출범한 이명박 정부를 거꾸러뜨리기 위해 대선 불복 운동 차원에서 만든 노골적인 '정치 프로그램'임을 엿볼 수 있는 대목이다"라고 했다. 재판에서 검사는 "피디 개인의 정치적 목적을 위해 〈PD수첩〉 제작을 지휘한 것이다"라고 주장했다.

〈PD수첩〉, 참여정부 때도 쇠고기 협상 비판

〈PD수첩〉이 쇠고기 협상의 문제점을 비판했다고 해서 개인의 정치적 목적 때문이라고 몰아가는 것은 지나친 비약이다. 〈PD수첩〉은 노무현 정부 시절인 2006년 7월 〈론스타와 참여정부의 동상이몽 – 한·미 FTA〉 1·2편을 통해 한·미 FTA 협상 과정의 문제점을 보도했다. 선결조건 중 하나가 쇠고기 협상이라는 점도 지적했다. 이 프로그램은 참여정부에서도 크게 논쟁이 됐다. 정부가 〈PD수첩〉 방송 내용이 사실이 아니라는 신문광고를 내기도 했다. 그때 노무현 대통령은 담당 피디와 1 대 1로 끝장토론을 제의하기도 했다고 한다. 고소·체포·기소가 아니라 토론을 제안한 것이다.

1월 13일 서울고법 민사13부(여상훈 부장판사)는 보수 변호사 단체가 모은 시민 2백여 명이 "〈PD수첩〉의 선동적인 허위·왜곡 보도로 엄청난 사회 혼란 초래됐다"며 MBC를 상대로 제기한 손해배상 항소심에도 〈PD수첩〉 손을 들어주었다. 재판부는 "피고들이 방송을 통해 불법 집회를 개최하도록 의도했거나, 그런 집회를 예상하고 방송을 했다고 인정할 증거가 없다"라고 밝혔다.

재판에서 이겼다고 하지만 〈PD수첩〉의 앞날이 밝지만은 않다. 소송의 산은 높고, 넘어야 할 고비는 더 많다. 〈PD수첩〉 보도에 대해 진행 중인 민·형사 소송은 8건에 달한다. 그중 가장 큰 고비는 정운천 전 농림수산식품부 장관 등이 제작진 6명을 명예훼손 혐의로 형사고소한 재판이다. 선고일은 1월 20일이다.

정운천 전 장관과 민동석 전 농식품부 정책관 등은 국민으로부터 받은 비난이 〈PD수첩〉 때문이라고 소송을 걸었다. "복어 독 제거하듯 특정 위험물질만 제거하면 안전하다" "이 협상은 미국의 선물이다" 등 자신들의 돌출 발언이 국민적 공분을 샀다는 점에 대해서는 말이 없다. 이 재판에서 검찰은 〈PD수첩〉 제작진에 대해 징역 2~3년의 중형을 구형했다. "허위 사실을 알면서도 왜곡보도를 해 국론을 분열시키고 사회적 비효율을 초래했다"라는 이유에서였다. 검찰의 한 고위 관계자는 "언론사에 대한 형사소송은 민사소송에 비해 이기기 힘든 게 사실이다. 하지만 검찰의 승소를 자신한다"라고 말했다. ■

이것이 팩트다

부역 언론인 출석부를 만들자

"파업은 고통스러운 일이다." 시사저널에서 파업에 나섰을 때 손석희 선배가 해준 말이다. 웬걸. 파업 때 나는 신났다. 매주 마감 지옥에 갇히지 않는다는 것이 즐거웠다. 회사에 가지 않는 것도. 밀어둔 기획 취재도 하고 미행도 열심히 했다. 조사 중인 피의자의 친구가 검사 회식을 시켜주는 장면을 고스란히 비디오에 담기도 했다. 제보자가 걱정되어 빛을 보지는 못했다. 무교동 삐끼들의 한화 김승연 회장 아들 폭행 사건 제보도 있었다. 사건에 관여했던 거물 조폭도 만났다. 그런데 쓸 지면이 없었다. 기사를 못 쓰는 고통이라니……. 파업이 풀리면 쓰려고 저장해두었는데 다른 곳에서 보도됐다. 아쉽지만 통과.

평상시에도 집안 경제에 보탬이 되지 못한다. 그래서 다행스럽게 파

업의 경제적 파장이 크지 않았다. 부족하긴 마찬가지니까. 다만 거리에
데모하러 나서는 게 여간 창피한 일이 아니었다. 집회 현장을 취재하다
가 집회 현장에서 구호를 외친다는 게 영 어색했다. 그래서 나는 항상
이건희 탈을 썼다. 삼복더위에도. 대학에서 데모할 때도 구호 외치고
노래 부르는 게 끔찍이 싫었다. 커피숍에서 앉아 있다가 싸움이 붙으면
달려 나가곤 했다.

파업 내내 놀았다. 그러던 어느 날 거울을 보고 깜짝 놀랐다. 흰머리
가 보였다. 뽑을 수도 없을 정도였다. 충격이 컸다. 이 얼굴에 머리까지
없다면…….

이명박 정부 들어 '가카 헌정'이라는 타이틀을 달아도 될 언론이 많
다. 수구언론은 공보지를 자임하고, 기자들은 공보관으로 변신했다. 방
송사에 있다가 청와대로 가면 '축하한다'고 말을 건넬 정도였다. 대신
최고의 기자와 최고의 피디들이 쫓겨나거나 징계를 당했다.

국내 언론이 그리는 가카를 생각하면 왠지 웃음이 나온다. 프랑수아
라블레의 《가르강튀아와 팡타그뤼엘》이 떠오른다. 가르강튀아는 가카
처럼 범상치 않다. "응애, 응애, 술 줘! 너희도 한잔 마셔!"라고 소리치
며 세상에 나왔다. 오줌을 누면 강이 만들어졌고, 똥을 누면 산이 생겼
다. 그는 그저 배불리 먹고 편히 사는 게 삶의 목표다. 탐욕의 고수 가
르강튀아도 가카의 꼼꼼함에는 한참 못 미친다.

조중동은 본래 그랬다. 사주의 이익을 위해 어떻게든 깔때기를 대는
놈들이다. 부끄러움을 모르는 애들 이야기는 접어두자. 이명박 정부 들

어 방송 뉴스도 심각해졌다. 내가 좋아하는 MBC도 마찬가지다. 〈PD수첩〉을 중심으로 시사교양국 피디들과 작가들이 언론의 가치를 지키려 애쓰고 있을 때, 일부 MBC 기자들은 MB 씨 헌정 방송에 나섰다. 기자들 가운데 가장 양질이라고 평가받는 MBC 기자들의 변신이 놀라웠다. 특히 정치부 기자들이 그랬다. MBC 뉴스대로라면 대통령은 성군이었다. 경제는 좋아지고, 더 이상의 태평성대가 없었다. MBC 보도국은 특종 뉴스를 누락시키는가 하면, 삼성에 기사 내용을 미리 유출하기도 했다. 동료 기자의 동향을 파악해 정보보고를 하는 기자도 있었다. 2009년 말 방송통신위원회 최시중 위원장의 양아들 정용욱 씨는 "MBC 뉴스는 잘 가고 있다고 본다. 〈PD수첩〉을 제외하면 MBC가 정상화되어 가는 느낌이다"라고 말했다. 〈PD수첩〉 제작진은 대법원에서 무죄 판결을 받았는데도 MBC는 사고(社告)와 뉴스데스크, 신문광고 등을 통해 대국민 사과문을 발표했다. 텔레비전을 부술 뻔했다. 어떻게 오직 정권을 위한 기사를 만들 수 있을까? 노조가 반발했지만 대다수의 기자들은 침묵했다.

MBC·KBS·YTN. 사상 유례 없는 방송사 총파업 시대가 열렸다. 이 모든 게 가카의 공이다. 영국의 이코노미스트는 "한국의 기자들이 정부의 입막음에 대해 이의제기를 하고 나섰다"고 보도했다. 총파업은 언론의 본분을 지키겠다는 자성이다. 삐딱하게 보자면 박근혜 대세론이 무너진 것도 이들의 자성을 이끌어낸 매우 중요한 이유일 것이다. 여당 쪽에 줄을 섰다가 지금 발을 빼고 있는 것일 수도 있다.

어쨌든 파업은 미친 짓이다. 대체 인력은 얼마든지 있다. 파업 참가

MBC가 이제야 파업을 하는 이유

자들은 징계를 당하고 해고를 당하고 감옥에 갈 수도 있다. 언제나 그렇듯 공권력은 힘 있는 자의 편이다. 회사 편이다. 더 심각한 것은 민사 소송이다. 평생 돈의 괴롭힘을 당할 수도 있다. 이명박 시대, 미친 세상에서는 더더욱 그렇다. 이 사실을 누구보다 언론인들이 잘 안다. 하지만 그들이 파업을 선택했다. 부끄럽지만 다시 시작하겠다고 한다.

하지만 파업의 참뜻이 지켜질지는 미지수다. 지금도 뉴스는 나온다. 제대로 된 보도를 하자고 파업에 나섰는데 아직도 마이크를 잡고 있는 동료가 있다. 부끄러움을 모르는 그들이 동료의 등에 칼을 꽂는 대가는 달콤할 것이다. 보너스를 받고, 승진을 보장받고, 해외 연수를 보장받는다. 그래서 우리가 반드시 그들을 기억해야 한다. MB에게 부역한 언론인은 출석부에 적어 역사로 남겨둬야 한다.

언론, 우리는 진실의 일부만을 알 수 있을 뿐이다

5장

MB,
간단하다

이들이 유일하게 무서워하는 게 돈 뺏기는 거다.

그래서 난 5백 원이라도 뺏어야 한다고 주장한다.

칼을 씌워 광화문 앞에서 석고대죄시키는 것보다

5만 원을 뺏으면 더 슬퍼할 거다.

명예라는 건 애초에 없어서 부끄러운 것은 상관하지 않는다.

그러니까 부당하게 얻은 돈을 다 뺏어야 한다.

01

MB를 여는 열쇠,
에리카 김

에리카 김 씨는 MB를 보여주는 열쇠다. 그녀는 한때 MB와 특별한 관계에 있었다. 게다가 에리카 김 씨는 BBK의 얽힌 실타래를 풀 수 있는 증거이기도 하다. 대통령을 꿈꾸며 서울 시장 자리를 노리던 이명박 씨는 그녀로 인해 청년 김경준과 손잡고 BBK를 시작했다. 이명박 대통령의 맨 얼굴은 에리카 김 씨의 관계에서 적나라하게 드러난다.

이명박이 경준에게 대신 감방 가라 했다

[시사IN 12호] 2007.12.03

이명박 후보는 BBK와 관련해서는 말을 안 하겠다고 했다. 이 후보 캠프가 우왕좌왕하는 것을 보면 참모들도 잘 모르는 것 같다. 구속된 김경준 씨는 말을 할 수 없는 처지다. 미국으로 날아갔다. 이명박 후보와 절친했던 김경준 씨의 누나 에리카 김 씨(43)에게 물었다. 너무 복잡해서 잘 모르겠다고. 에리카 김 씨는 "솔직하게 너무 복잡해서 나도 잘 모르겠다"라며 말문을 열었다. 시사IN은 에리카 김 씨를 지난 11월 27일 미국 로스앤젤레스에서 만났다. 인터뷰는 11월 27일과 28일 이틀에 걸쳐 8시간 넘게 진행됐다.

사업체가 많고 복잡하다. 왜 사업을 이렇게 복잡하게 만들었나?

이명박 씨의 아이디어이자 작품이다. 현대에서 비즈니스할 때는 회사가 여러 개여서 회사끼리 돈을 돌려 돈 안 들이고 많이 있는 것처럼 했다. 자본금 1억 원짜리 회사 3곳을 만들면 3억 원이 필요한데, 1억 원을 회사 3곳에 돌리면 장부상 똑같은 효과를 본다는 것이다. 문제가 터져도 손해를 덜 본다고 했다.

이명박 후보가 정치적으로 재기하기 위해 사업을 시작한 것인가?

1993년께 이명박 씨를 처음 만났는데 자서전《신화는 없다》를 쓰고 있었다. 자기가 썼는지 모르지만 아무튼 그때부터 자기 꿈은 대통령이라고 했다. 대통령 노래를 하던 사람이다. 그러면서 대통령은 꿈에도 생각 안 했다고 이야기하는데 왜 그러는지 이해가 안 간다. 1999년 선거법 위반으로 의원직을 내놓은 이 씨는 서울시장 출마를 위해 자신의 사업을 빠른 시일 내에 본궤도에 올려야 했다. 이명박 씨는 코스닥에 상장된 보험회사를 사서 우회 상장할 것을 지시했다. 동생이 보험회사는 안 된다고 했더니 이명박 씨는 광은창투 주식을 사라고 했다. 광은창투는 옵셔널벤처스의 전신이다. 그리고 이 씨는 언론 이곳저곳에 인터뷰하러 다녔다.

대통령에 당선된 다음에라도 BBK에 연루되었다는 사실이 밝혀지면 이명박 후보는 대통령직을 걸겠다고 말했다.

내가 그 사람을 잘 아는데 만약 그렇다면 내가 성을 간다. 거짓말을 밥 먹듯 하는 게 아니라 거짓말을 밥 먹는 것보다 더 많이 하고 있다. 또 이명박 씨가 재산을 사회에 환원한다고 하는데 '짠돌이' 이명박 씨가 그럴 리 없다. 또 그런다고 해도 별로 상관없다. 진짜 재산은 다 빼돌려놓은 거 아니냐. 김재정 씨는 재산관리인 아닌가.

이명박 후보가 구두쇠인가?

이명박 씨는 말도 못하는 '짠돌이'다. 이명박 씨가 미국 와서 설렁탕

한 번 산 적이 없었다. 미국 오면 손님이니 그럴 수 있다. 그런데 여기 교민이 한국 나가도 밥 한 그릇 안 샀다. 내가 로스앤젤레스 상공회의소 회장 시절, 한국에서 세계한상대회가 열렸다. 전직 상공회의소 회장들이 "이명박이 유일하게 밥 사는 사람이 너니까 이명박에게 밥 사라고 해라"고 말했다. 그래서 내가 전화해서 "밥 좀 사라고 하시는데요"라고 말했다. 전직 회장들이 드디어 이명박에게 밥 얻어먹었다고 비아냥거리기도 했다. 이명박 씨가 워싱턴에 있을 때 로스앤젤레스 사람 10여 명이 동부에 골프를 치러 갔다. 이명박 씨도 함께 골프를 쳤다. 골프가 끝나고 3백 달러씩 갹출하는데 이명박 씨가 돈이 없다고 했다고 한다. 그런데 한 분이 카드가 있느냐고 묻더니 이명박 씨를 차에 태워서 돈을 빼러 돌아다녔다. 이분은 이명박 씨에게서 네 번째 은행에서 돈을 받았다고 한다.

에리카 김 씨에게도 돈을 안 썼나?

나한테는 항상 밥 사주고 잘해줬다. 사건이 나서 사이가 벌어지기 전까지는 내가 한국에 나가면 이명박 씨가 항상 공항으로 차를 보내 시내까지 픽업해줬다.

검찰 수사가 진행되고 있는데.

검찰은 이명박 씨가 BBK와 연루되었지만 법적으로는 문제되지 않는다고 몰고 갈 것이다. 김경준은 큰 잘못을 했고. BBK가 이명박 씨 것이라는 증거가 수십 가지나 나왔다. 앞으로 증거 백 개가 더 나오면 무엇나. 한국 검찰은 권력에 약하고 수사 안 하는 게 문제다. 검찰이 수사 안 하게 만드는 게 있다는 것이 더 큰 문제다.

이명박 후보가 위조범이라고? 이 후보 측은 에리카 김 씨와 김경준 씨를 위조범이라고 하는데.

금융감독원 조사가 시작되자 이명박 씨는 책임을 안 지려고 희생양을 찾았다. 다른 사람에게 뒤집어씌우려고 했다. 이명박 씨는 동생에게 "네가 몇 가지 죄를 인정하고 처리해라. 그러면 내가 백업해서 스무스하게 정리하겠다"라고 말했다. 그래서 동생이 들어갔다. 그런데 상황이 점점 나빠지니까 내 동생에게 책임지라고 했다. 동생이 구속된 결정적 이유다. 한국 사회에서는 가능한 일인지 모르지만 동생의 생각은 완전히 미국식이다. "잘못은 이명박이 했는데 왜 내가 감방 가느냐"고 대판 싸웠다. 동생이 "내가 미쳤느냐"며 욕하고 나왔다고 했다. 그때는 이명박 씨가 그리 중요하지 않은 사람이었는데 힘이 생기자 괘씸죄에 걸려 문제가 복잡해졌다.

에리카 김 씨는 이명박 후보와 가까운 사이였고 김경준 씨의 누나다. 둘을 연결해줘 사업을 시작한 것 아닌가?

BBK를 시작하기 전에 이명박 씨가 자꾸 별장을 구경시켜주겠다고 했다. 별장은 강과 스키장을 지나갔는데 서울에서 2시간 좀 넘게 걸리는 곳에 있었다. 차 속에서 이명박 씨는 BBK 플랜을 신나게 설명했다.

177

이명박 후보와 언제 처음 만났는가?

1993년쯤 처음 만났다. 이명박 씨가 로스앤젤레스 와서 사람들 여럿 만났는데 내가 그 자리에 갔다. 며칠 후 이명박 씨가 한 교회(한국나성 교회로 기억하는데 정확하지는 않다)에서 간증을 한다고 해서 거기 모인 사람들이 구경 갔다. 교포 1.5세를 모아놓은 자리는 분명 아니었다. 이명박 씨는 왜 사소한 것까지도 거짓말을 하는지 웃긴다. 경준이가 기독교 신자라서 도와준 것도 말이 안 된다.

이명박 후보와 가까운 사이였다.

이명박 씨에 대한 선거법 위반 판결이 날 때 한국에 있었다. 이 후보가 법원에 같이 가자고 해서 뭔지도 모르고 따라갔다. 의원직 사퇴하고 쓸쓸하게 로스앤젤레스에 들어올 때 이명박 씨가 부탁해 내가 공항에 나가서 이명박 씨 부부를 픽업해주기도 했다.

이명박 후보 부인이 에리카 김 씨를 싫어할 것 같은데…….

내게 불같이 화낸 적이 있다. 오해였다. ■

뉴클리어 밤, 지금은 불발탄

에리카 김 씨는 2007년 제17대 대통령 선거의 최대 변수였다. BBK는 17대 대통령 선거의 최대 이슈였고, 이 사건의 진실을 밝힐 유일한 인물이 에리카 김 씨였다. 그녀를 빼놓고 그리는 BBK 사건은 미로를 헤매고만 있었다. 그녀를 만나야 했다. 그녀에게 사건의 실체를 그리고 이명박 후보의 실체를 들어보고 싶었다.

에리카 김 씨는 샤프하다. 전략적이고. 김경준 씨가 우리나라에 입국하기 몇 달 전부터 모든 국내 언론사 특파원들이 에리카 김 씨 주변을 맴돌고 있었다. 아예 LA에 기자를 파견한 신문사도 있었다. 그녀는 모든 기자들을 관리하고 있었다. 어느 정도 거리를 두고 밀고 당기며.

여러 차례 전화를 걸었는데 에리카 김 씨는 받지 않았다. 그러다 어렵게 통화가 이뤄졌다. 짧은 대화 후 그녀는 전화를 끊었다. 별로 관심이 없어 보였다. 그 후 전화가 연결되지 않았다. 문자를 남겼다.

"주진우 기잡니다. 통화 한 번만 하시죠."

전화가 왔다. 단도직입적으로 말했다.

"의문이 안 풀려요. 에리카 김 씨하고 MB의 문제가 안 풀리면 김경준 씨와 BBK 문제는 절대 안 풀려요. BBK가 미궁에 빠지는 이유예요. 문제가 이렇게 어렵게 가면 김경준 씨는 바로 죽는 거예요. 솔직하게 MB와의 관계를 털어놓고, 그다음 김경준하고 MB와의 사업 이야기를 풀어야 해요. 김경준 씨의 주장대로라면 MB가 돈을 댄 주범이니 죄를 줄일 수는 있어요. 즐거운 일은 아니지만 MB와의 관계를 말해주세요."

다음 날 연락이 왔다.

"삼성 김용철 변호사 건은 이슈로 만드는 데 며칠이나 걸렸죠? 오실 수 있겠어요?"

"만나주신다면 당장이라도 가지요."

다음 날 비행기 표를 끊었다. 2007년 11월 26일 서울 제기동성당에서 천주교정의구현사제단 신부님들이 삼성과 검찰, 공적 기관의 회개를 위한 시국미사를 열었다. 나는 미사가 시작되는 것을 보고 공항으로 떠났다. 함세웅 신부님과 전종훈·김인국 신부님이 나를 위해 기도를 해주셨다.

LA 공항에 내리자마자 에리카 김 씨에게 전화했다.

"저 왔습니다."

"잘 오셨어요. 어느 호텔로 가실 건가요?"

"○○호텔요."

"거긴 한국 사람들 많은데. 일단 거기 가 계세요."

그리고 하루 동안 그녀는 전화를 받지 않았다. 시간이 없었다. 대선이 한 달도 남지 않았다. 서울의 상황은 긴박하게 돌아가고 있었다. 기사를 빨리 써야 했다. 마음이 급했다. 초조했다. 전화기를 붙들고 기다리고 기다렸다. 잠을 잘 수도 없었다. 긴장해서 화장실에서 토하기도 했다. 꼬박 하루가 더 지나서 전화가 왔다. 드디어 첫 만남. 그녀가 2인승 스포츠세단 벤츠 CLS 500을 몰고 호텔 앞으로 왔다. "한국 사람 없는 데로 가시죠." 차 안에서 그녀가 던진 첫마디는 "어떻게 기자가 되셨어요"였다. "할 줄 아는 게 없어서요." 그리고 사소한 이야기를 했다. 날씨와 나이보다 어려 보인다 등등. 하지만 대화는 이어지는 법이 없었다. 그녀의 블랙베리는 계속해서 울어댔다. LA 베버리힐스 근처의 멕시칸 식당에 도착했다. 그런데 그녀는 나를 앞에 앉혀놓고도 통화만 했다. 2시간을 만났는데 1시간 50분은 전화기를 붙잡고 있었다. 대부분 기자들 전화로 보였다. 그리고 자신이 운영하는 로펌에서 오는 BBK와 관련된 내용들. 내가 할 수 있는 게 없었다. 그날 난 딱 한마디만 했다. "영어 좀 하네요. 발음도 괜찮고." 다음 날 두 번째 만나 저녁을 먹었다. 또 멕시코 음식이었다. 두 번째 만남에서 내가 몇 가지 설명하기 시작했다. 김경준 씨가 검찰에서 갑자기 번복한 내용이 얼마나 어리석은 일인지, 그리고 내일자 신문에서 BBK 수사가 어떻게 보도될 것인지, 그리고 수사 내용이 청와대로 어떻게 전달되는지, 어떻게 수사 결과가 나올지도. 그다음 날부터는 매일 함께 밥을 먹었다. '밀당'을 계속해오던 다른 기자들의 전화도 받지 않았다.

검찰에게 당했어요

에리카 김 씨 인터뷰를 시사IN 커버스토리로 실었다. 에리카 김 씨가 여러 새로운 내용을 내놓았다. 하지만 성에 차지 않았다. 원한 건 이 정도가 아니었다. 나는 에리카 김 씨에게 MB와의 관계를 증명할 것을

181

요구했다. 대통령 후보의 여자 문제. 정통시사주간지는 이런 거 안 한다. 나도 그런 기사 안 쓴다. 순복음교회 조용기 목사의 《빠리의 나비 부인》. 내 손에 그 책이 있고 뒷받침하는 결정적인 물증도 있었다. 그것도 많이. 하지만 한 줄도 쓰지 않았다. 그러나 이건 사생활 문제와 다른 사안이다. 에리카 김 씨와 이명박 대통령의 관계는 그냥 사생활이 아니다. MB는 에리카 김 씨와의 관계 속에서 김경준 씨를 만났고, BBK를 만들었으며 수많은 희생자들이 나왔다. MB가 왜 34살 청년 김경준에게 수백억 원을 모아주었는지, 형과 처남이 운영하는 다스는 왜 MB도 모르게 김경준 씨에게 190억 원을 투자했는지, BBK를 인수할 때 왜 MB가 30억 원을 내놓았는지……. 에리카 김 씨가 입을 열지 않으면 의문이 풀리지 않는다. 후에 검찰은 한 점 의혹이 없다고 여러 차례 강조했지만. 하지만 좀체 에리카 김 씨는 MB와의 깊은 관계에 대해서는 입을 열지 않았다. 서랍 안에 파일과 사진이 있었다. 하지만 그 또한 내놓지 않았다.

시간이 없었다. 도와줄 수도 없고 기사도 쓸 수 없었다. 더 이상 LA에 있을 이유가 없었다. 돌아가겠다고 했다. 그때 라스베이거스에서 VIP를 상대로 돈놀이를 하던 한 정보원에게서 전화가 왔다. 그는 한국에서 건달 생활을 하다 90년대 말 사고를 치고 미국으로 도피한 후 눌러앉은 사람이었다. 벨라지오호텔 VIP룸에 삼성에서 비자금을 관리하던 강 아무개 씨가 와 있다고. 그는 얼마 전 내게 제보한다는 것을 빌미로 삼성으로부터 돈을 받아 챙긴 후 미국으로 떠났었다. 강 씨를 잡으러 식당에 야채를 배달하는 분의 차를 얻어 타고 한밤에 라스베이거스로 향했다. 라스베이거스 카지노를 이틀째 뒤지며 기웃거리고 있었다. 아침에 에리카 김 씨로부터 전화가 왔다. 급히 와달라고 했다. 식당차 는 저녁에 떠난다고 했더니 비행기표를 보내겠다고 했다. 식당 형님께 사정해서 오후에 LA로 출발할 수 있었다.

그날 밤 에리카 김 씨 자신의 변호사 사무실로 와달라고 했다. 항상 에리카 김 씨가 호텔 앞으로 와 날 픽업해 가곤 했는데 그날은 택시를 타고 갔다. 긴박했다. 에리카 김 씨는 초조해 보였다. 울먹이고 있었다. "모든 게 다 잘못됐어요. 검찰에게 당했어요. 우리 경준이는 어떡해요. 이명박을 깨끗하게 만들어주면 동생이 풀려날 수 있다는 검사의 제안 에 넘어가 진술을 바꿨어요."

내가 에리카 김 씨에게 누우이 말했다. 검찰과 어떤 딜을 하고 있든 잘못하는 거다. 에리카 김 씨는 어떻게 해야 하느냐고 물었다. 다른 방 법이 없었다. 나는 지금이라도 진실을 무기로 싸워야 한다고 했다. 시 간이 없으니 핵폭탄을 터트려야 한다고 말했다. 에리카 김 씨는 '뉴클 리어밤'이라고 했다. 맨 처음 에리카 김 씨에게서 들으려던, 바로 그 내 용이었다. 핵무기를 써도 엄청 어려운 싸움이 될 것이니 둘 다 각오하 자고 했다.

에리카 김 씨가 메모 한 장을 보여주었다. 내가 먼저 메모를 보도하 고 에리카 김 씨는 기자회견을 하기로 했다.

183

"이명박 이름 빼주면 구형량을
3년으로 맞춰주겠대요"

[시사IN 12호] 2007.12.04

시사IN은 김경준 씨가 검찰 수사를 받던 과정인 11월 23일 검찰청 조사실에서 장모(이보라 씨의 어머니)에게 써준 메모지를 단독으로 긴급 입수했다. 여기에는 검찰이 이명박 후보에게 유리한 진술을 해주면 김 씨의 형량을 낮춰주겠다는 제안을 했다는 충격적인 내용이 서툰 한글로 쓰여 있다.

"지금 한국 검찰청이 이명박을 많이 무서워하고 있어요. 그래서 지금 내가 제출한 서류 가지고는 이명박을 소환 안 하려고 해요. 그런데 저에게 이명박 쪽이 풀리게 하면 3년으로 맞춰주겠대요. 그렇지 않으면 7~10년. 그리고 지금 누나랑 보라에게 계속 고소가 들어와요. 그런데 그것도 다 없애고. 저 다스와는 무혐의로 처리해준대. 그리고 아무 추가 혐의는 안 받는대. 미국 민사소송에 문제없게 해주겠대."

이 메모지 아래에는 김경준 씨의 장모가 "내 생각에는 3년이 낫지 않을까?"라고 쓴 대목도 들어 있다. 당시 필담을 나눈 것으로 보인다.

김 씨 가족은 한글 이면계약서의 도장이 이명박 후보의 도장으로 판명되었지만 검찰이 김경준 씨와의 거래를 통해 수사의 물꼬를 돌렸다고 주장했다. 김경준 씨의 누나 에리카 김 변호사는 "검사들은 이명박 씨가 어차피 대통령 될 사람이어서 수사가 안 되니 기소할 수 없다고 동생을 설득했다. 동생이 수사에 협조할 경우 3년을 구형해 집행유예로 빠져나갈 수 있도록 하겠다며 동생이 진술을 번복하도록 했다"라고 말했다. 이 때문에 수사 방향이 정반대 방향으로 흘러가기 시작했다는 것이다.

김 씨 가족이 제공한 또 다른 녹취록에서 김경준 씨는 이렇게 말했다. "내가 초반에 검찰 뜻에 따라 몇 번 진술을 번복한 사실을 근거로 이제 내 얘기를 믿을 수 없다고 한다. 검사가 내 형량에 더 이상 도움을 주지 않겠다고 했다."

에리카 김 변호사는 "이명박 씨 주가조작 사건에 대해 검찰이 편파 수사를 하고 있다는 내용을 구체적인 증거와 자료를 가지고 다 밝히겠다"라고 말했다. 에리카 김 변호사는 현지 시각으로 12월 5일 수요일 11시(한국 시간 12월 6일 오전 3시)에 미국 로스앤젤레스 윌셔프라자호텔에서 기자회견을 가질 예정이다. ■

이것이 팩트다

역사적 파도 하나

메모를 처음 보고 나는 믿을 수가 없다고 했다. 그랬더니 에리카 김 씨는 김경준 씨와 자신이 통화한 목소리를 들려주었다. 담당 검사의 전화기를 통해 걸려온 전화라고 했다. 11월 중순 판도라 상자의 열쇠를 쥔 김경준 씨가 입국했다. 그는 2007년 MB가 BBK의 소유주라는 것을 증명하는 계약서를 하나 들고 왔다. 이 계약서가 자신의 결백을 입증할 것이라며. 계약서에는 "MB가 소유하고 있는 BBK 주식"이라는 내용이 쓰여 있었다. 도장도 찍혀 있었다. 김경준 씨는 "BBK에서부터 LKe뱅크, 그다음에 EBK 증권회사, 그것이 다 연결돼 있다. 이를 이용해서 주가조작과 횡령이 됐다고 판결이 나면 소유권을 갖고 있는 이명박도 나와 똑같은 범죄를 저질렀다는 결론이 나온다"라고 말했다. 한나라당은 즉각 반박했다. 홍준표 클린정치위원장은 "위조해 소유하고 있었던 문서가 분명하다"고 주장했다. 박형준 이명박 선대위 대변인은 "그 도장은 이명박 후보가 쓴 적이 없고, 김경준이 도장을 위조했을 가능성이 크다"고 했다. 그런데 검찰 수사에서 그 도장은 MB가 사용하던 것으로 확인됐다. 이면계약서는 진실로 확인되고 있었다. 더불어 MB의 혐의도. 그런데 갑자기 김경준 씨가 모든 걸 자신이 위조했다고 선언했다. 거의 대통령이 된 사람을 공격하려고 거짓말을 한 것이라는 주장이다. 일부러 한국까지 날아와서. 그것도 교도소에서. 그는 희대의 사기꾼이 되었다. 정말 이상한 일이었다.

그런데 이 메모를 통해 의문이 풀렸다. 에리카 김 씨는 만날 때마다 동생이 너무 어려서 계속 당한다고 속상해했다. 나는 김경준 씨가 검찰 조사를 받을 때 변호사와 전문적인 통역의 도움을 얻어야 한다고 거듭 말했다. 삐뚤삐뚤 글씨와 초등학생 수준의 한글 실력으로는 검찰의 뉘앙스를 알 수 없다고. 그래서 넘어간다고. 그러나 검찰은 김경준 씨가 한국어를 잘한다며 통역이 필요 없다고 했다고 한다. 김경준 씨는 누나에게 "검사가 형이라고 부르라고 할 정도로 친절하게 대해줘. 걱정 마. 검사 형이 자세히 설명해줘"라고 말했다고 한다. 김기동 검사는 김경준 씨에게 누나와 상의하라고 전화를 내주기까지 했다. 검사 전화로 피의자가 바깥에 있는 사람하고 상의를 하는 말도 안 되는 일이 벌어진 거다. 에리카 김 씨가 검사 방에 있는 김경준 씨와 통화하는 것을 바로 옆에서 내가 직접 보고 들었다. 에리카 김 씨가 "잠깐만, 리슨" 하고 휴대폰을 귀에 대주기도 했다. 깜짝 놀랐다. 수화기에서 "누나!" 하는 김경준 씨의 목소리가 들렸다. 김경준 씨는 검사가 이거 이거를 바꿔달라는데 어떻게 해야 하느냐고 물었다. 그들은 검사 요구대로 바꿔준 것이다. 김경준 씨는 결국 증언을 뒤집어 MB 이름을 빼주고 혼자 죄를 뒤집어썼다. 결과는 불 보듯 뻔했다. 양치기 소년의 말의 신뢰는 땅에 떨어졌다. 자신이 똑똑하다고 믿는 김경준 씨와 에리카 김 씨는 한국 검찰에 제대로 당한 것이다.

메모를 공개하고 에리카 김 씨는 12월 5일 검찰 수사 결과를 보고 기자회견을 하기로 했다. 나는 에리카 김 씨가 LA 월셔플라자호텔에서 기자회견 스케줄을 잡고, 보도자료를 뿌리는 것을 보고 급히 귀국했다. 기자회견만 하면 내가 한국 가서 정리하겠다고 하고 비행기를 탔다. 에리카 김 씨가 기자회견에서 사진 한 장을 들고 '뉴클리어 밤'을 터트리기로 했다. 나는 한국에 들어와 에리카 김 씨와 MB와의 관계를 쓰기로 했다.

187

그런데 기자회견은 없었다. 검찰의 회유 메모가 공개되자 검찰은 에리카 김 씨에 대해 범죄인 인도 청구를 위한 작업을 진행하겠다고 압박했다. 사실 말도 안 되는 협박이었다. 에리카 김 씨는 겁을 잔뜩 집어먹었다. 몸 상태가 극도로 나빠져 병원 신세를 지기도 했다. 특히 동생이 검찰에서 시달리는 것이 무섭고 두렵다고 했다. 동생처럼 누나도 사기꾼이 되었다. 그들은 역사상 가장 유명한 사기꾼 남매가 되었다.

그렇게 기자회견은 열리지 않고 MB가 17대 대통령에 당선되었다. '이렇게 해서 역사의 시계가 바뀌는구나. 내가 하루만 더 에리카 김 씨와 있었다면…….' 역사적 파도 하나를 온몸으로 받은 기분이었다.

에리카 김 씨 이야기를 해야만 하는 상황이 아직도 그녀한테 미안하다. MB에게는 전혀 미안하지 않다. 에리카 김 씨 자신은 아프고, 사랑하는 동생은 감옥에 있다. 재산도 거의 잃었다. 취재를 시작한 처음부터 지금까지 에리카 김 씨에게는 인간적인 애정이 있다. 나쁜 사람이 아니라는 확신이 있다. 그런데 남자 하나를 잘못 만나서 너무 힘든 일을 겪었다. 기자회견을 펑크 내고 도망 다닐 때도 연락은 주고받았다. "힘들었어?" "응." "잘했어요." 이후에도 간간이 수사 진행 상황을 묻곤 했다. BBK 검사 10명이 나에게 돈을 내놓으라고 소송했을 때 에리카 김 씨는 나를 위로해줬다. "한국 검사들은 이상하다. 어떻게 팩트인데 소송이 가능해? 내가 도와줄 테니 걱정 마." 나중에 내 재판에 나갔다가 에리카 김 씨가 주진우가 나쁜 놈이라고 검사에게 유리한 편지를 쓴 것을 알게 되었다. BBK 메모와 관련해 내가 약속을 어겼다고. 이 편지는 재판에서 결정적인 증거로 채택됐다. 에리카 김 씨와 통화했다. "잘했어, 이해해." "미안." 동생이 검찰 손아귀에 있는데 검사 손을 잡는 것은 어쩔 수 없는 선택일 것이다. 그냥 무조건 잘했다고 했다. 본인이 더 괴로울 것이다. 그게 내 생각이다. 그러다 어느 순간 연락이 끊겼다. 아직도 내 마음은 똑같다. 상황이 어떻게 되든 에리카 김 씨의 뒷정리는 해주고 싶다.

꿈꾸나요

최근에 영수증 외에도 사인을 많이 하게 됐는데, 거기에 "꿈꾸나요"
라고 쓴다. 꿈꾸고 있냐고? 사람은 꿈을 꾼다. 어디로든 나아가는 꿈을
꾼다. 술을 먹고 갈지자로 걷더라도 분명한 건 그 순간도 어딘가로 가
고 있다는 것이다. 어차피 사람은 어느 쪽으로든 움직이게 되어 있다.
그런데 꿈을 간직한 것과 그렇지 못한 것은 전혀 다른 목적지에 도달하
게 만든다.

류승완 감독은 어렸을 때부터 가난했다. 부모님도 여의고, 동생은 껄
렁하고. 그런데 어렸을 때 영화관에 가서 영화를 보고 거기에 매혹됐
다. 홍콩 영화, 성룡 영화를 보면 그렇게 행복했다. 돈만 모이면 만날
영화관에 가서 보고 또 보고 집에 와서는 무술 동작을 그려보고. 그렇
게 영화를 꿈꾸었다. 그러다가 야간 고등학교를 다니면서 영화관에 들
어갔다. 일은 고돼도 즐거우니까 왔다 갔다 심부름도 잘하고 늘 밝았
다. 그를 눈여겨본 영화배우 이경영 씨가 심지어 운전면허도 없는데 로
드매니저를 시켰다. 영화관에만 오면 눈이 반짝거리니까 감독들이 데
리고 다니고 예뻐했다. 그는 그 와중에 영화 책 읽고, 시나리오 쓰고,

영화에 관련된 건 다 모으고. 그러다가 작품을 만들었다.

꿈꾸어야 이루어질 수 있다. 꿈꾸고 걸어가면 목표에 도달하도록 우주만물이 돕는다. 1, 2년 동안 공부해서 준비한 사람과 10년 동안 좋아한 사람과는 비교가 안 된다. 선수들이 보면 안다. 내가 어떤 분야를 꿈꾸면서 계속해서 하나씩 둘씩 쌓아가면, 나중에 그것이 주머니 속의 송곳처럼 삐져나온다. 그게 바로 꿈꾸고 있는 사람과 그렇지 않은 사람의 차이다.

그런데…… 기자가 사인을 하는 게 말이 되나?

191

02

가카는 얼마나 부자일까

MB에게 철학이 없다고 하는 데 동의하지 않는다. MB의 철학은 돈이다. 모든 생각이 돈으로 통하고 돈으로 움직인다. 전 재산을 내놓았는데 아직도 그는 부자다. 청계재단도 딱 면세 받는 금액만큼만 장학금을 준다. 걸릴 줄 알면서도. 절묘하다. 보통 이렇게 거짓말이나 꼼수가 들통 나면 창피해해야 하는데 이들은 "어떻게 알았지?"라고 말한다.

그의 친인척은 거의 천문학적인 부자다. 24년간 국회의원을 하고 있는 이상득 의원은 여느 중견 기업가들에 뒤지지 않아 보인다. 차명 계좌와 개인 금고도 있다. 아들 지형 씨 재산과 합하면 준 재벌급 재산을 자랑한다. 이명박 정부 들어 MB 주변의 부가 급증했다는 것이 특징이기도 하다.

MB가 전과도 있고 사기성이 짙은데도 대통령으로 당선된 바탕에는

MB처럼 돈 벌고 싶다는 우리의 탐욕이 있었다. 그런데 MB의 '잘산다'가 모든 사람들을 복되게 하는 게 아니라 본인 주변을 잘살게 한다는 의미라는 것을 몰랐다. 지난 대선에 MB의 재산 형성 과정을 추적해 보도했다. 제목은 '돈 벌려면 이명박 후보를 따라하라'였다. 그런데 따라하다가는 감옥에 갈 가능성이 대단히 농후했다.

이명박 후보를 공격하는 이들은 '사업은 쪽박, 투기는 대박'이라고 곧잘 비꼰다. 아닌 게 아니라 이 후보가 회장을 지낸 현대건설은 법정 관리에 들어갔고, 김경준 씨와 동업한 회사는 망했다. 하지만 이 후보는 부동산 투자에 탁월한 능력을 보여 사업 실패를 메우고도 남았다. 지금이라도 MB나 친인척이 보유한 부동산 근처의 땅을 사라는 말이 나온다. 적어도 지금까지는 어김이 없었다. 이 후보가 서울시장에 취임한 직후인 2002년 10월 뉴타운 사업이 발표된다. 은평 뉴타운에 이 후보의 땅이 있었다. 이 일대 땅값은 2002년에 비해 10배 가까이 올랐다. 2004년 11월 서울시는 서초 법조단지의 고도 제한을 완화하는 도시정비계획을 세운다. 법조단지 안에는 이 후보 소유의 건물 두 채가 있었다. 이 후보와 가족들은 서울·경기·강원·충북·대전·경북·제주 등지에 땅을 가지고 있는데, 부동산 투자자라면 참고할 만하다. 특히 이 후보의 두 형이 보유한 여의도 4분의 1 크기의 땅은 높은 수익률이 예상되는 투자 유망 지역이다. 이명박 후보의 재산 관리인으로 의심받는 처남 김재정 씨. 그를 따라가보는 것도 흥미롭다. 김 씨가 손댄 땅은 각종 개발 계획과 맞물려 들썩였다. 더 큰 문제는 MB가 거둔 개발과 투기의 이익은 다른 사람의 피해를 수반하지 않으면 불가능한 것들뿐이다.

일단 빼먹고 본다. 일관성 있다

가카는 재떨이를 던졌다

놓쳐서는 안 될 이명박 대통령과 친인척 비리를 정리해보았다. 내곡동 땅 문제와 관련해 대통령의 부인 김윤옥 여사와 아들 시형 씨(다스 경영기획팀장)는 부동산실명제법 위반으로 검찰에 고발당했다. 검찰 수사에서 시형 씨가 매입한 땅 구입 비용 중 6억 원이 청와대에서 나왔다는 사실이 확인됐다. 내곡동 땅 문제로 이명박 대통령 측근이 아니라 본인과 부인과 아들이 대통령 퇴임 후 검찰 조사를 받아야 할 처지다.

당시 나는 이상득 의원과 그의 아들 지형 씨가 소유한 내곡동 땅을 찾고 있었다. 그러던 중 9월 15일 한 제보자의 도움으로 이명박 대통령의 아들 시형 씨가 서울 서초구 내곡동 능안마을 땅을 사들인 것을 확인했다. 더 자세히 알아보기 위해 나는 시형 씨 땅과 바로 붙어 있는 그린벨트 땅, 내곡동 23-1을 사겠다고 인근 부동산 업자들에게 접근했다. 이상득 의원의 땅에서는 5백 미터 떨어진 곳이었다. 땅을 사려고 부동산 업자들을 만나고, 이런 저런 자료를 확인하면서 시형 씨가 대통령실과 함께 땅을 사들였다는 충격적인 사실을 알게 됐다.

물론 땅 보러 다닌 건 취재를 위한 위장이었다. 그런데 평당 4백만 원을 요구하던 시형 씨 옆 땅 주인이 평당 2백만 원에 팔 용의가 있다고 했다. 그 말을 듣고 나는 진짜로 이 땅을 사서 알박기를 하려고 했다. 사회복지 재단에 기증하면 의미가 있을 것 같았다. 재미도 있고. 그래서 내곡동에 갈 때는 꼭 양복을 입었다. 벤츠나 렉서스, 랜드로버를 타는 회장님들이 날 부동산 앞에 내려주었다. 물론 돌아올 때는 470번 버스를 탔다.

당시 나는 다른 프로젝트를 하나 더 돌리고 있었다. 내곡동과 세곡동, 그리고 수서 일대를 대량으로 사들인 사람들의 목록을 뽑아서 4대 강 주요 거점을 사들인 사람들과 대조하는 일이었다. 가·차명, 친인척 이름을 표로 그려가며 일일이 확인했다. 그러던 중 시형 씨의 땅을 찾은 것이다. 시형 씨에게 확인 전화를 한 후 수요일쯤 청와대에서 찾아왔다. 다음 날, 국정원에서 왔다. 월요일에 발행되는 주간지의 특성상, 토요일이나 일요일에 조중동에서 물타기의 일환으로 '내곡동으로 사저를 옮긴다'는 기사가 나올 것 같았다. 주변 사람들에게 기사를 온라인에 먼저 내보낼까 상의했다. 청와대가 물타기를 할 것 같다고. 결국 시사IN과 동시에 다른 언론에 기사가 나왔다. 청와대가 이 대통령의 사저를 옮긴다고. 씁쓸했다. 무엇보다 MB 타운의 실체, MB 재산의 실체를 잡을 수도 있었는데……. 당시 나는 엄중히 감시받고 있었다.

사실 MB는 재산에 관해서 의혹의 눈초리가 많았다. 그의 비서관을 지낸 김유찬 씨가 쓴 《이명박 리포트》한 단락이다. "1995년 국회 비서로 근무할 당시 국회사무처 담당관이 잔뜩 쌓여 있는 서류 뭉치를 내게 보여주며 이명박 의원의 재산 신고 누락 부분을 보정하라고 했다. …… 대통령이 되려고 꿈꾸는 그에게 '의원님! 재산의 절반 정도는 사회로

가카는 얼마나 부자일까

환원하겠다는 기자회견을 하시죠!'라고 한 선거기획 참모가 정식으로 건의했다. 그러나 이 건의는 이명박 씨가 옆에 있던 재떨이를 그에게 던진 것으로 일단락되고 말았다."

가카 형님, ISD

형님은 재테크의 달인이다. 비결은 땅을 사고, 또 사고 계속 땅을 사는 것. 위장전입도 감행한다. 땅을 사랑하는 것은 집안 내력이다. 신기하게도 형님이 산 땅은 재개발되거나 재건축되거나 아니면 개발계획 지구에 들어갔다. 지난해 재산 신고한 금액이 79억 5천만 원. 아들과 직계 가족의 재산은 신고 금액의 10배 아니 백 배가량 된다고 본다. 여기에 내 판돈을 모두 걸겠다. 공직자 재산 신고 내용만 보면 형님은 저축을 많이 한다. 부부가 예금한 금액만 40억 원가량 된다. 전년에 비해 5억 원 늘었다. 신기의 재테크다. 이전 해에도 5억 원가량 늘었다. 최근에는 여비서 계좌에서 8억 원이 나왔다. 구린 냄새가 난다. 그러자 형님은 "서울 성북동 자택 안방에 있는 장롱 내 비밀 공간에 보관해왔다"고 주장했다. 5만 원권이 나오기 전이었으니 부피만도 어마어마하다. 장롱이 우리 집만 할 것 같다. 공직자윤리법과 금융실명제법 위반쯤은 아랑곳하지 않는다. 이것도 집안 내력이다. 비자금과 공천 헌금으로 구설에 올랐지만 가카의 형님은 건재하다.

최측근 보좌관이었던 박영준 왕차관은 의혹의 백화점이다. 신기하게도 검찰에만 가면 무혐의다. 깨끗한 것인지, 힘이 센 것인지……. SLS

그룹 이국철 회장은 "이상득 의원에게 로비할 목적으로 대영로직스 대표 문환철 씨에게 60억 원을 건넸다"고 줄기차게 주장했다. 제일저축은행 유동천 회장도 "이상득 의원을 보고 박 보좌관에게 현금 1억 5천만 원을 건넸다"라고 진술했다. 보좌관 용돈으로 이 정도 거액을 건네는 바보는 없다. 게다가 이 돈은 이상득 의원실 다른 직원들의 계좌를 통해 돈 세탁을 거치기도 했다. 또 이상득 의원의 전 직장인 코오롱의 차명 계좌와 대포폰이 사용됐다. 김학인 한국방송예술교육진흥원 이사장 측에서는 이상득 의원에게 공천헌금 20억 원을 약속했다고 진술했다. 김 이사장의 비서는 "김 이사장 지시로 2억 원을 현금으로 준비했고, 이 의원 쪽 차 트렁크에 이 돈을 싣는 장면을 봤다"고도 진술했다. 하지만 검찰은 이상득 의원은 관련이 없다고 수사하지 않는다. 절대 그러실 분이 아니라고. 절대.

의혹의 당사자가 만약 이상득 의원에서 노건평 씨로 바뀌어져 있다면 벌써 감옥에 여러 번 갔을지 모른다. 하이에나 언론이 먼저 잔인하게 물고 뜯고 고통스럽게 숨통을 조였을 것이다.

2011년 언론인(전국언론노동조합·한국기자협회·한국PD협회)이 선정한 '가장 무시당한 뉴스'는 이명박 대통령 친인척과 측근 비리 보도였다. 무려 77.3퍼센트(1,258명)가 이를 꼽았다. 언론이 대통령 비리에 대해 입을 다물었음을 자인한 셈이다. 한 언론사 사회부장은 "검찰과 경찰이 정권의 통제력 안에 있어서 친인척 비리가 그나마 이 정도다. 그것도 언론이 축소 보도해 사태의 심각성을 국민이 체감하지 못하게 만들었다.

가카는 얼마나 부자일까

지난 정권이었으면 언론에서 '탄핵'이라는 단어가 10번은 나왔을 상황이다"라고 말했다.

다음은 2008년 2월 18일자 영남매일 〈봉하마을의 진실2-노무현 대통령 금의환향〉이라는 기사 중 일부다. "손자의 놀이용 플라스틱 골프채가 고가의 수입골프채로 둔갑되고, 거기에 딸린 한 개에 460원 하는 골프공이 만 2천 원짜리로 변신하는가 하면 노 전 대통령의 형인 노건평 씨가 농가 수입을 위해 가꾸어 잔디시설 보수용으로 판매하고 있는 배추밭 딸린 백 평 남짓한 잔디밭이 개인용 골프장으로 확대, 왜곡되어 보도된 것 등은 언론으로서는 커다란 부끄러움으로, 인척들에게는 가슴 아픈 응어리로 남았다." 봉하마을에 대한 조선일보의 왜곡 보도를 비판한 기사다. 하지만 당시 조선일보의 왜곡된 보도를 갖고 수구 언론과 한나라당은 노건평 씨를 덧칠하고 또 덧칠했다. 악의적 의도를 가지고. 이렇게 진실은 명명백백 밝혀졌지만 그들은 부끄러워하지 않는다.

가카 조카 이지형

형님에게는 그를 빼닮은 아들이 한 명 있다. 역시나 명석해서 서울대 법대에 들어갔고, 대학에서는 사시 준비를 하는 대신 로열 패밀리 자제들과 어울려 다녔다.

이지형 씨는 이상득 의원과 이명박 대통령 가문의 금고지기로 의심받는다. 대통령의 큰형 이상은 씨는 자기 소유의 백 억대 땅을 자기 아들이 아니라 조카인 이지형 씨에게 증여한 일도 있었다. 2008년 한국 투자공사가 메릴린치에 2조 원 가까운 20억 달러를 투자한 일이 있었다. 2008년 1월이니까 MB가 정권을 잡자마자 벌어진 일이다. 그 결과 정확하게 1조 8천억 원의 손실이 발생했다. 망해가는 메릴린치에 돈을 퍼다 부은 거였다. 여기에 이지형 씨의 지인들이 대거 연루됐다. 망하는 저축은행 사례에서 보듯 이런 회사는 커미션이 절반가량 되기도 한다. 메릴린치 투자에 최소 몇천억 원의 커미션이 떨어졌을 거라는 짐작은 무리한 것이 아니다. MB 주변은 규모가 좀 크다. 이지형 씨의 통장을 열어봐야 MB의 재산 규모를 어림잡을 수 있다. 그런데 그는 지난해 6월 가족과 싱가포르로 이민 갔다. 대통령의 조카이자, 6선 국회의원의 아들마저 이민을 떠났다. 뒷맛이 씁쓸하다. 하지만 나는 그를 보내지 않았다. 그의 재산 변동을 추적하고 있다. 아주 면밀하게.

그 외

2009년 이 대통령의 셋째 사위 조현범 한국타이어 부사장은 주가조작 혐의로 검찰 조사를 받았지만 무혐의 처분을 받았다.

2010년 7월 조현범 씨의 사촌이자 이 대통령의 사돈인 조현준 효성 사장은 550만 달러(약 64억 원)를 횡령하고, 회사 돈으로 수십억 원대 해외 부동산을 구입한 혐의로 불구속 기소됐다. 서울고등법원은 조 사장에게 징역 1년에 집행유예 2년을 선고했다.

가카의 조카사위 전종화 씨는 씨모텍 부정거래에 연루됐다. 검찰이 수사를 안 해서 그렇지 마음만 먹으면 구속될 가능성이 높다.

김윤옥 여사의 사촌 김재홍 씨는 제일저축은행에서 돈 받고 구속, 김 여사 둘째 언니 남편인 형부도 비리로 얼룩진 제일저축은행에서 매달 천만 원씩 돈을 받았다(이 사람은 금융업 관계자도 아니다). 작은 형부 신귀옥 씨는 룸살롱에서 국세청장한테 접대받은 게 드러났고 이번에 BBK 가짜 편지 사건의 배후세력으로 지목됐다.

가카 직계 가족을 빼면 섭섭한가? 그렇다면 짧게 훑어보자.

요즘 나는 김윤옥 여사를 파고 있다. 그러다 걸린 재밌는 얘기 하나. 여사의 명품에 대한 열정이 좀 지나치다고 한다. 특히 에르메스. 그래서 외국 순방길에 오를 때면 가끔 매장을 막아놓고 쇼핑하는데, 워싱턴과 파리 이렇게 두 곳에서 개인 카드가 아닌 대사관 카드로 결제했다는 첩보가 들어왔다. 파보니 대사관 카드를 가져가면, 외국인은 면세에다가 할인을 해준다는 거다. 일국의 영부인이, 재산이 얼마인데 빌린 면세카드를 들고 다닌다니……

장남인 이시형 씨는 이명박 대통령 서울시장 시절 히딩크 감독과의 사진 한 방으로 견적이 드러난 인물이다. 최근 내곡동 사저와 관련해서 아버지가 괜한 일을 벌여 자기 이름만 팔렸다고 불만이었다고 한다.

딸은 셋 있는데 다 가정주부다. 큰 딸 남편은 서울대 병원 의사고 그 아버지가 또 의사인데 대통령 주치의를 시켜줬다. 주치의는 차관급이다. 사돈이라 문제가 되더라도 그냥 시켜준 거다. 돈이 되니까.

가족이 똘똘 뭉쳐서 한마음이다. 일관성이 있다.

가카의 멘토 두 사람

삼성과 각별한 세중그룹 회장 천신일과 동아일보 출신으로 초대 방송위원장을 지낸 최시중 방통위원장. 천신일 회장은 여기저기서 돈을 받다가 구속되었는데, 워크아웃을 빨리 졸업시켜준다며 46억 원을 받은 혐의였다. 스케일이 다르다. 내 생각에 실제로 천신일 회장이 받은 돈은 어림잡아도 그를 구속시킨 문제의 돈 액수의 백 배 정도라고 생각된다. 전형적인 꼬리 자르기가 확실하다. 지금 삼성병원 특실에서 편하게 잘 지낸다.

최시중 위원장도 마찬가지다. 그의 양아들이라 불리는 정용욱 전 방통위 정책보좌역. 한 정보기관 관계자는 그가 수뢰했다는 첩보들만 모아보니 3백억 원대였다고 했다. 다 최시중 위원장을 보고 준 돈이었다. 최시중 위원장도 잘 안다. 그래도 부끄러운 줄도 모른다. 얼굴에 철갑을 둘렀다.

감옥보다 5만 원

이명박 대통령 주변에서는 정치와 권력을 비즈니스 모델로 여기는 것 같다. 일단 빼먹고 본다. 비즈니스를 하다 보면 감옥에 가는 것은 중요치 않다. 다만 감옥에서 썩는 시간만큼 투자가치가 되느냐가 중요하다. 명예나 염치는 고려 대상도 아닌 것 같다. 한 대구 출신 이명박 정권 실세의 이야기다. "열 군데서 돈을 먹으면 한 군데에서는 탈이 날수도 있다. 아홉 곳에서 받은 돈은 그대로 남고, 한 곳에서도 전체가 걸리는 것은 아니다. 변호사가 줄여줄 것이다. 한 사람만 감옥에 가면 주변 사람들이 대대손손 먹고살 거리가 생긴다. 누군가는 총대를 메고 갔다 와야 하는 것 아니냐. 비서관이 평소 받는 돈의 다섯 배, 열 배 연봉을 감옥에서 받는다고 생각해봐라. 대신 감옥 갈 사람 많다."

전형적인 조폭 마인드다. 칼질하고 감옥 가면 뒤는 보스가 봐준다. 이명박 대통령 주변에서 일이 터지면 비서나 보좌관이 손들고 들어가는 것도 이 때문이다. 내가 다 했다고. 그럼 돈 챙겨준다. '니가 가라 하와이.' '네가 뒤집어써라. 대신 확실하게 챙겨주겠다.' 민간인 불법 사찰 문제를 보라. 청와대에서 입막음으로 돈을 준다. 김경준 씨는 이명박 대통령이 대신 감방에 가면 뒤를 봐주겠다고 말했다. 돈이 걸려서 그런지 이 조직에는 배신과 이탈이 적다. 부끄러움을 몰라야 성립이 가능한 공식이다. 꼬리 자르기가 계속 이어지는 것은 조폭 시스템이 가동하기 때문이라고 본다.

이쪽 사람들에게 뇌물은 내 편을 만들고 관리하는 가장 확실한 방법이다. 뇌물을 안 받으면 우리 편이 아니라고 생각한다. 찍힌다. 이국철 SLS그룹 회장으로부터 구명 로비 청탁과 함께 거액을 수수한 혐의로 구속된 이상득 의원의 보좌관 박배수 씨는 법정에서 "보험금 차원에서 금품을 받았다"고 말했다. 10억 원이 넘는 돈이었다. 이쪽 사람들은 돈을 받고 청탁을 들어주는 사람은 더 많이 노력한 사람으로 평가받는다.

이명박 대통령 주변 사람들한테 돈을 주면 일단 받는다. 청탁이 실현되지 않으면 경비만큼 제하고 돌려주는 것이 불문율이다. 아니면 이후를 위한 보험금으로 남겨둔다. 서초동 한 일식집에서 뇌물 주는 현장에 우연히 간 적이 있었다. 나는 그들 입장에선 2차적인 보험이었다. 안 들어주면 터뜨리겠다는 초강수인 셈이다. 그렇다 보니 나 또한 때가 되면 터뜨릴 폭탄이 꽤 있다.

이들이 유일하게 무서워하는 게 돈 뺏기는 거다. 그래서 난 5백 원이라도 뺏어야 한다고 주장한다. 부당하게 쌓은 부에 대해서는 뭐든지 해서 추징해야 된다. 이명박 대통령 주변 사람들은 욕먹는 것, 칼을 씌워 광화문 앞에서 석고대죄시키는 것보다 5만 원을 뺏으면 더 슬퍼할 거다. 명예라는 건 애초에 없어서 부끄러운 것은 상관하지 않는다. 그러니까 부당하게 얻은 돈을 다 뺏어야 한다. 검사처럼 수사권이 있으면 하루에 하나씩 찾을 자신이 있는데. 나름대로 이명박 대통령의 재산 추적을 위해 비밀 가동 중인 팀이 있다. 여러 좋은 분들이 도와주고 있다. 등기부등본을 들춰보는 데만 수백만 원을 쓴 것 같다. 외국에도 여러 번 나갔다. 나는 이번 정권이 끝나더라도 끝까지 이명박 대통령의 재산을 추적할 것이다. 전두환 전 대통령처럼 감옥 한 번 갔다 오고 황제로 사는 것을 지켜볼 수는 없다.

모두 돈 때문이다. 보수(돈)에 목을 매는 것은 한국 보수의 특징이다. 박근혜 의원은 자신의 어마어마한 재산이 대선 가도의 가장 큰 걸림돌이 될 거라는 걸 누구보다 잘 안다. 하지만 이를 놓지 못한다. 정수장

가카는 얼마나 부자일까

학회는 강탈한 것이다. 땀 흘려 번 것은 아니지 않은가? 강탈한 재산을 자기 재단 것이라고 깔고 앉아 시치미를 떼고 있다. 정수재단 이야기만 나오면 못 들은 척한다. 우리나라 사학 재단 이사장 중 학교가 자기 것이 아니라고 주장하는 거의 유일한 사람이 박근혜 의원이다. 그렇다면 재단에서 받은 돈은 무엇을 의미하는가? 사학법을 개혁하는 데 그토록 반대하던 이유를 무엇으로 설명해야 하는가?

이명박 대통령의 추종자들은 노무현 전 대통령은 개인 비리에 연루되었지만, 이명박 대통령은 개인 비리와는 무관하다고 주장한다. 이렇게 주장하는 사람들이 실제로 있다. 특히 고위 권력자들 중에 이렇게 주장하는 이가 많다. 하지만 검찰과 조중동 등 수구 언론의 주장을 그대로 받아들이더라도 노 전 대통령은 개인 비리와 무관하다. 처벌할 수도 없다. "부인이 돈 받은 것을 노 전 대통령이 몰랐을 리 없고, 아들이 돈 받은 것을 아버지가 몰랐을 리 없다. 이것은 상식의 틀이다." 당시 수사 관계자는 이렇게 말했다. 검찰이 노무현 전 대통령에게 씌우려고 한 혐의는 '포괄적 뇌물죄'였다. 그런데 노 전 대통령은 당시 주변에서 박연차 회장에게서 돈을 받은 사실을 몰랐다. 검찰도 입증하지 못했다.

검찰의 논리를 그대로 이명박 대통령, 이상득 의원, 최시중 전 위원장에게 적용해보자. 검찰에 10번씩은 끌려갔을 것이다. 뭉텅이 돈이 나와도, 돈을 뿌려도, 돈을 먹고 튀어도 상관없다. 이명박 대통령 주변 의혹에 대해서는 수사권을 포기해버린 것 같다. 그렇게 검찰이 애써 외면하면서 잡은 이명박 정부 비리 관련자는 참여정부에 비해 10배가량 많다. 수뢰한 액수의 규모도 10배 이상 많을 것이다. 참여정부와 이명박 정부의 비리는 스케일이 다르다. 참여정부 인사들은 자리에서 물러나면 택시를 타고 다니지만, 이명박 정부 인사들은 자리가 없어도 기사 딸린 대형차 탄다. 김근태 전 보건복지부 장관은 퇴직 후 버스를 타고 다녔다. 건강도 안 좋으신 분이. "그냥 이게 편해. 편해"라고 하셨다. 실제로는 돈이 없었다.

이명박 대통령은 내곡동 땅도 바로 정리해서 무혐의로 털고 가려고 할 것이다. 일사부재리의 원칙이 있으니까. 이명박 대통령이 싱가포르로 재산을 빼돌리는 정황들, 지금 다 알고 있다. 아울러 '친이인명사전'을 작성하려고 한다. 가능하다면 편찬위원회를 구성하고 싶다. 부도덕의 편에서 잘 먹고 잘 사는 사회에 돌팔매를 던지고 싶다. 정권이 끝나고 세월이 지나더라도 이 정권에 붙어서 추악하게 돈을 번 사람들의 실체를 낱낱이 공개할 계획이다. 그래서 국민들이 심판하도록 할 생각이다. 멀지 않았다.

옷은 좀 번듯하게 입어라

"후줄근한 거 입고 나와도 멋있어요" 그러는데, 사실 이거 비싼 거다. 오래돼서 그렇지. 나는 스타일을 유지하는 데 몇 가지 원칙이 있다. 술 안 얻어먹고, 룸살롱 안 간다. 대신 웬만하면 밥은 내가 산다. 그리고 밥을 굶을지언정 옷은 좋은 걸로 산다. 이건 사람이 가중치를 어디에다 두는가의 문제다.

"돈을 함부로 쓰는 경향이 있음." 중학교 선생님은 생활기록부 특이사항란에 이렇게 적었다. 어른이 되어서도 돈에 대한 개념은 희박하다. 있으면 쓰고 없으면 굶는다. 나는 어렸을 때부터 밥은 안 먹어도 티셔츠 하나는 잘 입으려고 했다. 내가 하도 없이 생겨서 어머니가 옷은 좀 번듯하게 입으라 하셨는데, 다른 가르침은 다 잊어먹고 지금은 그거 하나 남았다.

나 같은 사람이 좋은 옷을 입으면 공격 대상이 된다. 새누리당이 아닌 정치인들이 뭔가 좋은 걸 입고 먹는다고 하면 배신감을 느끼라고 부추기는 언론도 있다. 그런데 지금은 웬만한 사람들도 명품 백 한두 개씩은 갖고 싶어 한다. 어렵게 어렵게 가족과 여행 가고 하면 돈이 없어도 호텔 가야지, 노숙해야 하나? 생일 같은 날에는 호텔 레스토랑도 갈 수 있다. 우리라고 꼭 칼국수 집만 가야 되느냐고. 그런데 정봉주는 감옥에 들어가기 전날 칼국수 집에서 밥 먹었다. 하얏트호텔 커피숍에서는 만나기만 했다.

나도 다른 사람들처럼 돈 버는 거 좋고 쓰는 거 더 좋아한다. 통장에 얼마가 쌓였는지 얼마를 벌었는지는 그리 큰 관심사가 아니다. 어떻게 돈에 인생을 몽땅 바치고 노예가 되나. 내 가치, 심하면 나조차도 돈에 쓸려가버리면 이건 멋이 없는 것 같다.

다행스럽게도 내 주변에는 돈 이외의 가치를 아는 사람들이 있다. 나꼼수 멤버들은 다 돈에 대해서 개념이 없다. 고기를 많이 먹을 수 있다, 조금밖에 못 먹는다, 이 차이밖에 없다. 이것이 바로 바라는 것 없는 사람들이 대가 없이 사고를 칠 수 있는 이유다.

가카는 얼마나 부자일까

6장

우리는
노무현을 아직
보내지 않았다

백번 양보해도 권 여사가 조사 한 번 받으면 충분한 일이었다.

그런데 노 전 대통령은 말했다.

"부인을 그런 자리에 보낼 수 없다."

"나 때문에 주변 사람들이 다 이렇게 당하고 있는데

그렇다면 차라리 내가 가겠다."

자기가 대신 검찰에 간 거다. 무슨 일인지도 잘 모르면서.

01

노무현은 노오랗다

정치인 노무현과 나의 인연은 대통령 후보 시절 마크맨(언론사의 해당 정치인 전담 기자)으로 시작된다. 그 후 청와대로 들어가면서 별로 개인적인 친분이나 인연을 쌓을 기회는 없었다. 하지만 그를 생각하면 언제나 인간적이다. 뭔지 모르겠지만 참 노오랗다. 따스하고 화사한 느낌이 떠오른다. 후보 통합 전까지는 정몽준 후보의 마크맨으로 있다가 그를 보니 상대적으로 그런 느낌이 더 강했던 것 같다. 인간적이어서 저지른 실수와 해프닝도 빼놓을 수 없는 인간 노무현의 모습이었다.

211

"아이들이 정치를 사랑하게 하리라"

[시사저널 686호] 2002.12.26

부산을 연고로 하는 프로 야구팀 롯데자이언츠의 홈경기에서 말미에 역전하거나 승기를 확실히 잡으면 어김없이 울려 퍼지는 노래가 있다. 바로 〈부산 갈매기〉다. 12월 5일 3천 명이 넘게 모인 부산 덕천 로터리 유세에서 노무현 후보는 〈부산 갈매기〉를 걸쭉하게 뽑았다. 자기가 부산의 아들임을 강조하는 동시에 승기를 잡았다는 자신감의 표현이기도 했다. 붕어빵을 팔다가 왔다는 김형규 씨는 "이제 되었다 싶으면 가슴에서 〈부산 갈매기〉가 나오는 기라예"라고 말했다.

12월 6일 오전 5시. 노 후보는 요가로 하루를 시작했다. 요가는 노 후보가 체력을 유지하는 비결이다. 샤워를 마치고 신문을 보고 있는데 부인 권양숙 씨가 회색 양복을 들고 왔다. 중저가 국산 기성복이었다. 노 후보는 고향 친구들과 아침 식사를 함께했다. 기자에게 노 후보는 "힘이 난다. 선거운동도 참 할 만하다"라고 말했다.

점심때는 경남 양산군에 있는 대안학교 효암고를 방문했다. 효암고에서 노 후보는 그룹 god 인기에 버금갔다. 노 후보가 한 번 웃으면 함성이 뒤따랐고, 노 후보와 악수한 친구는 다른 친구들에게 악수를 '전달'했다. 노 후보는 구내식당으로 가 학생들과 점심을 함께 먹었다. 밥 먹는 동안 노 후보는 한 여선생님으로부터 희망돼지 저금통을 건네받았다.

중요한 시기에 왜 유권자도 없는 시골의 작은 학교에 왔느냐는 물음에 노 후보는 "아이들이 정치를 미워하도록 그냥 두어서는 안 된다. 저 아이들은 지역주의도 없고 미움도 없다. 학생들의 순수함을 느낄 수 있어 고맙고 행복한 자리였다"라고 말했다.

'움직이는 선거본부' 유세 버스를 타고 유세지인 경남 양산 시외버스 터미널로 향했다. 운 좋게 노 후보 옆자리에 앉을 수 있었다. 그의 바로 옆자리에는 문재인 변호사가 앉았다.

목적지가 다가오자 '부산 지역에서 어느 정도 득표할 수 있겠는가'라는 질문을 던졌다. "부산에서 내가 이긴다. 부산에서 내가 이기면 영남에서 30퍼센트 이상 득표하고 선거에서 내가 이기게 되어 있다. 민심은 이미 돌아섰다. 이회창 후보가 이 정도로 버티는 것은 유력 언론이 도와주기 때문이다."

오후에는 자갈치시장을 찾아 찬조 연설에 나선 '자갈치 아지매' 이일순 씨를 만났다. 첫 만남이었지만 아주 오랜만에 누나를 만난 것처럼 반가워했다. 다른 '아지매'는 전복을 초고추장에 찍어 노 후보 입에 넣어주었다. 한 할머니는 "우리 노무현이 왔는디 박수는 와 안 치노"라고 소리쳤다.

다음 유세지는 서면 롯데백화점 앞. 유세에 나설 때까지 1시간 정도 짬이 났다. 노 후보는 숙소로 돌아가 꿀 같은 휴식을 취했다. 연단에 올라가자 노 후보는 방금 전까지 늘어져 있던 사람이라고는 믿기 힘들 정도로 한층 힘을 냈다. 신이 난 듯 연설 시간은 40분을 훌쩍 넘었다. 의

노무현은 노오랗다

원들이 연신 시계를 들여다보아도 소용이 없었다.

저녁에 노 후보는 민주당 부산시지부 후원회에 참석했다. 이날 희망 돼지가 만 개가량 모였다. ■

위에서 내려 보는 자와 옆에서 바라보는 자

2002년 16대 대통령 선거 유세 당시 나는 시사저널 정치부 막내로 정몽준 후보 담당이었다. 그러다 정몽준 후보가 민주당 노무현 후보와 단일화하면서 노무현 후보를 따라다니게 됐다. 그의 반골 성향을 좋아했다. 전두환 청문회 때 명패를 팽개치고, DJ·YS에게도 할 말을 하던. 그러나 큰 관심을 두지는 않았다. 그가 야인일 때 회사 앞에서 정치부 선배와 설렁탕을 먹으러 가는 모습을 본 정도가 다였다. 소탈하다, 따뜻하다, 그렇게 생각했다. 통합민주당 대변인 시절 조선일보는 노무현의 인물평을 이렇게 썼다. "고졸 변호사. 의원직 사퇴서 제출 촌극을 빚는 등 지나치게 인기를 의식한다는 지적도. 한때 부산요트클럽 회장으로 개인 요트를 소유하는 등 상당한 재산가." 오, 요트라. 풍류를 아는데. 그는 조선일보와 싸우는 유일한 정치인이었다. 크게 될 인물이구나 생각했다. 지금은 조선일보에게 쌍욕을 하는 정봉주도 있지만.

마크맨 시절 첫 기사가 노무현 후보 동행 취재기였다. 대선의 최고

요충지 부산에서 노 후보와 문재인 당시 부산 선대본부장의 운명 같은 동행을 따라다녔다. 인간 노무현과 문재인을 접한 첫 번째 인연이었다. 노무현과 문재인은 역사적으로 유명한 우정을 나눈 친구 같다는 생각이 들었다. 소크라테스와 알키비아데스, 몽테뉴와 라보에시 같은.

첫 질문은 중앙 정치 무대에 전혀 알려지지 않은 문재인 선대본부장에 대한 것이었다. 노무현 후보는 "인품이 나보다 몇 배는 훌륭하다"고 대답했다. 다음은 '부산에서 표를 얼마나 얻을 것 같은가'라는 질문이었다. 노무현 후보는 "50퍼센트 정도 얻을 것 같다"라고 말했다. 그러자 옆에 앉아 있던 문재인 선대본부장이 "아니, 그건 나한테 물어보고 말해야지요. 내가 부산 지역 선대본부장인데요"라고 말했다. 그러자 "아, 그런가요"라며 깍듯하게 모셨다. 그래서 부산에서는 문재인 선대본부장이 훨씬 유명한 줄 알았다. 그리고 노무현 후보보다 문재인 선대본부장의 연배가 높은 줄로만 알았다. 실제로는 노무현 후보는 46년생, 문재인 선대본부장은 53년생이었다. 노무현 후보는 문재인 선대본부장뿐만 아니라 옆 참모진에게도 "택수 씨" "병원 씨"하며 존대를 했다.

"요새 건강은 어떠세요? 그렇게 못 주무셔도 괜찮으신지요?" "못 자서 죽겠는데, 오늘은 많이 자서 좋네요. 힘이 나요." 선하게 웃으며 얘기하는데 격식과 가식이 없었다. 한마디로 표현하자면 노오랗다. 김환기의 뉴욕 시절 추상화를 보는 느낌이었다. 뭔지는 모르겠지만 노무현 후보를 보면 항상 노란 따뜻함이 느껴졌다.

그때 정몽준 후보를 보다가 노무현 후보를 만나서 인상 깊었을 수도 있다. 정몽준 후보는 군림하는 사람이다. 국회 통일외교통상위원회 수

석전문위원에게 "내가 너한테 물어봤냐"고 반말을 했다. 공개 석상에서 김성환 외교통상부 장관에게 반말을 하기도 했다. 기자들에게도 태도가 그랬다. 조선일보 기자에게만 예외였다.

그런데 노무현 후보는 위가 아니라 옆에 있다. 항상 옆에 앉아서 얘기하고 또 자꾸자꾸 낮춘다. 승용차 뒷자리에 앉아 있는 노무현 후보에게 말을 건넸다. 허리를 숙이는 나를 보고는 차에서 내려 함께 산책을 하면서 이야기를 나눴다. 촌스러우면서도 참 따뜻했다.

노무현 후보와 단일화 합의한 역사적인 날 정몽준 후보는 나와 가벼운 말싸움을 벌였다. 여론조사 단일화를 합의하고 내려오는 국회의사당 계단이었다. "잘하셨다"고 말한 게 발단이었다. 그러자 정몽준 후보는 "이제야 잘했다고 하느냐. 나는 항상 잘했는데" 그러면서 깔때기를 들이댔다. 그 중요한 날, 중요한 자리에서 언성을 높였다. "왜 노무현만 좋아하냐?" "노무현만 좋아하는 거 아닙니다." "정몽준 담당이면 내 편을 들어야 하는 것 아니냐?" "꼭 그럴 이유는 없죠. 아니, 남자답지 못하게 이런 것 가지고 그러세요." "뭐라고, 남자답지 못하다고!" 고성을 주고받았다. 대화는 유치찬란했다. 그날 밤 포장마차로 자리로 옮겨 노무현 후보와 정몽준 후보는 역사적인 러브샷을 했다. 나도 함께 건배를 했다.

김흥국과 정동영

정몽준 후보가 단일화를 파기한 대선 전날, 2002년 12월 18일 이야기도 빼놓을 수 없다. 나는 실체적 진실을 가장 가까이에서 지켜본 기자였다. 당시 시사저널에 '기분 상하자 '자살골' 넣었다'는 제목으로 투표일을 불과 1시간 30분 남기고 지지를 철회한 정몽준 후보에 대한 기사를 작성했다. 아래는 당시 기사 중 일부다.

명동에서 정 대표는 노 후보를 만나 공동 유세에 나섰다. 둘은 종로·동대문·남대문을 함께 누비며 선거운동의 대미를 장식하기로 했다. 노 후보와 정 대표 그리고 정동영 의원이 손을 맞잡고 연단에 서자 청중의 호응은 절정에 달했다. 노 후보는 고무되어 있었다. "내일 승리할 것입니다"라며 마이크를 잡은 노 후보는 연단에 오른 정동영 의원을 국민경선을 지킨 차세대 지도자라고 치켜세우며 연설을 풀어갔다. 정동영 의원의 얼굴은 상기되어 있었지만 정 대표의 표정은 그다지 밝지 않았다. 두 사람의 표정 대비는 확연했다.

연설을 끝낸 노 후보는 연단 바로 옆에 대기한 승용차로 빠져나갔다. 반면 정 대표는 인파 속을 빠져나와 버스에 오르는 데 상당히 애를 먹었다. 정 대표가 탄 버스 안에서는 불만이 터져나왔다. 정 대표에 대한 배려가 전혀 없었고, 노무현−정몽준 둘만 올라야 할 단상에 정동영 의원이 올라간 것은 정 대표를 모욕하는 처사라는 것이었다.

종로 유세에서도 정동영 의원은 노 후보의 오른쪽에 섰다. 정 대표는 "나를 사랑한 만큼 노 후보를 사랑해달라"고 호소했지만, 얼굴에는 그림자가 드리워 있었다. 연설 시간도 평균 연설 시간의 절반에도 못 미쳤다. 정 대표에 이어 정동영 의원이 마이크를 잡자 이달희 정 대표 비서실장은 신계륜 노 후보 비서실장에게 강력히 항의했다. 정 대표의 의전 담당 신상돈 실장은 연설을 마

노무현은 노오랗다

친 정 의원을 연단에서 끌어내렸다. 하지만 정 의원은 신 실장과 몸싸움을 벌이고 다시 연단에 올랐다. 이 과정에서 정 의원의 바지가 찢기고 한 청중은 피를 흘리기도 했다.

노 후보는 연설 도중 오른쪽으로 자꾸 눈길을 돌려 어느 정도 상황을 감지했다. 잠시 후 문제의 발언이 터졌다. "다음 대통령은 정몽준이라는 피켓이 보이네요. 속도위반 하지 마십시오"라는 노 후보의 연설에 정 대표의 얼굴은 한순간에 일그러졌다. 화가 나면 어금니를 악무는 특유의 버릇이 나왔다. 종로 유세는 저녁 8시 10분쯤 끝났다. 두 사람은 동대문 마지막 유세에서 만나자며 악수하고 헤어졌다.

정 대표와 일행은 동대문 근처에 있는 식당 우래옥으로 향했다. 버스 안은 노 후보 성토장으로 변해 있었다. 우래옥에 도착해 술잔이 돌자 상황은 더욱 악화됐다. 특히 김흥국 씨는 분을 삭이지 못하고 밖에 나가 캔맥주 몇 개를 들이켜고는 다시 돌아와 강경 발언을 쏟아냈다. 정 대표는 연신 소주잔만 기울였다.

정 대표는 9시가 조금 넘은 시각 별실에서 최운지·조남풍 선대위원장, 이달희·정광철 씨 등과 긴급회의를 했다. 정 대표는 이미 '지지 철회'를 결심한 상태였으며, 반대 의견은 별로 없었다.

9시 40분께 동대문 두산타워 앞 마지막 거리 유세에 정 대표 일행이 참석하지 않자 민주당 측은 그제야 낌새를 알아챘다. 10시를 조금 넘긴 시각 노 후보와 정대철 의원이 부랴부랴 우래옥에 도착했다. 그러나 정 대표는 이미 떠난 후였다. 그즈음 이달희·김행·정광철 씨가 탄 승용차는 경광등을 켠 채 연합뉴스사 입구에 도착해 있었다. 정 대표의 지지 철회 기자회견을 하기 위해서였다. 이들 일행은 누군가로부터 전화를 받고 급히 여의도 당사로 핸들을 틀었다. 김행 대변인의 기자회견 시간은 불과 2분 남짓이었다. 대변인은 질문을 받을 수 없을 만큼 자세한 사정을 모르고 있었다.

기자회견 도중 당사에 도착한 당직자들은 큰 충격에 빠졌다. 당직자 중 일부는 정 대표에게 원색적인 욕설을 퍼부었다. "국민을 상대로 장난을 치는 성격 파탄자는 지도자가 아니다." 정 대표의 최측근조차도 "정신이 '회까닥'한 거다. 따귀 맞았다고 대포를 쏘았다. 정 대표에게 정말 실망했다"라고 말했다. 반면 "민주당의 모욕이 신뢰를 무너뜨렸다. 5년을 담보할 수 없는 만큼 잘됐다"라는 당직자들도 있었다.

한 시간 넘게 진행된 민주당 지도부 회의에서는 노 후보가 직접 나서달라고 중지를 모았다. 하지만 노 후보는 "정 대표의 행동을 이해할 수 없다. 정 대표에게 절대 안 가겠다"라며 격한 반응을 보였다. 결국은 노 후보가 마음을 돌려 정대철 선대위원장 등과 함께 평창동 정 대표 자택을 찾았다. 이때가 0시를 넘긴 시각이었다. 그러나 정 대표는 끝내 모습을 드러내지 않았다.

0시 38분 정 대표는 김흥국 씨를 통해 자신의 입장을 내보냈다. 김 씨는 "정 대표는 '우린 약속을 지키기 위해 최선을 다했는데, 상황이 이렇게 되니까 국민에게 죄송하다'고 말했다"라고 전했다. 1시께 신낙균 · 이철 · 박범진 · 윤원중 · 김행 씨 등 국민통합21의 고위 당직자들이 집을 찾았다. 하지만 이들도 집 안에 발을 들여놓는 데 실패했다. 비서를 제외하고 이날 정 대표 집 안에 들어간 사람은 김흥국 씨가 유일했다.

정동영 의원이 바지가 찢어지면서 몸싸움을 할 때 옆에서 피를 흘

219

린 청중이 나였다. 명동 집회에서 정몽준 후보는 강하게 항의했다. 종로 단상에는 노무현과 정몽준만 올라가야 한다, 안 그러면 돌아가겠다고. 그래서 둘만 올라갔다. 그런데 정동영 의원이 올라가려고 기를 썼다. 정몽준 후보를 수행하는 사람들 가운데 축구협회 쪽 사람들이 많았다. 덩치 큰 사람들이 막으니 정 의원이 밀렸다. 그래도 정동영 의원은 기를 쓰고 연단에 올라가려고 했다. '아, 정치인은 인자가 다르구나!' 생각했다. 그때 연단에서 정몽준 후보가 소개되자, "정몽준!" "정몽준!" 연호가 터져 나왔다. 그런데 노무현 후보가 가만히 웃고 있다가 기사에 나온 그 한마디를 했다. "다음 대통령은 정몽준이라는 피켓이 보이네요. 속도위반 하지 마십시오. 정몽준, 훌륭하시죠. 근데 우리 당에는 정동영도 있고 추미애도 있습니다." 그 말을 들은 정몽준 후보 표정이 확 바뀌었다. 어이쿠. 정몽준 후보의 성격을 아는 나는 불안했다. 단상 밑에서 정동영 의원은 아직도 몸싸움 중이었다. 정 의원은 밀리고 있었다. 안쓰러워서 내가 거들었다. 정 의원의 바지가 주욱 찢어졌다. 내 손바닥은 찢어져 피가 났다. 이런 상황을 본 노무현 후보가 올려주라는 눈짓을 경호원들에게 했다. 정동영 의원이 올라가고 추미애 의원도 올라갔다. 노 후보는 두 의원을 치켜세웠다. 물론 노무현 후보가 덕담을 가장 많이 건넨 사람은 정몽준 후보였다. 그러나 이미 정 후보의 얼굴은 일그러져 있었다.

마지막 유세지인 동대문에서 만나기로 하고 노 후보와 정 후보는 헤어졌다. 정몽준 후보는 마지막 유세장에 오지 않았다. 그 시간 정몽준 측 김행 대변인은 단일화 파기를 선언했다. 표면적인 이유는 "미국과 북한이 싸우면 말리겠다"라는 취지의 말 때문이라고 했다. 조선일보는 '정몽준, 노무현 버렸다'라는 헤드라인으로 1면을 장식했다. 결국 자살골이었다. 정몽준 당시 후보가 한나라당 대표를 지내고, 아직도 유력 대권주자라는 게 좀 웃기다.

목욕탕

　나는 작은 매체 기자다. 시사저널 때는 달랐지만 시사IN에 다니면서는 매체 이름을 5분간 설명하고 만남을 시작해야 했다. 그럼에도 좋은 기사를 쓸 수 있었던 것은 주위 분들이 나를 좋은 기자라고 생각해주었기 때문이다. 무슨 일 있으면 취재해서 나한테 말해준다. 내가 배트맨처럼 악의 무리를 물리친다고 생각하는 것 같다.

　내가 사람들을 주로 만나는 곳 가운데 목욕탕이 있다. 나는 목욕탕을 참 좋아한다. 나꼼수를 하고부터는 거의 못 가고 있지만, 예전에는 퇴근하고는 강남 일대를 한바퀴 돌면서 곳곳에 포진한 정보원들을 만난 다음 단골 목욕탕에 들르는 게 하루 일과의 마지막이었다. 목욕탕에 가면 할아버지들이 주위에 몰려든다. 내가 다니는 목욕탕 사람들은 자기들이 전부 기자인 줄 안다. 주변에 무슨 냄새가 났다 하면 "주진우 기자가 내 동생인데⋯⋯" 하면서 취재를 하고 다닌다. 그런 다음 내가 목욕탕에 오면 제보해준다. 그렇다고 할 일 없는 사람들도 아니다. 어디 사장, 강남의 빌딩주, 치과의사, 교수⋯⋯. 주로 이런 사람들이 멤버다. 한 사회학과 교수는 나한테 제보하려고 하루가 멀다 하고 기다리기도 한다.

목욕탕에 처음으로 갔던 건 당시 장기 프로젝트로 취재 중인 한 인물과 친해지기 위해서였다. 돈 있는 할아버지들이나 사장들은 집에서 안 씻고 아침에 목욕탕 가서 씻거나 집에 들어가기 전에 목욕탕에 들러 사우나를 하고 간다. 그런 사람들은 목욕탕에서 친목 그룹을 형성하는데, 맘 맞는 사람들끼리 골프도 치고 여행도 간다. 나름 상류층 아저씨들의 문화인 건데 거기에 끼어야 했다. 물론 나는 가끔 목욕만 하는 멤버다.

알고 보면 목욕탕만큼 훌륭한 취재 공간도 없다. 남자들끼리 목욕탕에서 얘기를 하면 경계가 자연스럽게 풀어진다. 한번은 어떤 사람이 이회창 씨에 관련된 제보를 한다고 007처럼 접선하더니 사우나로 가자고 했다. 호텔 사우나로 데려갔는데, 그때 처음 알게 됐다. 목욕탕에선 유독 편하게 얘기하게 되는 것을.

다만 목욕탕 취재를 하려면 기억력이 좋아야 한다. 적을 수 없으니까. 다행히 나는 어렸을 때부터 기억력이 좋았다. 지금도 중학교 1학년 때 같은 반 애들 50명 중에 40명 넘게 이름과 번호를 외운다. 엊그제 나꼼수를 듣고 고등학교 1학년 때 친구 형진이가 연락을 해왔다. "너가 몇 학년 때 나랑 같은 반이었지?" "야 임마, 1학년 때 5반이었고, 넌 37번이었어. 국어시간이 5교시였는데, 네가 방귀를 두 번이나 뀌어서 선생님이 환풍기 설치해달라고 너네 부모님한테 편지 쓴다고 했었어."

예전에는 기억력이 좋았는데, 한 번 보면 안 잊어먹었는데, 지금은 그렇지 않다. 머리가 너무 복잡해서 사람 이름을 잘 못 외운다. 머리에도 휴식이 필요하다.

02

무슨 죄를 지었나

　나는 인간 노무현을 좋아했다. 하지만 대통령 노무현과 참여정부에
는 가장 비판적인 기자였다. 참여정부의 권력형 게이트를 가장 많이 고
발한 기자였다. 권력형 게이트라 봐야 이명박 정부에는 명함도 내놓을
수 없을 정도지만. 내 비판의 한가운데는 애정이 있었다. 참여정부가
성공하길 바라는 마음이 있었다. 예방주사를 놓는 게 나의 역할이라고
생각했다. 나는 노무현 전 대통령과 인연이 많지 않다. 추억도 별로 없
다. 인간 노무현을 잘 알지도 못한다. 그러나 16대 대통령 노무현이 죽
음에 이르는 과정만큼은 밝히고 싶었다. 과연 그는 죽을 만큼 잘못한
것인지.

노무현이 부른 검찰 개혁, 끝내 길을 잃나?

[시사IN 140호] 2010.05.25

특권을 깨뜨리는 것, 그 가운데서도 '권력기관의 정치적 독립과 중립'. 노무현 전 대통령의 의지는 확고했다. 권력기관의 독립을 보장하면 권력기관도 특권을 내려놓을 것이라는 기대였다. 노무현의 꿈이었다. 그래서 그는 권력기관을 놓아주는 길을 택한다. 취임 이후 노 전 대통령은 국정원장의 독대 정보 보고를 받지 않았다. 대통령 한 사람을 위한 정보기관이 아니라 국민을 위한 정보기관이 되기를 바랐다. 국세청을 정치적 반대 세력을 탄압하는 데 이용하지도 않았다. 정적에 대한 세무조사도 없었고, 후보 시절 대척점에 있던 재벌에 대한 특별 세무조사도 사라졌다.

노 전 대통령이 권력기관 중 가장 공을 들인 부분은 검찰 개혁이었다. 검찰·경찰 수사권을 조정하고, '고위 공직자 비리 수사처'를 만들고자 했다. 첫걸음은 인사 개혁이었다. 강금실 변호사를 법무부 장관에 기용해 사법고시 기수 위주의 인사 관행을 흔들었다. 하지만 검사들의 저항은 즉각적이고 강력했다. 검사들은 연판장을 돌리고, 평검사회의를 열었다. 2003년 3월 9일 노 전 대통령은 '검사와의 대화' 자리를 마련하고 직접 돌파를 시도했다. 하지만 대통령과 검사가 서로 얼굴을 붉히며 끝났다.

검찰, 독립을 소외로 받아들여

이후 노 전 대통령과 검찰은 긴장 관계에 돌입했다. 노 전 대통령은 청와대에서 검사들을 철수시키고, 2004년에는 대검찰청 중앙수사부 폐지도 밀어붙였다. 사법개혁추진위원회 등을 통해 검찰의 기소독점주의를 견제하고 공판중심주의를 도입했다. 하지만 검찰은 꿈쩍하지 않았다. 국정원과 경찰청 등 권력기관은 물론 군까지 과거사진상조사위원회를 만들었지만, 검찰은 과거사 정리와 반성을 끝까지 거부했다. 검찰은 과거 무고한 사람을 고문하고 죄를 만들어 기소한 사례가 적지 않았다. 검찰은 노 전 대통령 임기 내내 참모와 측근들을 집요하게 공격했다. 검찰 개혁은 구석에 처박혔다. 대통령에서 멀어지는 것을 검찰은 권력에서 멀어지는 것이라고 해석했다. 박범계 청와대 전 민정비서관은 "노무현 청와대가 검찰에게 지시하는 일은 없었다. 청와대가 검찰을 풀어주자 검찰은 소외감을 느꼈다"라고 말했다. 한 전직 고검장은 "청와대는 호랑이를 거꾸로 올라탔고, 호랑이는 우리 밖으로 달리기 시작했다"라고 말했다.

2008년 2월 퇴임 후 노 전 대통령은 고향인 김해 봉하마을로 내려갔다. 대통령 자리에서 내려오자 권력기관은 노골적으로 이빨을 드러냈다. 이명박 정권은 감사원·국세청·금융감독원 등 권력기관을 총동원해 노 전 대통령 주변을 뒤졌다. 특히 검찰은 이에 '올인'했다. 대검찰청 중앙수사부와 서울지검 특수부 등 전 검찰이 총출동했다. 촛불 집회가 시작되자 검찰 사정의 칼날은 더욱 매서워졌다. 하지만 의도하던 전 정권 실세 정치인의 이름은 나오지 않았다.

'검찰이 형평성을 잃고 이명박 정권에 아부한다'는 국민의 비난이 높아졌다. 보수 언론에서는 일제히 검찰의 수사력을 비판하고 나섰다. 여당도 예외는 아니었다.

2008년 7월 국세청 세무조사에서 시작된 '박연차 게이트'가 폭발하기 시작했다. 대검 중수부는 2008년 12월 노 전 대통령의 '아버지 같은 형' 건평 씨를 구속했다. 검찰의 시선은 이미 노 전 대통령에게 가 있었다. 이명박 정부와 가까운 동아일보는 2009년 3월 19일 "노무현 전 대통령이 퇴임 후 박연차 태광실업 회장으로부터 50억 원을 받은 정황을 대검 중수부가 잡았다"라고 보도했다. 이인규 대검찰청 중앙수사부장은 기자간담회에서 "잔인한 4월이 될 것이다"라고 말했다.

3월 25일자 조선일보에 의미 있는 내용이 실린다. "작년 11월 초 한상률 당시 국세청장이 박연차 회장 소유의 태광실업·정산개발 등에 대한 세무조사 결과를 민정수석실을 건너뛰고 이명박 대통령에게 직접 보고했다. ……특히 박연차 회장이 빼돌린 수백억 원 가운데 '괴자금' 50억 원의 실소유주가 노무현 전 대통령일 가능성이 언급돼 있는 것으로 알려졌다. 검찰은 국세청이 결론을 유보한 이 '괴자금'의 실소유주가 노 전 대통령인지에 대해 집중 조사 중이다"라고 보도했다. 청와대와 검찰·국세청의 삼각 커넥션을 정권과 가까운 조선일보에서 확인한 것이다.

그다음부터는 수렁이었다. 정상문 전 비서관이 긴급 체포되었다. 오래된 후원자 강금원 창신섬유 회장이 구속되었다. 권양숙 여사가 검찰 조사를 받았다. 조카사위가 체포되었다. 아들 건호 씨는 여섯 번이나 검찰 소환조사를 받았다. 딸과 사위, 처남도 검찰 조사를 받았다.

노 전 대통령은 이명박 대통령에게 부치지 못한 편지를 썼다. "저는 사실대로, 그리고 법리적으로 하자는 것입니다. 제가 두려워하는 것은 검찰의 공명심과 승부욕입니다. 사실을 만드는 일은 없어야 합니다." 전직 대통령이 아니라 한 피의자의 권리를 지키고 싶었다고 했다.

검찰만큼 깨끗한 데가 어디 있느냐고?

2009년 4월 30일. 노 전 대통령은 생애 마지막 외출을 했다. 검찰 출두였다. 서울로 가는 5시간여 동안 방송용 차량과 방송 헬기가 따라붙었다. 사실 노 전 대통령은 검찰에 갈 필요도 없었다. '핵심 관계자'라고 이름이 붙은 청와대와 검찰 고위 관료 그리고 언론은 여론재판을 끝낸 상태였다. 노무현은 뇌물 6백만 달러를 받은 사람이고, 잘못을 아내에게 떠넘기는 사람이고, 생일 선물로 명품시계를 받은 사람이고, 모든 것이 땅에 떨어진 사람이었다. 그리고 5월 23일. 권양숙 여사의 두 번째 검찰 조사가 예정된 날 새벽, 노 전 대통령은 스스로 몸을 던졌다.

대통령 서거로 임채진 검찰총장이 물러났다. 하지만 노 전 대통령 수사를 맡았던 검사들은 예외 없이 영전했다. 홍만표 수사기획관은 검사장으로 승진했고, 주임검사 우병우 중수 1과장은 대검 범죄정보기획관으로 영전했다.

천성관 전 검찰총장은 스폰서에게 명품 핸드백을 받고, 15억 원을 빌려서 물의를 일으켰다. 〈PD수첩〉 보도로 검사들이 룸살롱에서 회식을 하고 성접대를 받는다는 사실이 드러났다. 하지만 김준규 검찰총장은 "검찰만큼 깨끗한 데가 어디 있느냐"라고 큰소리를 낸다. 그리고 파마 논쟁에 '몰두'하고 있다. ■

비리의 급이 다르다

"이명박 정부의 공적 1호 기자가 바로 너다." 청와대 한 관계자의 말이다. 그런데 참여정부 때도 비슷한 말을 들었다. 나는 참여정부에서도 사고를 가장 많이 친 기자였다. 문재인 수석은 "주 기자 때문에 고생 많았다"고 말했다. 민정수석을 지낸 이호철 씨는 "주 기자 때문에 죽는 줄 알았다"라고 말했다. 두 사람과 나는 벌금 동기이기도 했다. 내가 기사를 써서 '노건평 청문회'가 열렸는데 모두 불출석했고, 2백~3백만 원씩 벌금을 맞았다. 벌금을 안 내고 있다가 경찰 불심검문에 걸렸고, 고압적인 경찰관과 싸우다가 유치장에 끌려가기도 했다. 참여정부 사람들도 괴로웠겠지만 나도 많이 힘들었다.

노무현이 민주당 대선 후보로 결정됐다. 주변을 훑어보니 형 노건평 씨가 요주의 인물이었다. 노무현 대통령에게 노건평 씨는 그저 형이 아니었다. 친구이자 아버지이기도 했다. 노무현 대통령은 "엉엉 울기만

229

무슨 죄를 지었나

하면 형은 언제든 내게 주었다"라고 말했다. 여섯 살 때 천자문을 줄줄 외운 천재 동생을 뒷바라지하느라 형은 야간 고교에 진학했다. 그마저 제대로 다니지도 못했다. 그래도 형은 독학으로 세무 공무원 시험에 합격해 가장 노릇을 충실히 해냈다. 어려운 형편에도 노 대통령이 사법시험에 매달려 합격할 수 있었던 데는 건평 씨의 공이 절대적이었다. 금배지를 단 이후에도 건평 씨의 자리는 변함이 없었다.

노건평 씨는 사람 좋은 시골 영감이었다. 하지만 순박한 만큼 정치의 세계에 대해서는 아무것도 모르는 노인이었다. 누가 선물이라도 들고 와서 부탁을 하면, "아이고, 이게 인지상정인데" 하는 사람이었다. 노무현 대통령은 당선자 시절 아들 건호 씨의 결혼식을 서둘러 치렀다. 결혼식에서 건평 씨는 '대통령의 형님'에게 눈도장 찍으러 몰려든 사람들에 둘러싸여 정신이 없었다. 건평 씨 손에는 명함이 수북했다.

대통령 당선 후 노건평 씨가 나와 친분이 쌓였다고 생각했는지 전화를 걸어와 "우리 아들놈이 하나 있는데, 주 기자가 도와주시면 안 되겠냐"고 취업 청탁을 했다. 그리고 얼마 후에는 대뜸 대출을 부탁했다. 그때마다 나는 "어르신, 절대 그런 말 하시면 안 된다"라고 신신당부했다. "그래, 알았다"고 대답했지만 흘려들었던 것 같다. 노건평 씨에게서 빨간불이 계속 들어왔다.

첫 알람은 경찰청에 건 전화였다. 한 경찰 간부가 어젯밤 술 취한 사람이 노건평이라며 경찰청으로 장난 전화를 걸었다고 했다. "나 노건평인데 청장 좀 바꿔"라고. 경찰청에서는 장난 전화인 줄 알고 "네~" 하고 끊었다고 한다. 이 내용이 상부에 보고된 것이다. 사실일 수도 있다는 생각이 스쳤다. 바로 전화를 걸었다. "어르신, 어제 경찰청에 전화했어요?" "어, 내가 했지." "왜 하셨어요?" "아, 내가 아는 사람이 좋은 사람인데 승진해야 한다고 말하려고……." "그러면 안 돼요. 그러면 진짜 큰일 나요." 다시 신신당부했다. 그러고는 청와대에도 알렸다.

두 번째는 국세청이었다. 국세청장을 두고 봉태열 씨와 곽진업 씨가 경쟁하고 있었다. 그런데 노건평 씨가 국세청에 전화를 했던 거다. "어르신, 혹시 국세청에 곽진업이 돼야 한다고 전화했어요?" 이분, 거짓말을 못하는 성격이다. "어, 내가 세무 공무원 해봐서 이건 잘 알아. 곽진업이 청장이 되는 게 순리에 맞아." "어르신, 그러면 절대 안 돼요."

이번에는 노건평 씨 기사가 나가고 문재인 민정수석에게서 전화가 왔다. "아, 송구스럽게 됐습니다. 제가 잘 정리하겠습니다." 나도 알겠다고 하고, 의견도 드렸다. 이후에도 건평 씨 관련 정보를 청와대에 몇 번 알렸다. 주변에 전담 마크맨을 두고 관리해야 한다고. 그런데 이 문제에 관해서 청와대는 아주 무능했다. 결국 비극은 건평 씨에게서 시작됐다. 처남 민경찬 게이트가 터졌고, 건평 씨는 세종증권 비리에 연루되어 구속되었다.

노건평 씨에게는 아들 같은 변호사 동생 노무현과 함께 아들 같은 의사 처남 민경찬이 있었다. 평범한 시골에서 변호사도 대단하지만 의사도 그에 못지않다. 똑똑하고 사업 수완이 좋은 민경찬 씨는 집안의 경제적 기둥이었다. 권력의 생리를 아는 사업가들이 민경찬 씨에게 몰렸다. 당연히 나의 관심 대상이었다. 친하게 지냈다. 민 씨가 하는 경기도 김포 종합병원에 가보기도 하고 가끔 안부도 묻고. 그런데 금융업으로 업종 변경을 시도한다는 소리가 들렸다. 때마침 민경찬 씨로부터 강남구 역삼동 스타타워에서 만나자는 전화가 왔다. 그는 '민경찬 펀드'를 만들었는데 돈이 너무 많이 몰려서 걱정이라고 했다. 법적인 문제도 있고 대통령 친인척이라는 정서적인 문제가 걸림돌이었다. 당시 노무현 대통령 친인척은 무엇을 해도 비난이 나왔다. 내가 우려를 쏟아내자 민경찬 씨는 모든 법률적 고려가 끝났다고 기사를 써도 좋다고 했다. "정말 괜찮겠냐"고 몇 번을 확인하고도 시간을 주었다. 인터뷰한 지 2주 후 기사를 냈다.

민경찬 씨는 바로 구속됐다. 국회에서 청문회까지 열렸다. 민경찬 씨가 잘못하긴 했지만 이명박 대통령의 친척이었다면 검찰 조사도 받지 않았을 일이다. 최악의 경우 비서 한 명이 조사받으면 된다. 수사를 시작하기도 전에 검찰은 현행법상 문제가 없다며 불구속 수사할 예정이라고 조선일보나 동아일보에 발표했을 것이다. 확실하다.

기사 때문에 구속됐지만 둘의 사이가 틀어지지는 않았다. 경찰청 특수수사과는 민경찬 씨를 긴급체포해 서대문경찰서 유치장에 재웠다. 아침마다 7시만 되면 책과 먹을 걸 사들고 서대문경찰서 유치장에 갔다. 경찰들은 내가 민경찬 씨의 비서나 친척인 줄 알고 계속 면회를 시켜주었다. 그래서 아침마다 전날 어떤 수사를 받았는지, 사건을 어떻게 몰고 가는지 확인할 수 있었다. 어떻게 대응하라고 코치도 하고, 희생양으로 삼으려고 하면 혼자 책임지지 말라고 일러줬다. 청와대에서는 민경찬 씨를 거짓말쟁이로 만들어 사건을 덮으려고 했다. 민경찬 씨에게 사람들이 왜 몇십억을 모아주나? 노건평 씨를 보고 준 거다. 노건평

우리는 노무현을 아직 보내지 않았다

씨가 *끄덕끄덕*하면 옆에 있는 민경찬 씨한테 준 거다. 그땐 청와대가 힘이 있었다. 청와대에서는 나를 공격하기도 했다. 허위 기사를 썼다고 고발을 운운했다. "고발하세요. 저 고발 좋아해요."

청와대의 입장을 이해하지만 나를 거짓말쟁이로 짓밟으면 가만히 있지만은 않겠다고 선언했다. 노건평 씨와 민경찬 씨가 추진한 병원 프로젝트, 부산 ○○항 개발 사업, 대우건설 로비 등 몇 가지 정황을 일러줬다. 내가 쓴 기사는 취재한 내용의 10분의 1도 안 됐다. 결정적인 무기는 손에 쥐고 있었다. 그랬더니 청와대에서 "정권 망하는 거 바라는 거 아니잖습니까"라는 말이 건너왔다. "네"라고 했다. 그런데 나를 거짓말쟁이로 만드는 건 또 뭔가?

결국 민경찬 게이트는 남상국 대우건설 사장이 연임 로비를 하는 과정에서 노건평 씨가 3천만 원을 받았다 돌려준 것으로 마무리된다. 그리고 검찰 수사가 진행되던 2004년 3월 11일 특별 기자회견에서 노무현 대통령은 이 문제에 관해 직접 사과했다. 그런데 문제가 터졌다. 기자와의 질의응답 시간에 노무현 대통령은 건평 씨의 금품수수와 관련된 부분을 언급하며 "대우건설의 사장처럼 좋은 학교 나오시고 크게 성공하신 분들이 시골에 있는 별 볼일 없는 사람에게 가서 머리 조아리고 돈 주고 그런 일 이제는 없었으면 좋겠다"라고 말했다. 대우건설 남상국 사장은 바로 한강에 몸을 던져 목숨을 끊었다. 노무현 대통령은 이 말을 두고두고 후회했다고 한다.

문제는 다음이었다. 투신 다음 날인 3월 12일 노무현 대통령은 국회에서 탄핵 표결을 앞두고 있었다. 남상국 사장의 자살을 수구 언론은 여론이 노무현 대통령에게 등을 돌리는 전환점이 되었다고 보도했다. 결국 대통령 탄핵안은 재적의원 271명 가운데 195명이 투표에 참여해 찬성 193표, 반대 2표로 가결됐다. 탄핵 가결에 남상국 사장의 자살이 감정적으로는 제일 중요했다. 단초를 제공한 사람으로서 마음이 많이 무거웠다. 대통령 탄핵은 정말 말도 안 되는 일이었다. 그 정도의 일로 탄핵된다면 MB는 10번도 더 당했을 것이다.

이후에도 참여정부를 많이 비판했다. 나는 애정을 가지고 마구 돌을 던졌다. 청와대에 미리 알리고 걸러가며 썼지만 아무튼 참여정부의 게이트 기사를 계속 썼다. 안희정 씨와 관련된 나라종금 사건, 이광재 전 실장과 관련된 썬앤문 게이트, 신계륜 전 의원이 관련된 굿머니 사건……. 굿머니 사건은 신계륜 전 의원이 불법 대부업체에서 돈을 받은 사건이다. 사건의 제보자 김진희 씨는 청문회에 나가 스타가 됐다. 이 누나도 나하고만 인터뷰했다.

대통령은 홍석현 회장을 너무 좋아해

나는 이런 일이 반복된 원인을 노무현 정부의 인사에서 찾는다. 노무현은 진보개혁 세력에서도 변방이었다. 동교동계를 비롯한 민주당 주류에게 놀림과 핍박을 받았다. 민주당 대선 후보가 된 다음에도 내부에서 단일화를 해야 한다는 사람들에게 시달렸다. 그래서인지 참여정부에서는 DJ 쪽 사람들이 배제됐다. DJ를 지탱하던 진보개혁 세력의 주류 학자군, 재야군까지 소외됐다. 사람이 너무 없었다. 뜻이 있는 사람들이 따라오리라고 생각했는데 당연히 안 움직였다. 결국 대선에서 이 회창 쪽에 줄을 선 사람들을 그냥 썼다. 어떤 사람을 발탁했는지 청와대는 알지도 못했다. 임명장을 받는 사람도 어리둥절할 정도였다. 앞에서는 임명장 받고 경례를 하지만 뒤에서 '엿 먹어라' 이런 분위기였다. 강금실 법무장관 뒤에서 당시 검찰 간부들은 들으라는 듯이 욕을 해댔다. 참여정부에서 잘나가던 인사들이 뒤통수를 친 예는 셀 수도 없다. 송광수·임채진·김홍일·이인규·김성호·윤진식·허준영·어청수……. 버스에 가득 실어올 정도다.

참여정부 인사를 단적으로 보여주는 것이 홍석현 회장이라고 생각한다. 참여정부 시절 미국대사관 정치 파트 누나들하고 친하게 지냈다. 그들이 한국 사회를 읽는 눈은 치밀하고 날카롭다. 하루는 한 누나가 참여정부에 가장 큰 영향력을 발휘하는 언론인이 홍석현 회장이고, 그 다음은 중앙일보 김영희 씨와 월간조선 조갑제 씨라고 했다. 내가 비웃었다. "홍석현 회장이 대선 직전 호남 출신과 노무현 후보와 조금이라도 친한 기자들은 다 한직에 보냈어. 홍 회장이 중앙일보를 통해 얼마나 진보개혁 세력을 괴롭혔는데. 지금 이 순간도 노 대통령을 괴롭히고 있고." 그 누나는 "확실해"라고 정색했다. "대통령이 홍석현 회장을 너무 좋아해."

그런데 알아보니 그 순간 청와대는 삼성과 허니문이었다. 특히 중앙일보 홍석현 회장에게 사랑의 작대기를 날리고 있었다. 2004년 2월 취임 1년을 맞아 노무현 대통령은 홍석현 중앙일보 회장과 단독회견을 가졌다. 외국 원수 등 귀빈에게만 개방하는 상춘재에서 3시간 35분이

무슨 죄를 지었나

나 인터뷰가 아니라 회담을 진행했다. 중앙일보에는 노 대통령과 홍석현 회장이 동등하게 배치되어 편집됐다. 신문쟁이들은 안다. 중앙일보에서 노 대통령은 애초에 안중에도 없었다.

그리고 2004년 12월 홍석현 회장을 주미대사로 임명한다. 그가 천여 개의 차명 계좌를 만들어 262억 원의 세금을 포탈한 것을 알고도. 부동산 투기를 목적으로 위장 전입을 한 것을 알고도. 불법 대선자금을 심부름하고 검사들에게 떡값을 뿌린 안기부 엑스파일의 실체를 알고도. 무엇보다 민주보다 독재 편에 서고, 국민보다 재벌 편에 서 있다는 것을 알고도 홍석현 회장을 임명한다. 차기 유엔 사무총장으로 적극 돕겠다고 했다. 어이쿠. 당시 노 대통령은 홍석현 회장에게 자주 조언을 구하곤 했다고 한다. 당시 한겨레는 청와대 핵심 관계자의 말을 빌어 "노 대통령이 대북정책을 결정하는 과정에서 수시로 전화를 걸어 자문을 구하면서, 홍 회장의 생각을 확인하고 인간관계를 다져왔다"고 보도했다. 중앙일보와 대북관이 같다니…… 문제는 심각했다.

홍석현 회장은 주미대사로 내정된 지 7개월 만에 안기부 엑스파일 파문으로 물러났다. 뒤처리도 아쉬웠다. 안기부 엑스파일과 관련해 주모자인 홍석현 회장·이학수 부회장과 돈을 받은 떡값 검사들은 아무런 법적 제재를 받지 않았다. 이를 보도한 MBC 이상호 기자와 안기부 녹취록을 인용해 '떡값 검사' 명단을 폭로한 노회찬 의원만이 유죄를 받았다.

중요 요직에 생각이 다른 사람들을 앉으니 같은 편에서도 참여정부를 비판하기 시작했다. 진보개혁 세력 중에서 반드시 같이 가야 할 사람들을 배척하다 보니 청와대는 안팎으로 고립됐다. 같이 가자고 손 내미는 노력이 부족했다. 진보 진영도 말만 앞서고 청와대와 함께 가려는 행동이 부족했다. 청와대는 계속해서 코너로 몰렸다.

문제는 문재인이다

나는 참여정부를 가장 상징적으로 보여준 사람이 문재인 이사장이라고 생각한다. 특히 참여정부의 한계를. '문재인이 문제다'라는 말이 나오기도 했다. 그는 2인자였다. 대통령이 가장 의지하는 사람이었다. 청와대에서 민정수석과 비서실장을 지냈다. 이 자리는 손에 흙도 묻히고 피도 묻히면서 끌고 가야 하는 자리다. 진흙탕 정치판에서 역사를 위해 전진했어야 하는 자리였다. 적을 달래기도 하고 협박하기도 하면서. '딜'을 하면서 말이다. 어떻게든 한 발짝이라도 전진해야 하는데 그러지 못했다. 4대 개혁입법이 줄줄이 좌절됐다. 사람 좋고 깨끗한 문재인 실장. 청와대에 들어간 첫해 스트레스 탓에 이빨을 10개나 뽑았을 정도로 우직하게 일하는 문재인 실장. 그를 인간적으로 좋아한다. 하지만 정치인 문재인에게 높은 점수를 줄 수 없다. 문재인 실장이 맡은 자리는 사람이 좋아만 가지고 되는 건 아니었다. 청와대 주변에서 "박지원처럼 일하라"라고 말이 나왔다. 철학을 버려서는 안 되지만 때론 무조건 해야 하는 일도 있다. 그런데 못한 게 많다. 시대는 홀로 깨끗하고 날랜 표범이 아니라 무리를 이끌어가는 코끼리를 요구했다.

노무현 정부에 몸담았던 사람들은 잘못했다는 평가에 대해 "우리가 뭘 잘못했나요. 조중동이나 수구세력이 못하게 막아서 그렇지"라고 답하곤 한다. 그건 무능하다는 말밖에는 안 된다. 이 땅의 메인스트림인 친일파들이, 수구가, 한나라당이, 조중동이 참여정부를 도울 것이라고 생각했는가? 그들이 언제 나라 잘되기를 바란 적 있었나. 자기들 기득권 지키고, 잘 먹고 잘 사는 것이 문제였지. 그들은 노무현 대통령이 망가져야 자신들이 정권을 잡기 쉬워진다는 생각만 했다. 조중동은 원래 그런 놈들이다.

정치에서는 막고 방해하는 누군가를 넘어서 몇 발짝 전진해야 한다. 축구 경기에서 상대 수비수가 잘해서, 태클을 잘해서 골을 넣지 못했다, 이런 변명은 통하지 않는다. 경기를 이기려면 상대가 어떻거나 골을 넣어야 한다. 정치도 그렇다. 우아하고 품위 있게 지려고 정치판에 나온 건 아니지 않나. 당시에 국가보안법을 비롯한 온갖 악법들을 폐지하지 못해서 지금 당하고 있는 것을 보라. 사학법을 개정하고 다시 후퇴해 재개정했다. 비리 재단은 MB와 함께 컴백했다. 세종대를 보라. 기가 막힐 노릇이다. 현실적 판단이라고 한 파병으로 우리가 현실적으로 무엇을 얻었나. 한미 FTA는? 강정 해군기지는? 노무현 청와대는 그들이 원하는 싸움에 매번 말려들었고, 판판이 깨졌다. 결과적으로 이명박 정부를 잉태한 것은 노무현 전 대통령의 가장 큰 과오가 됐다. 나는 참여정부 인사들이 시정잡배들과 싸우는 법을 배우지 않고서는 앞으로도 힘들 것이라고 확신한다.

참여정부 중간쯤 들어서서 노무현 대통령은 각계 원로들을 초청해 이야기를 들었다. 노무현 대통령은 이런 말을 했다. "이제 정권이 한나

라당으로 가도 괜찮다. 누가 권력을 잡아도 민주주의의 거대한 물줄기
는 거스를 수 없다. 한나라당과 민주당이 번갈아 정권을 잡는 것이 이
나라 발전을 위해 유익한 일인지 모른다." 당시 원로들이 크게 우려했
다. 하지만 노 대통령은 생각을 바꾸지 않았다. 대통령에서 물러난 지
몇 달 지나지 않아서 노 전 대통령은 자신의 말을 크게 후회했다.

노무현과 MB의 측근 비리는 체급이 다르다

2007년 12월 28일 이명박 당선인이 인사차 청와대를 찾았다. "전직
대통령을 예우하는 문화 하나만큼은 전통을 확실히 세우겠습니다." 이
명박 당선인은 이렇게 말했다. 예우를 위해 이명박 대통령은 검찰을 내
세웠다. 고강도·전방위·저인망·동시다발·먼지털이·투망식……. 이
명박 검찰의 전 정권에 대한 수사는 온갖 수식어를 달고 다녔다. 대단
히 정치적이었다. 요란했다. 대검찰청 중앙수사부와 서울지검 특수부
등 검찰을 필두로 경찰·감사원·국세청·금융감독원 등 관계 기관을
총동원해 노무현 전 대통령 주변을 뒤졌다. 하지만 성과는 미미했다.
그나마 검찰이 기소한 사건은 영장이 기각되거나 무죄 판결이 잇따랐
다. "참여정부가 정말 깨끗했구나"라는 소리가 나왔다.

검찰이 던진 무수한 소나기 펀치 가운데 한 방이 노무현 전 대통령의
형 건평 씨에게 터졌다. 농협이 세종증권(현 NH투자증권)을 인수하는 데
노건평 씨가 역할을 했다는 것이다. 2008년 12월 검찰은 노건평 씨를
전격 소환해, 바로 구속영장을 청구했다.

239

뒤이어 박연차 태광실업 회장도 구속됐다. 박연차 회장이 불기 시작했다. 정치인 이름이 줄줄이 나왔다. 이명박 대통령의 절친 천신일 회장을 비롯해 박관용 전 국회의장·박진 의원·권철현 주일 대사·허태열 의원·권경석 의원 등 한나라당 인사의 이름이 나왔다. 하지만 검찰은 친노 인사 수사에 구색을 맞추는 듯한 인상이 짙었다. 이광재·서갑원·박정규 씨 등이 타깃이었다. 검찰 수사의 불길은 자꾸만 노 전 대통령을 향하고 있었다. 홍준표 한나라당 원내대표는 "박연차 수사의 마지막은 노무현 전 대통령이 될 것이다"라고 단언했다.

2009년 봄바람이 불기 시작할 무렵이었다. 대검의 한 고위 간부가 밥 먹자고 했다. 내가 보신탕은 싫다고 해서 제주 음식을 먹으러 갔다. 갈치구이를 먹다가 이 간부가 "검찰이 노의 5백만 달러를 잡았다. 이번에는 빠져나가지 못할 것 같다"라고 말했다. 이인규 대검 중수부장이 "4월은 잔인한 달, 겨울은 오히려 따뜻했다"라고 한 말이 생각났다. 노무현 전 대통령의 최측근인 강금원 회장에게 전화를 했다. "회장님, 중수부에 5백만 달러가 잡혔습니다. 이건 그냥 못 넘어가는 거니까, 단단히 해명을 하셔야 할 것 같습니다." 얼마 후 강 회장에게서 전화가 왔다. 대통령과 함께 있었다. "재임 중에 모르는 일이었고 미안하게 됐습니다. 우리 조카가 박연차 씨한테 투자를 받아서 이렇게 된 일인데 참 미안하게 생각합니다. 할 말이 없습니다. 죄송합니다." 5백만 달러 기사를 처음으로 내보냈다. 기자라는 직업이 참…… 검찰이 작전을 걸기 전에 사실을 먼저 알려야 한다는 생각이었다. 세상이 발칵 뒤집혔다.

검찰은 내달리기 시작했다. 아들인 노건호 씨와 조카사위 연철호 씨의 5백만 달러 수수혐의, 권양숙 여사의 백만 달러와 1억 원 상당의 피아제 시계 2개 수수 혐의, 딸인 노정연 씨의 미국 주택 구입비 40만 달러 의혹…… 언론은 노무현 전 대통령에게 피 냄새를 맡은 하이에나처럼 달려들었다. '인격 살인' 수준이었다. 진보 진영 언론도 마찬가지였다. 검찰이 불러주는 대로 받아쓰기만 열심히 했다.

노 대통령이 특별 대우한 중앙일보. 4월 11일 정진홍 논설위원은 기명 칼럼에서 이렇게 썼다. "(박연차가) 돈이 아니라 똥을 지천으로 뿌리고 다녔다. ……그 똥을 먹고 자신의 얼굴에 처바르고 온몸 전체에 뒤집어쓴 사람들이 지난 시절 이 나라의 대통령이었고 그 부인이었으며 아들이었다." 5월 1일에는 노 전 대통령이 해명하자 "'아내 일 남편은 몰랐다' 구차한 3류 드라마"라고 썼다. 파렴치한으로 만들었다. 조선일보 김대중 고문은 4월 27일 칼럼에서 "노무현 게이트에 얽힌 돈의 성격과 액수를 보면, 그야말로 잡범 수준이다"라고 적었다. 증오를 숨기지 않고 마음껏 비아냥거렸다. 동아일보는 4월 11일 기사에서 "6백만 달러의 사나이, 완쇼남(완전 쇼하는 남자), 뇌물현, 노구라 등 노 전 대통령을 비판하는 신조어가 쏟아지고 있다"고 전했다.

노무현 전 대통령을 파렴치의 상징으로 낙인찍으려 했던 시계 사건을 짚어보자. 4월 22일 KBS는 단독 보도라며 "박연차 회장이 노무현 전 대통령 부부에게 2억 원 상당의 명품 시계를 선물한 것으로 드러났고, 검찰은 뇌물죄 적용을 검토하고 있다"는 뉴스를 내보냈다. "보석이 박혀 있어 개당 1억 원짜리다. 국내 5~6개밖에 없는 명품 중의 명품으로 박연차 회장은 노 전 대통령으로부터 '고맙다'는 말까지 들었다고 (검찰 조사에서) 밝혔다"고 했다. '흘려주는' 검찰발 뉴스의 전형이었다. 심지어 검찰은 "노 전 대통령 측이 시계를 논두렁에 버렸다"고 흘렸다. 언론은 뒤질세라 노 전 대통령이 증거를 인멸했다고 망신을 주었다. 봉하마을에 시계를 찾으러 가자고 기사를 쓴 곳도 있다. 누가 더 추악한지 언론이 경쟁을 하는 듯했다.

당시 언론은 노무현 전 대통령이 박연차 회장에게 시계를 받아서 권 여사한테 줬다고 보도했다. 그러나 사실관계가 아예 잘못돼 있었다. 박연차 회장이 시계를 준 사람은 노건평 씨다. 대통령의 환갑 선물이라고 했다. 노건평 씨는 대통령 퇴임 후 이 시계를 권 여사한테 줬다. 노 전 대통령이 시계를 받았다는 얘기를 들은 것은 권 여사가 시계를 받고 시간이 흐른 후였다. 그때 노 전 대통령은 권 여사에게 돌려주라고 했다고 한다. 그리고 잊어버렸다고 했다. 그러다가 검찰 수사에서 시계 이야기가 다시 나오자 노 전 대통령이 권 여사한테 다시 물어봤고 아직안 돌려줬던 거다. 대통령은 문용욱 비서관에게 "내다버려라"고 말했다고 한다. "시계를 깨버려라"고 했다고 한다. 복수의 관계자들의 증언이다. 그런데 시계를 논두렁에 버렸다는 검찰발 기사가 흘러 나왔다.

4월 24일 홍만표 대검 수사기획관은 "검찰 관계자가 그런 말을 흘렸다면 인간적으로 형편없는 '빨대'다. 색출해내도록 하겠다"라고 말했다. 그냥 말뿐이었다. 출입기자들 말을 종합해보면 홍만표 수사기획관, 이인규 중수부장이 가장 큰 빨대였다. 문재인 이사장은 자신의 책《운명》에 이렇게 적었다. "검찰이 줄곧 피의 사실 공표를 해왔지만 수사기획관이라는 사람이 노골적으로 매일 오전 오후 브리핑한 예는 없었다."

문재인의 새로운 싸움

노 전 대통령은 그 시계를 본 적도 없다. 그러나 대응하지 않았다. 그때 노 전 대통령은 측근들에게 이렇게 말했다. "내가 적극적으로 대응하면, 와이프한테 모든 걸 미뤄버리는 비겁한 사람이 돼버린다. 그래서 사과하겠다는 거다. 어떻게 모른 척 가만히 있을 수 있나. 잘못했다고 사과문도 내고, 검찰에도 가겠다." 그러나 결과는 의도대로 되지 않았다. 노 전 대통령의 사과는 공격의 빌미만 주었다.

나는 그때 문재인 실장이 나서야 한다고 말했다. 검찰의 더러운 플레이에 단호하게 대응을 했어야 했다. 검찰은 밥 먹듯이 피의 사실을 공표했다. 아니, 허위 사실을 퍼뜨렸다. '비열한 노무현 죽이기다' '저열한 정치 수사다'라며 수사를 거부하고 경고하고 맞대응을 했어야 했다. '정치 검찰 다 죽여버리겠다'고. 문재인 실장은 심성이 착해서 그럴 수는 없었다. 검사들은 진흙탕에서 더러운 싸움을 하는데 문 실장과 주변 사람들은 정도를 지키려고만 했다. 당시 검찰은 법을 다투는 싸움을 하는 게 아니었다. 우리의 정치 검찰들은 스스로 법을 어기며, 수사 과정 중에 확인하지도 않은 피의 사실들을 흘리며 여론재판을 했다. 깨끗한 척하더니 돈 받고 명품시계나 받는 파렴치한 사람이라고 몰고 갔고, 조중동과 지상파 방송들은 그걸 실시간 중계했다. 이건 정치적인 결정으로 만들어낸 법정 밖의 싸움이었다. 법정으로 갈 때는 이미 싸움이 다 끝날 텐데 왜 재판에만 매달리고 있는가. 나는 버스에 펑크를 내서라도 노 전 대통령이 검찰에 가는 것을 막고 싶었다. 검찰에 출두하는 노 전 대통령 사진 위에 중앙일보는 '군사반란 수괴 혐의' 전두환 전 대통령을 나란히 세우며 '다른 듯 닮은 전직 대통령의 추락'이라는 제목을 달았다.

검찰은 노무현 전 대통령을 비리의 몸통인 양 흘리며 샅샅이 뒤졌음에도 노 전 대통령에게서 이렇다 할 만한 건 하나도 찾지 못했다. 검찰이 기소도 못할 건들이었다. 내 전 재산을 걸 수 있다. 노무현 전 대통령은 검찰에 나갈 이유가 없었다. 박연차 회장의 돈 5백만 달러 건도 그 돈을 받은 조카사위를 조사할 사안이다. 백번 양보해도 권 여사가 조사 한 번 받으면 충분한 일이었다. 그런데 노 전 대통령은 말했다. "부인을 그런 자리에 보낼 수 없다." "나 때문에 주변 사람들이 다 이렇게 당하고 있는데 그렇다면 차라리 내가 가겠다." 자기가 대신 검찰에 간 거다. 무슨 일인지도 잘 모르면서.

검찰은 노 전 대통령을 소환하고도 신병 처리를 하지 못했다. 질질 끌었다. 영장 청구 자체가 안 되는 상황이었다. 영장을 청구하면 기각은 불 보듯 뻔했다. 그래서 검찰은 더욱더 여론재판에 매달린 것 아닌가?

수사 기록을 통째로 까보고 싶다. 도대체 얼마나 잘못했는지 따져보고 싶다. 과연 죽을 만큼 잘못했는지. 내사 중지된 수사 자료는 조사받은 당사자만 열람할 수 있다. 봉하마을에 내려가 권양숙 여사에게 고통스럽겠지만 수사 기록을 복사해 놓으시라고 말씀드렸다. 기억하고 싶지 않겠지만 정연 씨, 건호 씨의 수사 기록도. 역사를 위해서, 반드시 기록해야 한다. 그러지 않으면 수구 세력이 두고두고 괴롭힐 것이 분명하다.

나는 문재인 실장과 그 주변의 대응 방식을 격렬하게 비판했다. 꼿꼿하고 멋있고 좋다. 좋은 사람인 거 안다. 하지만 그 모습은 동네 불량배들한테 훈계하는 박사과정 대학원생 같다. 그런 사람이 훈계하면 시골 불량배가 말 듣나? 이 새낀 뭐야, 하고 때리면 그냥 맞고 끝나는 거다. 나는 이럴 때는 고고하게 맞는 건 바보짓이라고 생각한다. 맞붙어 싸워야 한다고 생각한다. 헌데 참여정부 쪽 사람들은 이렇게 말도 안 되는 싸움에서 너무 무기력했다. 때리면 맞고 또 맞으면서 끝까지 고고했다.

지금 문재인 이사장을 만나 보면 청와대 문재인 실장과 달라졌음을 느낄 수 있다. 정치적으로 탄압받고, 노무현 대통령 가는 걸 보면서, 권력의 실체를 보고 깨달은 것이 많은 듯하다. 특히 검찰을 개혁하겠다는 확고한 신념이 있다. 그런 체험을 바탕으로 정치판에 나섰기 때문에 그에게 희망이 보인다.

245

03

누가 노무현의
곁을 지켰나

2012년 다시 선거 바람이 분다. 노무현 전 대통령의 비리가 아직 밝혀지지 않았다는 이야기가 솔솔 나온다. MB는 레임덕에 빠져 있는 불쌍한 대통령으로 묘사된다. 박근혜 의원이 대통령을 대신해 전면에 나섰다. 그 사람을 알려면 그 주변을 보라는 말이 있다. MB 주위에 이권 공동체가 있다면 노무현 전 대통령에게는 동지가 있었다. 노무현과 동지들은 어떤 사람들인가, 왜 그들은 폐족이 되어야 했을까.

"대통령과 친했다고 무조건 잡아들이니……"

[시사IN 83호] 2009.04.13

4월 9일 봉하마을 뒷산에 불이 났다. '박연차 불똥'에 노무현 전 대통령 측근은 물론이고 온 집안 식구가 새까맣게 타들어갈 때였다. 이날 노 전 대통령의 오래된 친구이자 후원자인 강금원 창신섬유 회장(57)이 구속됐다. 자신의 회사에서 회사 돈 266억 원을 임의로 사용한 혐의였다. 그러나 검찰의 관심은 강 회장의 돈이 노 전 대통령과 측근에게 흘러갔느냐에 초점이 맞춰져 있다. 검찰이 강 회장에게 사전구속영장을 청구한 4월 7일, 강 회장을 그가 운영하는 충북 충주 시그너스골프장에서 만났다. 그리고 4월 9일 영장실질심사 직전 강 회장과 통화했다.

노 전 대통령이 박연차 회장 돈을 받았다고 고백했다.

정상문이 아침(4월 7일)에 붙들려갔다. 혼자서 책임지려고 거짓말을 할까 봐 대통령이 급히 말했다. 대통령 자신의 일이니까 책임지겠다고 한 것이다. 아랫사람들한테 총대 메게 하고 뒤를 봐주고……. 우리는 비겁하게 그런 짓 안 한다.

권양숙 여사가 돈을 달라고 했다는데.

했으니까. 사실이 그러니까. 돈이 없어서 용돈 받아 쓴 것이다. 대통령 사과는 계산된 말이 아니다. 문제가 되더라도 솔직하게 말하는 게 좋다. 잘했다. 구질구질하게 거짓말하고 부인하는 것은 창피한 일이다. 노무현 대통령답다.

박연차 회장은 문제를 일으킬 소지가 있는 사람이었다. 그런데 왜 대통령이 돈 부탁을 했는지 이해되지 않는다. 집을 지을 때 15억 원도 빌리고. 혹시 상의하지 않았나?

그러게 말이다. 차라리 나한테 돈 달라고 하지. 나한테는 일언반구도 없었다.

강 회장에게 대통령이 계속 돈 달라고 하는 게 미안해서 박 회장에게 부탁한 것은 아닌가?

대통령은 내게 돈 부탁을 하지 않았다. 그래서 나는 한 푼도 주지 않았다. 노 대통령을 비롯해 정치인에게 돈을 준 적 없다.

민주당 안희정 최고위원에게 수억 원을 주지 않았나?

돈을 줄 당시 희정이는 정치인이 아니었다. 감옥에 갔을 때 추징금을 못 내 고생해서 도와준 것이다. 직업이 없어서 회사 고문 자리를 주고 돈을 빌려주기도 했다. 검은돈이 아니다. 정치자금과도 다르다. 어려운 사람 도운 게, 빚 갚아준 게 왜 문제가 되는지 모르겠다.

검찰에서 266억 원을 횡령했다고 구속영장을 청구했다. 검찰은 이 돈의 일부가 노 전 대통령에게 갔다고 의심한다.

난 회사에서 단돈 1원도 횡령한 적 없다. 회사 돈을 가져다가 쓰고 바로 가져다놓았다. 5천만 원 가져가면 그다음 날 갚고, 3억 원 빌려서 그다음 날 갚았다. 5년 동안 가져다 쓴 합계가 266억 원이다. 그리고 단 1원도 안 틀리게 바로 다 갚았다. 그런데 검찰은 갚은 것에 대해서는 말을 안 한다. 지금 얼마 남았나? 없다. 내 회사다. 그 정도도 못하나. 이런 식으로 문제 삼으면 사업하는 사람 가운데 감옥 안 갈 사람 없을 것이다.

지난 정권에서 사업이 잘되었나.

창신섬유는 정말 좋은 회사였다. 빚도 한 푼 없다. 그런데 참여정부 들어서 회사 매출이 10분의 1로 줄어들었다. 메인 공장도 정리했다. 이제 회사가 아니라 구멍가게 수준이 되었다. 우리나라에서 제일가는 섬유회사였는데 지난해에는 회사가 생긴 지 30년 만에 처음으로 적자가 났다.

강 회장 개인으로 보면 노무현 대통령이 탄생하지 않았다면 좋았을 텐데.

아니다. 하는 게 나았다. 잘했다.

노 대통령이 잘했다는 소리를 듣지 못한다.

잘했다. 잘하셨지 않은가? 권력을 휘두르지 않았다는 게 얼마나 힘든 일이냐. 한 번 (대통령) 해서 우리 정치가 바뀌지 않았느냐. 급격히 방향을 되돌리고 훼손하는 게 더 큰 문제다.

노 전 대통령 측근이 줄줄이 구속되고 있다.

잘못했으면 벌을 받아야 한다. 돈에 굽실거린 사람은 벌을 받는 게 당연하다. 하지만 정권을 위해 수사하는 검찰은 문제가 있다. 검찰이 사람을 엮어 넣으려고 백정 노릇을 한다. ∎

이것이 팩트다

강금원과 천신일, 그 하늘과 땅 차이

친구를 보면 그 사람을 알 수 있다. MB에게는 천신일 회장이 있고, 노무현에게는 친구 강금원이 있었다. 대통령 옆에 있다가 두 번이나 옥살이를 했지만 그는 깨끗한 사람이었다. 2009년 4월 강금원 회장이 구속되자 노무현 전 대통령은 자신의 홈페이지 '사람 사는 세상'에 글을 올렸다. "'모진 놈' 옆에 있다가 벼락을 맞은 것이다. 부끄럽고 미안하다. 면목 없는 사람 노무현."

강 회장은 노 대통령 주변 사람들을 챙겼다. 다른 사람에게 돈 받지 말고 뭐라도 해보라고 도와주었다. 아무런 조건도 없었다. 강 회장이 노 대통령을 처음 만난 것은 종로에서 국회의원에 출마했을 때였다. "후원금은 얼마까지 낼 수 있지요?" 전화로 물었다고 한다. "1년에 5천만 원까지 낼 수 있습니다." 그리고 사무실로 찾아왔다. "나는 정치하는 사람한테 눈곱만큼도 신세질 일이 없는 사람입니다." 노 대통령은 강금원 회장이 아니었으면 대통령이 아니라 파산자가 되었을 것이라고 했다.

노무현 대통령이 당선된 직후인 2003년 강 회장은 구속됐다. 혐의가 산더미 같았는데 결국 공금횡령과 세금 포탈 혐의에 대해서만 유죄 판결을 받았다. 당시 강 회장은 "맹장 수술한다고 배를 쨌다가 여드름만 짰다"라고 말했다. 기자들은 그의 죄명이 '고성방가(高聲放歌)'라고 표현했다.

강 회장과의 인연은 황당한 전화 통화에서 시작됐다. 강 회장이 첫 번째 구속되기 직전, 마지막 인터뷰를 전화로 해서 '핫라인' 코너에 싣기로 했다. 당연히 전화 연결이 안 됐다. 마감은 코앞인데. 계속해서 다이얼을 돌리다가 통화가 됐다. "됐어!" 좋아서 소리부터 질렀다. 마감 중인 편집국이 모두 통화에 집중하게 만들었다. 전화로 두 가지 정도 물었는데 단번에 좋은 사람이라는 걸 알 수 있었다. 친하게 지내고 싶다는 생각에 강한 인상을 남기고 싶었다. 그래서 생각해낸 게 고향이었다. 대뜸 "고향이 군산이시죠? 저도 군산입니다." 나는 고향이나 학교를 물어보지 않는다. 누가 내게 묻는 것도 싫다. 막연히 부산에서 성공한 전라도 사업가라는 생각에 던진 말이었다. 그런데 침묵이 흐르더니 "군산 아닙니다." 그러는 거다. 강금원 회장의 고향은 군산이 아니라 부안이었다. 내 고향도 군산이 아니다. 그런데 이 통화를 우리 기자들이 다 들었다. 쪽팔리게도. 나중에 꼭 만나자는 약속을 하고는 "아무튼 저는 군산입니다"라는 말로 전화를 끊었다.

감옥에서 나온 뒤 강 회장으로부터 전화가 왔다. 한번 보자고. 술을 같이 먹었다. 강 회장은 동요를 불렀다. "우리들 마음에 빛이 있다면 ~" 얼굴도 아이처럼 보였다. 그때 보고 마음이 통했다. 이후 꼭 할 말이 있으면 나를 불렀다. 인터뷰는 나랑만 했다.

건실한 기업가인 강 회장은 경제 민주화에 대한 생각이 확실했다. 삼성에 대해 비판적이었고, 참여정부가 삼성에 놀아나는 것을 한탄했다. 2006년 〈삼성이 정권을 가지고 놀았다〉는 강 회장의 인터뷰 기사를 내보냈다. "기업의 소유와 상속, 좋다. 그러나 '우리 아들이 대한민국 최고의 경영자'라고 하는 건 오만이다. 외국에서 돈 벌어온다고 해도 국가에 기여하지 않으면 돈 장사일 뿐이다."

"삼성이 언론사 간부, 고위 공무원, 판검사들을 왜 그렇게 많이 고용한다고 보는가? 나쁜 짓을 해서 그렇다. 정정당당하게 사업을 하면 그럴 필요가 없다." "기업이 언론을 통제하고 있다. 광고 나눠주고 돈 장난을 하고 있다. 비겁한 일이다. 기업은 기업 본연의 임무로 돌아가야 한다." "첨단 기술을 가진 중소·벤처 기업들은 대단히 어렵다. 그런데 삼성은 철저히 장사 논리로 국내 기업 제품을 오히려 안 쓰고 있다. 1원 차이만 나도 수입한다. 삼성과 거래해서 망하는 회사 많다. 이건 기업인의 치욕이다. 삼성은 중소기업과 상생, 그런 것 안 한다. 혼나야 한다. 그러면서 어떻게 국민의 존경을 받으려 하는가?" "삼성이 환원한다고 한 8천억 원은 이건희 회장이 가지고 있는 돈을 낸 것이 아니다. 투자자가 있는데 회사 돈을 낸다? 월권이다. 일만 생기면 돈 내고 폼 재고 언론 플레이하는 것은 옳지 않다. 기업의 가치관을 바꿔야, 더불어 사는 세상을 만들어야, 희망이 있다."

"삼성이 정권을 가지고 놀았다. 대통령께 처음으로 항명한 부분이 삼성 문제다."

2009년 3월 검찰이 노무현 전 대통령 주변을 먼지떨이 수사를 할 때였다. 크게 사업하는 강금원 회장이 다시 타깃이 됐다. 자기 회사 돈을 빌려갔다가 한 푼도 틀리지 않게 다 갚았고 심지어 이자까지 더해 갚았는데 구속됐다. 실제 액수도 검찰이 발표한 액수와는 한참이나 거리가 있었다. 강금원 회장은 두 번째 구속되기 직전 자신의 골프장으로 와달라고 했다. 구속되는 길에는 나한테 먼저 전화를 했다. 차 안에서 한 시간 넘게 이런저런 이야기를 나눴다.

"주 기자가 방송 기자였으면 참 좋겠다. 내 억울한 목소리를 국민들에게 들려주고 싶어."

"저 글 못 쓴다고 말하시는 건가요? 제가 방송으로 할게요."

"아…… 지금 나 잡아간다는 상황이 너무 말이 안 돼."

"구속 안 된다니까요, 그걸로 구속되면 전 국민이 다 되게? 겁먹으셨어요?"

"아이고, 나이를 먹으니 간이 작아졌어."

우리의 마지막 대화는 이랬다. "차라리 대통령이 되지 않았으면 이런 고난은 없었을 것 같아요." "왜요? 그래도 우리 노짱이 잘했잖아요. 대통령이 되길 잘했어요." 그는 다시 구속됐다.

구속될 당시 강 회장은 뇌종양으로 인해 항암치료를 받고 있었다. 수

술을 요할 정도로 위중했다. 하지만 법원은 병보석마저 허가하지 않았다. 반면 2010년 구속된 이명박 대통령의 친구 천신일 회장은 교도소보다 병원에 더 오래 머물고 있다. 그는 법원으로부터 구속집행정지 허가를 받아 삼성서울병원 VIP룸에 머물고 있다. 옆방에는 절친 박연차 태광실업 회장이 있다.

노무현 전 대통령이 서거하자 강 회장은 "내가 일주일만 일찍 보석으로 나갔으면 안 돌아가셨을 것이다"라며 서럽게 울었다. 슬피도 울었다. 교도소에서 나온 후 강 회장은 뇌 수술을 받았다. 제때 치료받지 못해 지금도 건강이 좋지 않다. 외부 활동을 전혀 못한다. 어서 빨리 쾌차하셔야 할 텐데…….

난 누군가를 죽이는 기사만 쓴다

돈봉투

난 누군가를 죽이는 기사만 쓴다. 칭찬하는 기사(기자들은 '쪼찡 기사'라고 말한다)는 나 말고도 쓸 사람이 많다. 누군가의 비리나 치부를 쓰는 것은 괴로운 일이다. 소송에서 일부 패소한 SBS 안마 사장 기사를 보자. 그 사장의 딸에게 자기 아빠는 안마 다니는 아빠가 된다. 그래서 고민했다. 몇 달 동안 기사 안 쓰고 고민했다. 그런데 이 사장이 부하직원을 때리고 잘라버렸다. 사장하고 잘 지내면 미국도 보내주고 그럴 텐데 왜 만날 잘린 놈 편만 드느냐고? 왜 지는 놈 편만 들어주느냐고? 안 그러면 쪽 팔리니까.

어쨌든 한 사람을 죽이는 기사를 쓸 때는 잠을 제대로 못 잔다. 그 사람의 인생이 걸려 있기 때문이다. 잘 먹지도 못하고 기사를 낼까 말까 고민한 적도 있다. 지난번 내 기사 때문에 날아간 방통위 넘버3 황철중 국장은 엘리트였다. 가만히 두면 장관까지 갈 재목이었다. 그런데 잘못을 했다. 한 번 실수한 것일 수 있다는 생각을 해봤다. 아들딸도 있는데, 내가 기사를 쓰면 이 사람 인생은 완전히 망가지는데 그만큼의 잘못을 한 것인가 마음이 복잡했다. 우두머리인 최시중 방통위원장과 정용욱 보좌관을 잡아야 하는데, 황철중 국장을 잡는 게 목적이 아닌데, 꼬리 자르기로 끝나는 건 아닌가……. 머리도 복잡했다. 이렇게 사흘 동안 잠을 못 자고 고민하는데, 황철중 국장이 돈봉투를 가져왔다. 이정도면 되는 거 아니냐고. 정말 고마운 돈봉투였다. 덕분에 고민을 덜게 되었다. 다음 날 돈봉투를 사진 찍은 다음 우체국에 가서 등기로 돌려보냈다. 그리고 기사를 바로 송고했다. '원래 그렇게 사는 놈이었어.' 마음이 가벼워졌다.

소송과 배상금

나는 모든 기사를 소송을 염두에 두고 쓴다. 워낙 소송을 많이 당해서 '이번 기사는 걸린다' '어느 문구가 문제 된다'를 어지간한 변호사만큼 알고 있다.

상대가 걸면 무엇을 목적으로 하고, 얼마만큼 진다는 것도 거의 안다. 되도록 걸리지 않게 쓰려고 하지만 소송에 걸려 변호사비를 쓰고 배상금을 물어주고라도 꼭 쓰는 기사들도 있다. SBS 안마 사장 기사의 경우(시사IN 50호)도 물론 소송이 들어올 것을 알았다. 형사에서는 쉽게 이겼는데, 민사에서는 시사IN이 2천5백만 원 배상하라는 판결이 나왔다. 회사에 미안하지만 돈을 물어줄 것을 조금은 예상했다. 원래 이 사안은 검찰과 국세청에 가 있었다. 사안이 심각했다. 하지만 두 기관 모두 손 대지 않았다. 언론사 사장이라는 이유에서였다. 언론사 사장이 뭐라고 법의 테두리 밖에 있단 말인가?

걱정했지만 이런 사람, 잘만 산다. 나를 욕하면서. 이상하게도 이런 사람 회사에서 꼭 승진한다. 윗사람한테는 무지 잘하는가 보다. 나와 소송 중인 거물 조폭한테 돈을 받고 방송에 내보낸 SBS 전 예능국장도 승진해서 자회사 사장이 됐다. SBS 참 좋은 회사다. 몇 해 전 취한 사람 카드를 훔쳐 퇴폐안마시술소에서 사용하다 걸린 SBS 기자도 있었다. 물론 그 기자는 아무런 법적 책임도 지지 않았다. 얼마 전에는 대학 후배를 성추행한 SBS 기자도 있었다. 잘못했으면 잘못했다고 해야 한다. 부끄러워해야 한다. 특히 언론인이 부끄러움을 모른다.

외압과 청탁

나는 기사가 나가기 전 당사자한테 미리 말해준다. 기사를 터뜨리는 것도 중요하지만, 아무리 나쁜 짓을 했어도 기사 파장에 대해 준비할 수 있는 시간을 줘야 한다고 생각한다. 검찰이나 국정원 사람들도 내가 기사를 빼거나 고쳐주지 않는 건 알지만, 큰 기삿거리일 경우 쓸 때쯤 되면 다 알고 찾아온다. 그러면 나는 어떻게 어디까지 나간다고 얘기해준다. 나를 잘 모르는 사람들이 가끔 외압을 넣는데 바로 역효과다. 대놓고 욕한다. 성만 써놓은 기사에 이름을 박아 넣고 이름만 써둔 기사에는 사진을 박기도 한다. 그쪽에서 항의하면 더 세게 박는다. 기사에 대해 미리 말을 주고받아서 더 세게 고치는 경우는 있었지만 빠지는 경우는 없었다. 물론 얘기는 다 해준다. 그래서 기사 당사자가 아예 빼달라는 얘기는 못해도 내가 뒤통수는 치지 않는다는 신뢰는 갖게 해준다.
최소한 나는 거짓말을 안 하니까.

7장

친일파와
빨갱이

박정희 전 대통령이 남겨놓은 재산이 10조 원가량 된다는 부분은
무엇이 잘못됐다는 것인지 모르겠다. 박정희 대통령은 재임 중
취득하거나 강탈하여 정수장학회, 영남대, 육영재단 등을 남겼다.
박근혜 의원은 세 재단의 이사장을 지냈다.
전국에서 캠퍼스가 가장 큰 대구의 영남대학교도
박정희 대통령이 남긴 재산이다.
'교주' 박 대통령이 출연한 돈은 '0원'이다.
박근혜 전 이사장이 출연한 돈도 '0원'이었다.

01

친일파의 애국 백년사

독도 문제는 반세기가 지나도 끝날 기미가 보이지 않는다. 도돌이표 노래다. 그런데 조금씩 일본의 전술에 말려드는 형세다. 실제 어떤 정권도 제대로 대응하지 못했다. 독도를 외치며 국민들의 감정을 이용해 먹다가도 일본 앞에서는 번번이 고개를 숙이곤 했다. 이명박 대통령은 특히 더했다. 본능적으로 일본에 끌리는 대통령 같았다. "지금은 곤란하다"는 발언으로 독도의 운명에 말뚝을 박았다. 역사에 길이 남을 말이다. MB 정부는 출범 초기부터 독도, 일본군 위안부, 야스쿠니 신사 등 민감한 현안은 피한다는 기조를 세웠다고 미 대사관 비밀 문건에 적혀 있다. 실제 MB는 출범 초기부터 과거에 얽매이지 않겠다는 입장을 수시로 밝혔다. 2008년 4월 18일 권철현 전 주일 대사는 일본 부임 기자회견에서 "낡은 과제인 독도·교과서 문제는 거론하지 않겠다는 게 대통령의 뜻이다"라고 말했다.

이유는 간단하다. 고양이에게 생선을 맡겼기 때문이다. 독도 문제, 역사 교과서 왜곡, 친일파 대응을 그림 하나에 모아보면 왜 우리가 일본에게 판판이 밀려왔는지 분명히 볼 수 있다. 지난 백 년 근현대사에서 주인공을 꿰찬 메인스트림은 친일을 대가로 얻은 권력과 재력으로 현재까지 떵떵거리고 있다. 이승만과 박정희 그리고 전두환 대통령을 옹위했던 세력 그리고 조중동 등 수구 언론은 친일을 바탕으로 특권층의 자리에 올랐다. 목숨과 가족의 안녕을 걸고 싸운 독립투사들은 이 땅을 떠나거나 가난하거나 외롭게 살고 있다.

친일했다는 건 일본의 수족이 되어 민족을 고통과 죽음으로 내몬 대가로 사사로운 이익을 챙겼다는 뜻이다. 이렇게 나라를 팔아먹은 친일파들이 반성도 하지 않고 국가의 정통성을 말하고 있다. 건국을 말하고 있다. 권력의 맛을 아는 친일파들은 영구 집권 프로젝트를 오래전부터 가동했는데, 그것이 바로 '빨갱이 딱지' 붙이기와 '박정희 신화' 만들기다. 해방된 조국을 접수한 친일파들은 껄끄러운 독립운동가들과 친일청산을 외치는 이들에게 '빨갱이' 낙인을 찍었다. 그리고 그 '빨갱이'들을 잡아다 고문, 투옥, 사형까지 시켰다. 초대 대통령 이승만은 "친일파에 대해 말을 많이 한 것이 공산당이다"라고 거들었다. '빨갱이'는 북한과 더불어 독재 정권을 지키는 도깨비 방망이였다. 독재를 반대하면 빨갱이가 됐다. 민주화와 인권을 외치면 '빨갱이'가 됐다. 바른 말을하면 빨갱이가 됐다. 요즈음은 빨갱이라는 단어 대신 '종북'이라는 말이 유행이다. 어버이연합 할아버지들도 종북이라는 말을 쓴다. 2012년

2월 김관진 국방장관이 대통령을 조롱했다고 나꼼수를 종북 방송이라고 했다. 요즈음은 머리가 나빠야 장관이 될 수 있다.

'한국 민주주의의 얼굴'로 불리는 김대중 전 대통령은 죽어서도 빨갱이 딱지를 떼지 못했다. 그 낙인을 처음 찍은 사람은 박정희 전 대통령이었다. 그는 소령 시절 남로당 조직책임을 실토했다. 군사재판에서 확인된 '공인 빨갱이'였다. 그러나 박정희 전 대통령은 빨갱이 때려잡기를 앞세워 정권을 유지했다. 정적 김대중에게도 무조건 빨갱이라고 했다. 전두환의 신군부는 김대중에게 사형선고를 내리며 그 낙인을 더 깊게 새겼다. 법원이 '신군부의 범행에 맞선 정당한 행위'라며 사형 판결을 뒤집었으나 김대중은 대통령이 되고도, 노벨평화상을 받고도, 죽어서도 여전히 '빨갱이' 딱지를 떼지 못했다.

괴테는 역사의 의무는 진실과 허위, 확실과 불확실, 의문과 부인을 분명히 구별하는 것이라고 말했다. '빨갱이 김대중' '박정희 신화'를 디테일하게 살펴보자. 지금 이 순간에도 친일은 계속된다.

리포트

MB가 독도 전쟁에 판판이 지는 이유

[시사IN 204호] 2011.08.17

일본은 8월 2일 일본의 독도 영유권 주장을 담은 《방위백서》를 발간

했다. 앞서 일본은 역사 교과서에 독도 영유권을 주장하는 내용을 포함했다. 일본의 독도 영유권 주장은 50년 계획을 가지고 치밀하게 추진 중인 반면, 한국은 그때그때 땜질 대응을 한다는 지적을 받는다. 특히 이명박 정부의 독도에 대한 안이한 인식이 논란을 키웠다는 비판이 제기된다.

2008년 4월 18일 권철현 신임 일본 대사는 한국 특파원들과 만난 자리에서 "낡은 과제이면서 현안인 독도·교과서 문제는 다소 일본 쪽에서 도발이 있더라도 드러내지 말아야 한다. 이 같은 지시를 이 대통령에게 받았다"라고 밝혔다. 주일 대사관은 인터넷 홈페이지에서 동해 표기와 독도 관련 주장을 삭제했다. 당시 일본 문부과학성은 중학교 사회과의 신(新)학습지도 요령 해설서에 독도가 "우리 나라(일본) 고유의 영토"라고 명기하기로 했다.

2008년 7월 15일자 일본 요미우리 신문은 2008년 7월 한·일 정상 회담에서 후쿠다 야스오 총리가 독도를 '다케시마'로 표기하겠다고 하자, 이명박 대통령이 "지금은 곤란하니 기다려달라"고 요구했다고 보도했다. 이것을 청와대는 오보라 주장했고, 요미우리는 맞다고 맞섰다. 2010년 일본 하토야마 정부가 '독도 영유권'을 거듭 주장했지만 정부는 국민의 시선을 의식해 일본 대사를 비공개로 불러 유감을 표하고 끝냈다.

김삼웅 전 독립기념관장은 "일본 수구 세력의 독도에 대한 전략·전술에 이명박 정부가 전혀 대응하지 못하고 있다. 정상회담 등 나서야 할 때는 안 나서다가 일본 의원 방한에는 나섰는데 닭 잡는 데 소 잡는 칼을 쓴 격이다"라고 말했다. 그는 또 "일본의 지원을 받는 학자들이 만든 식민지 근대화론이 이명박 정권의 이데올로기가 되었다. 그래서 정부가 독도 문제나 한·일 어업협정 문제에 단호히 대응하지 못하는 것이라고 본다"라고 말했다. ■

조 · 중 · 동이 친일인명사전 때리는 까닭

[시사IN 114호] 2009.11.21

"과거의 범죄를 반성하지 않는 것은 미래의 범죄를 용인하는 것이다." 프랑스의 대문호 알베르 카뮈의 말에서 민족문제연구소는 《친일인명사전》의 발간 의의를 찾았다.

《친일인명사전》이 세상에 나오는 데는 광복 후 64년 세월이 필요했다. 8년 동안 학자 150여 명이 편찬에 참여했다. 먼저 문헌자료 3천여 종에서 인물정보 250만 건을 취합했다. 그리고 20여 개 전문분과 심의와 편찬위원회의 50여 차례에 걸친 면밀한 검토를 거쳐 친일 인사 4389명을 수록했다. 임헌영 민족문제연구소장은 편찬위원들에게 "우리 할아버지를 명단에 올린다는 생각으로 선정과 서술에 신중을 기해 달라"고 말했다. 감수에 참여한 한 교수는 "고증에 고증을 거듭했다. 친일파가 사전에 빠질 수는 있지만 친일 행적이 없는 사람이 올라가거나 내용이 틀린 것은 없다"라고 말했다.

《친일인명사전》에 대해 학계에서는 별다른 이견이 없다. 전국 대학 교수 만 명이 편찬을 지지하기도 했다. 하지만 유독 반발하는 세력이 있다. 박정희 전 대통령 주변과 조선·중앙·동아일보다. 박정희 전 대통령의 아들 지만 씨는 법원에 '《친일인명사전》에 아버지의 이름을 싣는 것과 사전의 배포를 금지해달라'고 가처분 신청을 냈다. 하지만 기각당했다. 친박연대 한선교 의원은 '박 전 대통령이 국가에 큰 공을 세웠으니 친일파가 아니다'라는 취지의 인터뷰를 했다. 공도 과도 역사의 일부다. 고치거나 지울 수 없다.

친일 정리가 국가 정통성 훼손?

방응모·홍진기·김성수 등 일제강점기 자사의 사주 등이 《친일인명사전》에 오른 조선·중앙·동아일보는 발끈했다. 조선일보는 11월 9일 '대한민국 정통성 다시 갉아먹은 친일사전 발간 대회'라는 제목의 사설에서 "아까운 국민 세금이 또 한 번 대한민국의 정통성을 갉아먹는 데 쓰인 꼴이다"라고 비난했다. 같은 날 동아일보 사설은 한 걸음 더 나아갔다. "박정희 전 대통령은 친일 책임을 묻기가 어려운 계급인 만주국 중위인데도 명단에 올렸다. 건국에 이은 경제발전의 주역에 대한 모욕주기로 의심된다. ……대한민국의 정통성을 훼손하고 사회 분열을 조장하는 세력에 단호한 대처로 맞서지 않을 수 없다."

사전에 오른 내용이 옳은지 그른지에 대한 논쟁은 거의 없다. 친일

반민족 행위자를 공개하고 정리하려는 노력이 국가 정통성을 훼손한다는 소리는 뜬금없다. 친일파를 정리하지 않는 것이 대한민국 정통성을 수호한다는 논리는 궤변에 가깝다. 서중석 성균관대 교수는 "조선과 동아는 구체적으로 어떤 면이 국가 정통성을 훼손했다는 것인지 적시하지 않았다. 친일 문제만 나오면 얼버무리면서 훼손됐다고만 하는 경향이 있다"라고 말했다.

조·중·동은 그들에게 '전가의 보도'인 색깔론과 박정희를 빼들었다. 조선일보는 "조국 광복운동에 손가락 하나 담근 적이 없는 정체불명의 인사들이 사전을 만드는 데 김대중·노무현 정권은 국민 세금을 8억 원이나 지원했다"라고 썼다. 동아일보는 민족문제연구소의 임헌영 소장이 공산주의 지하조직인 '남민전'에 가담한 전력을 부각시켰다. 또 좌파 인사들의 친일 행적을 너그럽게 평가했다며, 《친일인명사전》이 '좌파사관'이라고 치부했다. 중앙일보는 11월 10일 칼럼에서 《친일인명사전》을 낸 민족문제연구소와 학자들을 '좌파'로 단정했다. 그리고 몽양 여운형 같은 좌익 성향의 인사가 빠진 것을 강조하기도 했다.

조·중·동은 박정희 전 대통령이 《친일인명사전》에 오른 것에 불만을 토로했다. 하지만 세 신문은 모두 박 전 대통령이 "일본인으로서 수치스럽지 않을 만큼의 정신과 기백으로 일사봉공(一死奉公)의 굳건한 결심을 하고 견마(犬馬)의 충성을 다한다"라는 혈서까지 쓰며 만주군에 지원했다는 내용은 보도하지 않았다. 중앙일보는 아예 새로운 학설을 주장했다. 11월 5일자 칼럼에서 "그(박 전 대통령)는 부관으로서 작전명령을 전달하고 부대 깃발을 관리했다. 여러 자료·증언을 종합하면 실제

전투에는 참가한 적이 없다." 이에 대해 민족문제연구소 조세열 사무총장은 "박 전 대통령의 임무는 전투를 지휘하는 작전 장교였다. 세상에 어느 나라 장교가 전쟁터에서 부대 깃발만 관리하는가"라고 말했다.

《친일인명사전》의 내용을 살펴보면 민족지를 자처하는 조선·동아일보의 사주 방응모·김성수의 친일 행적은 명확하다. 한 역사학과 교수는 "방응모와 김성수가 워낙 유명한 사람이어서 행적도 그만큼 뚜렷이 남아 있다. 김성수는 양면성이 있지만 친일로 볼 만한 확실한 자료가 너무 많다"라고 말했다.

조선일보의 창간 이념 '신문명 진보주의'는 조선총독부의 문화통치 이데올로기다. 조선일보의 친일 기사는 헤아릴 수 없이 많았다. 사주 방응모는 생전에 불가피한 타협을 넘어서 적극적인 친일 행위에 나섰다. 1933년 조선일보의 경영권을 인수한 방응모는 곧바로 조선군사령부 애국부에 고사기관총 구입비로 천6백 원을 헌납했다. 1934년에는 조선총독부와 군부의 지원을 받는 대아시아주의 황도사상 단체의 발기인 겸 고문으로 참여했다.

방응모는 1937년 7월 조선일보 간부회의에서 주필 서춘이 '일본군, 중국군, 장개석 씨' 등으로 쓰던 용어를 '아군, 황군, 지나 장개석'으로 고치고 일본 국민의 입장에서 논설을 쓸 것을 주문했다. 또한 1937년 일반 국민에 대한 황군 원호와 개선 군인의 환송과 접대를 맡은 경성군사후원연맹 위원으로 활동했다. 내선일치를 목적으로 하는 시국강연회에 여러 차례 연사로 나서기도 했다. 그뿐만 아니라 언론사 사주로 일제 침략전쟁에 적극 협력하는 글을 여러 편 남겼다. 방응모는 해방 후

건국준비위원으로 활동했고 1945년 11월 조선일보를 복간했다.

일제강점기 조선일보 기자들의 친일 행위도 두드러진다. 조선일보에서 간부를 지낸 서춘·유광렬·이상협·홍양명·홍종인 등이 《친일인명사전》에 이름이 올랐다. 친일 문인으로 이름을 올린 이광수·김동인·김동환·노천명·채만식·주요한 등도 조선일보에서 기자 생활을 했다.

조선일보 출신 친일 인사 가장 많아

동아일보 사장과 보성전문학교 교장을 지낸 김성수. 동아일보는 일제 말 김성수가 쓴 징병 권고문에 대해 이름을 도용당한 것이라고 주장했다. 동아일보의 주장을 받아들이더라도 친일 행위는 적지 않다.

《친일인명사전》에 따르면 김성수는 징병제가 실시되자 1943년 매일신보에 〈문약(文弱)의 고질(痼疾)을 버리고 상무기풍을 조장하라〉는 징병 격려문을 기고했다. "징병제 실시로 비로소 조선인이 명실상부한 황국신민으로 되었다. 지난 5백 년 동안 문약했던 조선의 분위기를 일신할 기회를 얻었다." 또 다른 김성수의 친일 사설이 매일신보와 경성일보에 여러 번 실렸다. 김성수는 학도지원병제가 실시되자 보성전문학교의 지원율을 높이기 위해 각종 활동에 나섰다. 1943년 12월 보성전문학교 학도지원병 예비군사학교 입소식에서 "제군은 세계 무비의 황군의 일원의 광영을 입게 되었으니 학도의 기분을 버리고 군인의 마음으로 규율 있는 생활을 하라"고 훈시했다. 김성수는 해방 후 동아일보 사장에 재취임했고, 1951년에는 대한민국 부통령으로 선출됐다.

269

동아일보 발행인 겸 편집인이었던 이상협은 1935년 한일병합 25주년 표창을 받았다.

문인 이광수는 1926년 동아일보 편집국장을 지내다 1933년 조선일보 부사장으로 자리를 옮겼다. 최남선이 광복 후 "친일은 씻기 어려운 대치욕이다"라고 말했던 반면, 이광수는 "친일은 민족 보존을 위해 어쩔 수 없었다"라고 강변했다.

홍석현 중앙일보 회장의 부친 홍진기도 《친일인명사전》에 올랐다. 1966년 중앙방송 사장과 중앙일보 회장을 지낸 홍진기는 1940년 일본 고등문관시험 사법과에 합격해 일제강점기에 판사 생활을 했다. 홍진기는 해방 이후 법무부 장관, 내무부 장관을 지냈다. 1960년 3·15 부정선거 사건으로 체포되어 무기징역을 선고받았으나 석방됐다. 홍진기의 장인 김신석도 《친일인명사전》에 올라 있다. 김신석은 1936년 6월 조선총독부 중추원 참의에 임명되어 광복 때까지 재임했다. 김신석은 1944년 경성일보에 "조선의 부형들은 어린 딸을 여자 정신대로 안심하고 보내라"고 기고했다. ■

한마디 사과도 없었다

친일파들은 일제 강점기에는 어쩔 수 없이 모두가 친일을 했다고 주장한다. 하지만 어쩔 수 없이 정신대에 끌려간 것과 어린 학생들을 정신대에 보낸 행위의 차이는 하늘과 땅만큼 크다. 그 대가로 부귀영화를 누렸다면 더 말할 필요가 없다.

사단법인 안중근의사숭모회는 정부가 법으로 인정해온 유일한 안 의사 기념단체다. 그런데 숭모회 역대 이사장직은 악질 친일파들의 몫이었다. "견마(犬馬)의 충성을 다한다"라고 혈서까지 쓰며 만주군에 지원한 박정희 전 대통령도 안 의사 기념사업을 대대적으로 벌이며 통치이념으로 사용하고자 했다. 일제 때 제호 위에 일장기를 걸고 독립운동가를 '비적(匪賊)'이라고 칭한 조선일보는 지금도 안 의사 기념사업에 열심이다. 한마디 사과도 없이.

이들은 안중근 의사의 독립운동을 어떻게 기념하겠다는 것일까? 안 의사의 정신을 어떻게 계승하겠다는 것일까? 친일로 얻은 부와 권력을 지금까지 당당히 누리면서 말이다. 안 의사를 비롯한 독립운동가의 후손 대다수는 아직도 배가 고프다. 제대로 교육받은 이도 드물다. 정권을 잡은 친일파의 탄압을 피해 해외로 뿔뿔이 흩어지기도 했다. 안중근 의사는 교과서에서만 위인으로 언급될 뿐 유적도 방치되고 있다.

나는 10년째 함세웅 신부님이 이사장으로 있는 '안중근의사기념사업회'의 일을 돕고 있다. 안 의사의 정신을 알리고 친일파에 의해 휘어진 근현대사를 바로잡는 데 힘을 보태고 싶어서다. 그런데 씁쓸하게도 정부의 후원을 받지 못하는 기념사업회라서 회원들이 돈을 모아 꾸려가고 있다. 가장 유명한 독립운동가 중 한 명인 안중근 의사에 대한 국가의 대우가 이 정도다.

02

빨갱이 김대중과
박정희 신화

2011년 5월 조선일보와 중앙일보가 5·16 군사쿠데타 50주년 기사를 대대적으로 내보냈다. 두 신문은 5·16 군사쿠데타 핵심 인물인 김종필 전 공화당 의장 인터뷰를 크게 실었다. 조선일보는 박정희 전 대통령의 인간적인 모습을 부각시켰다. 중앙일보는 칼럼에서 박 전 대통령과 5·16 세력은 산업화와 자주국방을 내걸고 한국 사회의 변혁을 주도했다며, 4·19와 5·16 정신은 결국 하나라고 했다. 5·16은 우국충정의 순수한 거사였다고 기술했다. 궤변이 지나치다. 신문이 소설 수준이다. 이 회사 다니는 기자들은 이런 글이 실려도 분노하지 않는다. 정말 대단한 가슴을 가졌다.

수구 언론이 쿠데타를 찬양하는 이유는 무얼까? 수구 진영은 혹시 온갖 특혜와 반칙으로 몸집을 불리던 독재 시절을 추억하는 것일까. 이런 언론 덕분에 많은 사람들이 박정희 전 대통령이 우리나라를 먹여 살렸다고 알고 있고, 경제적 국부라고 믿는다. 그러나 '군사독재'의 뿌리에서 나온 5공화국 때도 박정희 전 대통령은 영웅이 아니었다. YS 때는 더더욱 아니었다. '박정희 신화'는 2003년 조선일보를 비롯한 보수 언론이 '박정희 띄우기'를 하면서 시작됐다. DJ와 노무현 전 대통령을 죽이기 위해서 죽은 박정희가 다시 살아난 것이다.

리포트

독일 대통령도 울었다고?

[시사저널 840호] 2005.11.18

40년 전 일이다. 꽃다운 나이의 간호사 누이들이 이역만리 독일 땅으로 떠났다. 누이들은 열심히 일했다. 번 돈 거의 전부를 고국에 보냈다. 그 돈으로 빚을 갚고 동생을 가르쳤다. 이는 보릿고개를 넘는 큰 힘이었다. 이들의 송금액은 한때 GNP의 2퍼센트대에 달했다.

최근 들어 파독 간호사와 광부의 이야기가 왜곡되었다고 파독 간호사들은 입을 모은다. 특히 참여정부 들어서 그 정도가 심해지고 있다고 한다. 파독 간호사의 산파 역할을 한 이수길 박사(77)는 "가난한 조국이 차관을 얻기 위해서 볼모나 노예로 팔았다는 식으로 파독 간호사를 포장했다. 파독 간호사들의 피와 땀을 이용하려는 사람들이 있다"라고

273

말했다.

뤼브케 대통령은 행사에 참석도 안 해

파독 간호사와 관련해 가장 많이 알려진 일화 한 토막이다. 2004년 인터넷에서 큰 인기를 얻어 전 언론에 소개된 김충배 전 육사 교장의 글이다.

대통령은 눈물을 흘렸다. 대통령이란 귀한 신분도 잊은 채. 소리 내어 눈물 흘리자 함께 자리하고 있던 광부와 간호사 모두 울면서 영부인 육영수 여사 앞으로 몰려 나갔다. 어머니! 어머니! 하며. 육 여사도 함께 울면서 내 자식같이 한 명 한 명 껴안아주며 "조금만 참으세요"라고 위로하고 있었다.

광부들은 뤼브케 대통령 앞에 큰절을 하며 울면서 "고맙습니다. 고맙습니다. 한국을 도와주세요. 우리 대통령님을 도와주세요. 우리 모두 열심히 일하겠습니다. 무슨 일이든 하겠습니다"를 수없이 반복했다. 뤼브케 대통령도 울고 있었다. ……호텔로 돌아가는 차에 올라 탄 박 대통령은 계속 눈물을 흘렸다. 옆에 앉은 뤼브케 대통령은 손수건을 직접 주며 "우리가 도와주겠습니다. 서독 국민들이 도와주겠습니다"라고 힘주어 말했다.

다음은 2003년 9월 3일자 조선일보 〈눈물 젖은 역사를 가르치라〉라는 칼럼의 일부분이다.

박정희 대통령과 육영수 여사가 단상에 올라섰다. 그 순간 함보른 탄광 광부들로 구성된 브라스 밴드가 〈애국가〉를 연주하기 시작했다. 차츰 커지던 〈애국가〉 소리는 '무궁화 삼천리 화려강산' 대목부터 목멘 소리로 변해갔고 '대한 사람 대한으로 길이 보전하세'에 이르러서는 울음소리가 가사를 대신해 버렸다. ……결국 대통령은 연설을 마무리짓지 못했다. 본인도 울어버렸기 때문이다. 박정희는 광부들에게 파고다 담배 5백 갑을 선물로 나눠주고, 돌아갈 차에 올랐다.

차 속에서 흐르는 눈물을 감추려 애쓰는 박정희를 보고, 곁에 앉은 뤼브케 서독 대통령이 자기 호주머니에서 손수건을 꺼내 박정희의 눈물을 닦아주었다. 1964년 12월 10일 서독 루르 탄광 지대에서 있었던 일이다. 불과 40년 전의 이 '사건'을 지금 이 나라에서 아직 기억하고 있는 사람은 몇 되지 않을 것이다. 나라를 쥐고 흔드는 단병호 민노총 위원장이 그때 열네 살, 노무현 대통령을 만든 일등공신이라는 배우 문성근과 명계남이 각각 열 살, 열한 살 무렵이다. 그러니 386들이야 이 '눈물 젖은 역사'를 알 턱이 없다. ……독일 땅에 도착한 한국 간호사들이 처음 맡았던 일은 알코올 묻힌 거즈로 사망한 사람의 몸을 닦는 작업이었다.

여기서 파독 간호사와 관련된 일화 중 사실과 다른 부분이 있다. 당시 행사에 참여했던 한 교민에 의하면 "광부 악단이 〈애국가〉를 연주하자 눈물을 보인 간호사들이 좀 있었다. 박 대통령은 연설을 마치고 담배를 나눠주고 떠났을 뿐이다. 뤼브케 대통령은 그 자리에 없었다"라고 말했다. 독일 대사관이 제공한 박 대통령 독일 방문 일정표에도 함

275

보른 탄광회사에서 광부와 간호원을 만난 그 자리에 뤼브케 대통령은 없었다. 독일 대사관의 한 관계자는 "당시 박 대통령과 뤼브케 대통령과는 공식 만찬이 한 번 있었다"라고 말했다.

박정희 시대 향수 자극하는 소재로 둔갑

김충배 전 육사 교장은 "서독 대통령이 자리에 없다는 사실을 몰랐다. 신·구 세대가 같이 가자는 의미이지 박정희 미화는 아니었다"라고 말했다. 조선일보 강천석 논설주간은 "당시 박 대통령의 통역을 맡은 백영훈 교수의 회고록을 읽고 자료를 모아 글을 썼다. 나중에 백 교수가 전화를 걸어와 뤼브케 대통령이 그 자리에 오지 않았다고 했다"라고 말했다. 백영훈 한국산업개발연구원장은 "뤼브케 대통령이 그 자리에 오지 않았고 의전실장이 있었다"라고 말해 자신의 저서 《아우토반에 뿌린 눈물》의 내용이 잘못되었음을 시인했다.

1961년 12월, 독일은 한국에 차관 1억 5천만 마르크를 지원하기로 결정했다. '라인강의 기적'을 이룬 독일은 당시 제3세계 30여 개국에 개발 지원을 하고 있었다. 광부와 간호사의 파독은 1963년과 1966년에 시작되었다. 때문에 상업 차관을 들여오는 조건으로 파견되었다는 이야기는 시기적으로 맞지 않다.

인터넷 매체 프레시안의 박태견 논설주간은 "일부에서 광부·간호사들이 한국 경제에 기여한 성과를 박정희 전 대통령의 전지전능한 리더십으로 연결했다. 경제 환경이 나빠져 반노 정서가 극에 달하자 경제적

으로 양적 팽창을 했던 박정희 정권 때의 향수를 불러일으킴으로써 진
보·민주 세력을 공격하는 전형적인 방법이다"라고 말했다. ■

박정희 신화, 한마디만 할게요

박정희 전 대통령은 일본 육군사관학교를 졸업하고 일본이 제2차 세
계대전에서 패망할 때까지 일제가 세운 괴뢰국인 만주국 장교였다. 해
방 이후 소령 시절에는 군대 내 남로당 조직책으로 활동하다 체포되어
군사재판에서 사형선고를 받았다. 그리고 다른 남로당원 이름을 실토
하고 사형을 겨우 면한다. 부인할 수 없이 친일과 빨갱이 전력이 모두
있는 셈이다. 그런데 대통령 박정희는 친일파에게는 한없이 우호적이
고 공산주의자에게는 그토록 적대적이었다. 이 의문을 바탕으로 친일
과 빨갱이의 숨은 고리를 찾아보자. 그들처럼 집요하게.

2011년 11월 박정희 전 대통령의 아들이자 박근혜 의원의 동생 박지
만에게 고소당했다. 내가 박정희 대통령의 명예를 훼손했다고 했다. 그
날 하루 종일 '박지만 주진우'가 검색어 1위에 떠 있었다. 처음에는 박
지만 씨가 여자 주진우와 마약 스캔들이 난 줄 알았다. 하지만 알아보
니 경제학자들이 박정희 전 대통령의 경제 성적표를 매겨놓은 책《박정
희의 맨 얼굴》출판 기념회에서 내가 했던 말에 트집을 잡은 것이었다.

277

이후 수구 언론이 맥락을 잘라서 비난하고, 댓글 알바들이 욕을 토했다. 유명해져서 치러야 할 대가라고 생각하더라도 정도가 심했다. 이번 건은 단지 나의 신뢰도에 흠집을 내려는 차원이 아니었다.

출판기념회. 나는 원래 행사에 가는 것을 좋아하지 않는다. 그날은 가까운 유종일 박사와 안중근의사기념사업회 윤원일 사무총장이 거듭 부탁해서 들렀다. 얼굴만 보고 튀려고 했다. 그때는 내곡동 땅 특종 때문에 인지도가 좀 있었다. 그래서 준비 없이 한마디 하게 됐다. 그 자리에서 아이폰으로 조선일보 사설 하나만 찾아서.

"저는 말은 잘 못하는데요. 한마디만 할게요."

취재를 해보니 박정희 전 대통령의 실체가 언론에 의해 많이 왜곡됐다는 요지의 말이었다. 사실 박정희 전 대통령보다 조선일보를 비판하는 말이었다. 잘 살펴보자. 내가 거짓말을 하고 있는지, 박지만 씨가 거짓말을 하고 있는지, 조선일보가 거짓말을 하고 있는지.

박지만 씨는 내가 '성 접대' '10조대 재산을 남겼다' '64년 독일 방문시 독일 대통령을 만나지도 못했다'라는 말이 허위 사실이라며 박정희 전 대통령과 그 자손 및 친족의 명예를 훼손하였다고 주장했다. 우선 성 접대 부분은 박지만 씨 측에서도 별로 다투고 싶지 않아 보인다. 박 전 대통령은 사나흘에 한 번꼴로 안가에 연예인과 여대생들을 불러서 시중을 들게 했다. 시중 들 여자를 구하는 전문 채홍사가 있었다. 갑작스런 차출로 연예인이 TV나 영화를 펑크 내는 일도 있었다. 전 세계 그 어떤 독재자도 딸 같은 여자애들 데려다 접대를 받다가 총 맞아 죽은 경우는 없었다.

둘째로 박정희 전 대통령이 남겨놓은 재산이 10조 원가량 된다는 부분은 무엇이 잘못됐다는 것인지 모르겠다. 박정희 기념관에 이런 글이 붙어 있다. "(박정희 대통령이) 런닝셔츠를 해지도록 입었다." "박 대통령이 1남 2녀의 자손을 위해 남긴 재산은 대통령이 되기 전에 살았던 서울 신당동 집 한 채뿐이다." 이 말을 믿으라는 것인가? 박정희 전 대통령은 재임 중 취득하거나 강탈하여 정수장학회, 영남대, 육영재단 등을 남겼다. 박근혜 의원은 세 재단의 이사장을 지냈다. 현재까지도 문제가 되고 있는 재산이다. 그 재산 관계를 명확히 따져볼 필요가 있다는 문제 제기였다. 김지태 선생이 설립한 부일장학회를 강탈해서 박정희 전 대통령과 육영수 여사의 한 글자를 따서 만든 정수장학회. 박근혜 의원이 얼마 전까지 이사장을 맡았고, 지금도 박근혜 의원 주변 인사들이 재단을 깔고 앉아 있다. 정수장학회는 부산일보 주식 백 퍼센트, 문화방송 주식 30퍼센트를 가지고 있다. 서울 중구 정동 경향신문사 부지도 정수장학회 자산이다. 문화방송 최대 주주의 자산과 가치를 따지면 수조 원대에 이른다.

전국에서 가장 면적이 넓은 캠퍼스를 둔 대구의 영남대학교도 박정희 전 대통령이 남긴 재산이다. '교주' 박 전 대통령이 출연한 돈은 '0원'이다. 정말 교주다. 1980년대 '교주 박정희'로 명문화된 정관이 실제 있었다. 1988년 문화공보위원회 국정감사 회의록에 따르면 박근혜 전 이사장이 영남대에 출연한 돈도 '0원'이었다. 1979년 10 · 26 사태로 박정희 전 대통령이 궁정동에서 총에 맞아 숨지고 1980년 3월 박근혜 씨는 영남학원의 이사로 취임했고, 1개월 만에 이사장이 됐다. 29살 이사

빨갱이 김대중과 박정희 신화

장이었다.

1969년 육영수 씨가 어린이 복지사업을 목적으로 육영재단을 광진구 능동의 새 회관으로 이관하였다. 육영재단은 서울 도심 한가운데에 어린이공원을 소유하고 있다. 몇 년 전 어린이공원 부지 4만여 평은 땅값만 따져도 3조 원대라는 동아일보 기사도 있었다.

육영재단, 정수장학회 등은 비록 법인화하여 형식상 개인적인 소유관계는 정리되었을지라도 박정희 전 대통령이 대통령 재임 중 취득하거나 강탈하여 남겨둔 재산임에는 틀림이 없다. 육영재단을 두고 최근까지도 박 전 대통령의 차녀 박근영 씨와 장남 박지만 씨 등이 서로 폭력을 쓰는 난리가 일어나기도 했다. 분쟁 중에 조직 폭력배는 물론 한센병 환자들이 폭력 사태에 가담한 사실이 언론에 보도되기도 했다. 얼마 전에는 박근영 씨의 남편인 신동욱 교수가 법적 소송 중 구속되기도 했다. 집안의 재산 싸움이 이 사건의 본질이다. 정수장학회는 박정희 전 대통령이 강탈한 것임을 국정원 과거사위원회, 진실화해위원회가 공식적으로 인정했다. 문제가 되고 있는 재산을 계산해보니 얼추 10조 원이 된다고 말하는 전문가들이 많다. 이 부분에 대하여 취재와 확인이 필요하다는 취지의 발언이었다.

'뤼브케 대통령을 만난 사실이 없다'는 발언을 따져보자. 단상에서 2003년 9월 3일자 조선일보 강천석 씨가 쓴 〈눈물 젖은 역사를 가르치라〉의 일부분을 읽었다.

박정희 전 대통령을 미화하려고, 노무현 대통령을 까려고 조선일보가 거짓말을 한 전형적인 깔때기 기사였다. 사실관계도 아예 달랐다.

독일 대통령은 탄광에 가지 않았다. 당연히 손수건을 꺼내 박정희 전 대통령의 눈물을 닦아줄 수도 없었다. 광산에 독일 대통령이 없었다는 것은 박지만 씨도 인정하는 사실이다. 제출한 소장에도 나와 있다. 강천석 씨도 인정했다. 이 내용은 2005년 독일에서 현지 취재해서 시사저널 840호에 기사화했다. 박정희 전 대통령이 독일 대통령을 만났다는 것도 기술하고 있다. 내가 써놓은 기사에 적은 사실을 굳이 다르게 이야기할 이유가 없다. 언론이 거짓말을 많이 해 대중이 박정희 전 대통령의 실체를 보기 어렵다는 말이었다. 조선일보가 거짓말을 했다는 말이었는데 '박정희 전 대통령이 독일에서 뤼브케 대통령을 만난 사실이 없다'로 전후 맥락이 잘려졌다. 그런 채로 고소당했다.

나를 거짓말쟁이로 비방하는 사람들이 많다. 하지만 누구 한 명도 조선일보의 거짓말은 지적하지 않는다. 누가 거짓말을 하고 있는가? 나인가, 조선일보인가? 박정희 전 대통령이 남겨놓은 재산이 많다고 주장한 것이 고소당할 일인가? 그렇다면 남겨놓은 재산이 없다고 해야 하는가? 평생 해진 런닝셔츠에 막걸리만 먹었다고 해야 하는가? 시바스리갈은 절대 먹지 않았다고 해야 하는가? 딸 같은 젊은 여자들을 불러서 접대를 받은 적이 절대로 없다고 해야 하는가?

사실 이번 고소로 나를 괴롭히고 주변을 위축되게 만드는 것 이상의 성과는 없다는 걸 그들도 잘 안다. 소송에서는 내가 이긴다. 진다고 하더라도 아시다시피 명예라고 해봐야 몇 푼 되지 않는다. 그 정도 물어줄 돈은 있다. 박지만 씨가 나를 고소한 결정적인 이유는 내가 5년 넘게 박근혜 의원에 대한 공부를 하고 있기 때문일 것이다. 박근혜·김재규

빨갱이 김대중과 박정희 신화

씨 주변을 취재하려고 미국에 두 번 다녀왔다. 박지만 씨의 주변도 돋보기를 들이대고 들여다보고 있다. 그가 당구장에 나타나면 당구 치러 가고, 술집에 나타나면 나도 갔다. 나꼼수에서 박지만 씨가 청담동에서 이상한 당구를 친다고 말한 적이 있다. 그 당구장 가서 확인한 사실이다. 내가 보기에 애버리지 50점 정도 실력인데, 그는 매번 백 점을 놓고 쳤다. 당구에서는 자신의 점수를 실력보다 높게 치면 당연히 불리해진다. 하지만 같이 치는 동료들은 일부러 공을 빗나가게 하는 방식으로 박지만 씨를 즐겁게 하고 있었다. 심지어 개인 큐도 소장하고 있었다.

아무튼 박지만 씨가 나를 고소하면서 '거짓말하는 빨갱이 기자'라는 공격이 들어왔다. 나를 넘어 나꼼수를 공격하는 빌미가 됐다. 이에 발맞춰 조선일보를 비롯한 수구 언론들이 내가 거짓말을 한다고 일제히 공격하기 시작했다. 학력을 위조했다고 물어뜯었다. 몇 시간도 안 돼 들통 날 거짓말을. 심지어 정봉주에게 '사랑한다'는 편지를 받았는데, 그것도 거짓말이라고 한다. 이런 기사는 가치도 없다. 정봉주가 '미안하다, 사랑한다'고 했다. 그게 그렇게 중요한 일인가? 내가 그리 중요한 사람인가? 단지 사람을 흠집 내려고 귀한 지면을 쓴다. 조선일보는. 그 방면 1등 신문은 확실하다.

박근혜를 공부하고 있습니다

박근혜 의원에 대한 취재를 오랫동안 했다. 그러다 보니 자연스럽게 박근혜 의원과 사이가 좋지 않은 동생 박근영 씨와 친해졌다. 박근영 씨는 내게 자신을 '소운님'이라고 부르라고 했다. 첫 느낌은 무겁고 어두웠다. 참, 순수한 사람이다. 너무 순수해서 세상 물정을 아예 모른다. 주변에는 대구 사투리를 쓰는 할아버지만 있다. 특이사항으로 화장하고 머리 세팅하는 데, 너무 많은 시간을 투자했다. "언니는 주변에 도와주는 사람이 많지만 저는 혼자 준비해야 해서 나오는 데 시간이 많이 걸려요. 저희 집안 사람들이 어려서부터 청와대에서 보호받고 자라서 세상 물정을 잘 몰라요."

박근혜 의원도 무겁고 어둡다. 박근혜 의원이 박근영 씨에 비해 옅은 화장을 한다는 것이 가장 큰 차이로 생각된다. 다음은 박근혜 의원의 자서전 작업을 한 출판사 관계자의 말이다. "삼성동 자택은 대단한 음기가 서려 있다. 따뜻한 분위기가 없고 어둡다. 사람이 사는 집처럼 느껴지지 않아 놀랐다. 거실에는 조카 사진(박지만 씨 아들)이 여러 장 보였다. 외부에 있는 박근혜 의원의 비밀 사무실도 분위기는 비슷했다.

박 대통령 사진이 걸려 있는데 1970년대 분위기였다. 시간이 멈춰 있는 것 같은 분위기였다." 이 관계자는 인터뷰를 여러 차례 진행했는데 박근혜 의원은 추억이 없는지, 디테일한 기억이 없는지 책에 쓸 내용이 없어서 고생했다고 한다. 질문지 외의 즉흥적인 질문은 대단히 싫어했다고 한다. 작가가 이야기를 만들어가면 박근혜 의원은 "내가 한 이야기 아니다"라면서 퇴짜를 놓기 일쑤였다. 핵심 측근인 유승민 의원이 설득해서 겨우 책을 내놓을 수 있었다고 한다.

박근혜 의원이 담당 기자들에게는 말도 따뜻하게 하고, 폭탄주도 재미있게 타준다고 주변에서 입을 모은다. 나는 한 번도 못 받아봤다. 그런데 이 기자들은 기자인지 직원인지 헷갈릴 때가 많다. 기자가 기자들 사이에 길을 내면서 박근혜 의원을 모시기도 한다. 그걸 영광으로 여기는 이들도 있다. 그래서 박근혜 의원의 맨 얼굴을 대중들은 접할 수 없다. 박근혜 의원이 즉흥적인 질문을 싫어하는 것은 기자들 사이에 유명하다. '안철수 대선 지지율'에 대한 질문에 "병 걸렸나요"라고 말한 것이 대표적이다. 다음 날 기자들에게 "지나가는 식으로 농담을 했는데 표현이 부적절했던 것 같다"라고 말했다. 농담이라고? 박근혜 의원은 공식 석상에서 준비된 유머를 구사하기도 한다. "경상도 할머니가 외국인에게 버스를 보며 '왔데이' 했는데, 외국인이 '먼데이'라고 했다. 다시 할머니가 '버스데이'라고 하자 외국인이 '해피버스데이'라고 했고, 할머니는 다시 '시내버스데이'라고 했다."

박근혜 화법에 대해 전여옥 의원은 책에 이렇게 적었다. "박근혜는 늘 짧게 답한다. '대전은요?' '참 나쁜 대통령'……. 국민들은 처음에 무슨 심오한 뜻이 있겠거니 했다. 그런데 거기에서 그쳤다. 어찌 보면 말 배우는 어린이들이 흔히 쓰는 '베이비 토크'와 다른 점이 없어 보인다."

박근혜 의원은 낯을 많이 가린다. 주변에 사람도 적고, 사람들을 많이 만나지도 않는다. 최측근이던 전여옥 의원이 이명박 계로 돌아섰을 때 충격이 컸다고 했다. 박근혜 의원이 밥을 안 먹고 젓가락으로 밥알을 세고 있었다고 증언하는 이가 여럿이다.

박근혜 의원은 사색하는 시간이 많고 독서를 즐기는 것으로 알려져 있다. 《열국지》《로마인 이야기》《대망》 등을 감명 깊게 읽었다고 한다. 그러나 측근들은 박 의원이 드라마를 즐긴다고 한다. 〈베토벤 바이러스〉에 열광했고, 배우 김명민을 좋아한다.

죽어서도 못 뗀 빨갱이 딱지

[시사IN 102호] 2009.08.24

1957년 김대중 전·대통령은 명동성당에서 세례를 받았다. 세례명은 토머스 모어. 이상적인 정치 세계 유토피아(Utopia)를 꿈꾼 잉글랜드의 대법관이자 정치인 토머스 모어는 교회의 수장령을 거부하다 처형당했다. 토머스 모어만큼이나 김 전 대통령의 인생은 굴곡이 심했다.

'김대중'은 우리 사회의 뜨거운 화두였다. 특히 '김대중 죽이기'는 한국 정치사를 관통하는 메커니즘이기도 했다. 김 전 대통령을 '선생님'으로 추앙하는 사람들이 있는가 하면, 반대편에는 그를 '빨갱이' '지역감정의 주범' '급진주의자' '대통령병 환자' 등으로 몰아세우는 세력이 견고하게 자리 잡고 있다. 특히 이 사회 기득권일수록 후자에 속하는 사람이 많았다. 중앙정보부 고위 간부 최 아무개 씨는 "김대중을 잡거나 최소한 괴롭히기만 해도 출세를 보장받았다. 제도권에 있는 사람일수록 반김대중 논리를 펴지 않으면 살아남을 수 없는 구조였다. 1970~80년대 대부분을 범법자로 보내며 사형선고까지 받은 DJ를 금기시하는 것은 어찌 보면 당연하기도 했다"라고 말했다. 최 씨는 권총을 들고 김 전 대통령을 체포했고, 이를 기반으로 승승장구했다.

'김대중 죽이기'가 본격적으로 시작된 것은 1971년 대선에서 DJ 바람이 일면서부터다. 1971년 4월 대선은 DJ와 중앙정보부(현 국가정보원)

를 비롯한 국가와의 싸움이었다. 김대중 후보가 선거공약을 발표하는 날마다 간첩 사건이 터졌다. 선거 나흘 전 중앙정보부는 "김대중 후보의 남북교류 4대국 안전보장안 등의 공약을 북한이 지지했다"라고 발표했다.

대선에서 DJ는 박정희 대통령에게 패했다. 하지만 차세대 지도자라는 DJ의 후광은 영남 패권주의자들에게 두려움을 주기에 충분했다. 당시 중앙정보부 제1차장으로 근무했던 강창성 전 한나라당 의원은 "원칙대로 투·개표를 했다면 우리가 졌을지도 모른다"라고 증언했다. 고려대 최장집 교수는 "1971년 대통령 선거를 통하여 박 정권을 실제적인 위협으로 몰아넣었던 김대중은 체제에 대한 강력한 도전자라는 바로 그 이유 때문에 국가권력의 집중적인 탄압의 대상이 되기 시작했다"라고 말했다.

1971~87년은 DJ 인생의 암흑기였다. DJ를 제거하려는 공작이 이어졌다. 6년간 투옥됐고 10년간 55회 가택연금을 당했다. 첫 고비는 1971년 5월에 당한 교통사고였다. 전남 목포에서 총선 지원 유세를 마친 DJ의 자동차는 중앙선을 넘어 돌진하는 14톤 덤프트럭을 피하려다 논에 처박혔다. 이 사고로 DJ는 골반을 크게 다쳐 지팡이를 짚어야 했다. 사고 트럭이 공화당 의원 소유였다는 게 밝혀졌지만 사건은 미제로 남았다.

위기는 계속됐다. 1973년 8월 DJ는 일본 도쿄의 한 호텔에서 중앙정보부 요원들에게 납치됐다. 요원들은 DJ를 살해하려고 했으나 여의치 않자, 대북공작선 용금호에 태워 대한해협에서 수장하려 했다. 하지만 미국 정부의 개입으로 DJ는 가까스로 목숨을 건질 수 있었다. 서거 직후 영국 파이낸셜 타임스는 "김 전 대통령이 제임스 본드가 등장하는 007 소설의 한 페이지에 나올 법한 죽음의 문턱에서 살아남았다"라고 보도했다. 2007년 10월 국정원 과거사건 진실규명을 통한 발전 위원회는 당시 박정희 대통령이 직접 지시했을 가능성을 배제할 수 없고, 최소한 묵시적 승인이 있었다고 밝혔다.

납치 사건 이후 DJ는 동교동으로 돌아왔지만 바로 가택연금과 징역살이를 번갈아 해야 했다. 1979년 10월 26일 박정희 전 대통령이 시해되면서 DJ에게 봄이 오는 듯했다. 하지만 전두환 전 대통령 등 신군부는 1980년 5월 18일 DJ에게 총을 겨누었다. 군부는 광주민주화운동이 DJ의 지령에서 시작됐다며 '김대중 내란음모사건'을 조작했다. DJ는 군사재판 1·2심에서 사형선고를 받았다. 당시 지미 카터 미국 대통령, 빌리 브란트 독일 총리, 교황 요한 바오로 2세 등이 구명 운동을 벌여 DJ는 목숨을 건지고 미국 망명길에 오를 수 있었다.

1981년 1월 25일 당시 '김대중 사건의 청산'이라는 제목의 조선일보 사설이다. "김대중 사건은 전두환 대통령의 감형 조처로 일단 원만한 끝막음을 보게 되었다. ······더 중요한 것은, 이 감형 조처가 우리가 영위하고 있는 통치체제와 그 지도자의 폭넓은 금도와 포용력을 입증했기 때문이다. ······뉘우치는 자에게 너그러운 용서를 베푸는 것이야말로 다스림 중에서도 가장 차원 높은 경지인 것이다." 이 사설은《조선일보 명사설집》에 실려 있다.

1985년 귀국해 민주화의 봄을 이끌었지만 DJ는 군사정권과 패권 세력이 쳐놓은 덫과 평생을 싸워야 했다. 그를 지독하게 괴롭힌 것은 빨갱이라는 낙인이었다. DJ는 자신의 책 《평화로 가는 길》에서 "박정희 씨가 유신을 원치 않으면 통일을 원치 않는 것으로 인정하겠다고 했다"라고 썼다. DJ가 독재에 항거하거나 통일을 외치면 공산주의자가 되는 운명이었던 것이다.

선거 때만 되면 언론은 사상 검증이라는 이름으로 색깔론을 덧칠하기에 바빴다. 대선 직전인 1997년 12월 11일 중국 베이징에서 재미동포 윤홍준 씨가 기자회견을 가졌다. "김정일이 보낸 선거 자금이 김대중 후보에게 전달됐다"라는 내용이었다. 여기에 '오익제 편지' '김병식 편지' '이대성 파일'……. 선거 때면 언론은 DJ와 관련해 사상 의혹들을 봇물처럼 쏟아냈다. 그 의혹들은 거의 국가안전기획부(중앙정보부의 후신)의 공작으로 밝혀졌다. 북풍 공작에 뒷돈을 댔던 권영해 전 안기부장을 비롯해 안기부 전 1차장, 대공수사실장 등 안기부 고위 간부가 줄줄이 구속됐다.

DJ에 대한 색깔론은 그 뿌리가 깊고 넓다. DJ는 측근들을 '동지'라고 불렀다. 즐겨 사용하던 '동지' '대중' '민중'이라는 단어조차 북한을 추종하는 증거가 됐다. 그가 주장한 공화국연방제는 북한의 고려민주연방공화국 방안과 비슷하며, DJ가 세운 아태재단은 북한의 아태평화위원회와 이름이 비슷하다고 매도당하기도 했다. 김대중 전 대통령은 월간조선과의 인터뷰에서 "북한이 나중에 그런 용어를 그대로 쓸 줄 귀신이 아닌들 어떻게 미리 알 수 있었겠는가? 용어만 가지고 용공이라고 뒤집어씌운 것은 정말 부당하다"라고 말했다.

빨갱이 김대중과 박정희 신화

한화갑 전 민주당 대표는 "김 대통령이 정치 활동을 못한 16년 동안 군인과 대한민국의 공무원을 총동원해서 김대중은 빨갱이라고 교육했다. 중학교 미술 교사인 집사람도 김대중은 빨갱이라는 교육을 받았다"라고 말했다.

1949년 남로당에 가입하고 반란을 꾸민 죄로 사형을 선고받았던 박정희 전 대통령의 좌익 행위에 대한 비판은 언론에서 찾아볼 수 없다는 것과 대비된다.

DJ라면 무조건 색안경

빨갱이라는 굴레만큼이나 DJ를 괴롭힌 것은 지역감정의 골을 깊게 팠다는 비난이다. 1990년 11월 국회 대표연설에서 DJ는 "박정희 씨의 최대의 죄악, 영원히 역사에 용서받지 못할 죄악, 결코 정당화될 수 없는 죄악은 이 지방색의 조성이다"라고 말했다. DJ는 1971년 대선에서 박정희 전 대통령 측이 만들어낸 지역감정에 발목 잡혀 대권을 놓쳤다. DJ는 지역감정의 최대 피해자 중 한 사람이다. 하지만 호남의 확고한 지지에 힘입어 다시 일어섰다는 점도 부인할 수 없다. 그런데 보수 언론은 3김이 지역을 볼모로 토호정치를 한다는 비판에만 천착한다.

1987년 대선에서 YS와의 후보 단일화에 실패하자 비난의 화살은 DJ에게 쏟아졌다. DJ가 YS를 지지했다면 지역감정 구도를 넘어섰을 것이라는 가설을 바탕에 두고 있다. 비단 수구 기득권만의 비난이 아니었다. DJ는 "당시 여론은 단일화 실패의 책임을 나에게만 돌렸다"라고 괴로워했다.

호남의 정서는 지역적·패권적 지역주의가 **아니라 저항에 가까웠다.** 특정 지역에서 20년 넘게 한 사람에게 90퍼센트 넘는 몰표를 **던졌다는** 것은 지역정치만으로 설명하기 힘든 일이다. 한화갑 전 대표는 "표가 적은 지역은 지역주의를 조장해서 대결하면 무조건 불리하다. 무슨 이득이 있다고 DJ가 지역감정을 조장하는가"라고 말했다.

DJ에 대한 가장 흔한 비방 중의 하나는 그가 대통령병 환자라는 것이었다. 그런데 대통령 자리를 지키기 위해 18년간 독재한 박정희 전 대통령과 12년간 독재한 이승만 전 대통령에 대해서 이러한 비난은 없다. 대통령이 되기 위해 쿠데타를 일으킨 전두환·노태우 전 대통령도 마찬가지다.

언론이 DJ를 반대만을 일삼는 과격한 사람으로 묘사한 측면도 있다. 김 전 대통령 서거 후 영국의 BBC 방송은 "군사정권이 지배하던 수십 년 동안 한국에서 위험한 급진주의자로 통했다"라고 보도했다. 조선일보 김대중 고문은 1991년 6월 23일 '김대중 총재의 거취'라는 제목의 칼럼에서 "그의 정치는 반대와 공격, 타협과 술수로 대변된다. 그는 반대와 강성을 선명의 지름길로 삼아왔다"라고 적었다. 조선일보가 독재 세력과 군사정권이 과격하다고 지적한 것은 찾아보기 힘들다. 그런데 독재 세력과 군사정권에 항거한 것을 두고 반대와 강성이라고 표현하고 있다.

서거 직전까지 김 전 대통령이 부르짖은 것은 민주주의와 남북 화해였다. 이를 가로막는다며 이명박 정부에 대해서는 비판의 목소리를 높였다. 그러자 청와대와 한나라당은 한동안 거두었던 DJ에 대한 비난을 쏟아냈다.

DJ 죽이기에 나선 것은 역시 보수 언론이었다. 지난 7월 조선일보 김대중 고문은 김 전 대통령의 비판이 "노정치인으로서는 타락한 모습이었고, 전직 대통령으로서의 금도를 넘어선 일탈이었다"라고 썼다. 김 고문은 DJ에 대한 인신공격도 빼놓지 않았다. "DJ는 목적을 위해서는 수단과 방법을 중히 여기지 않는 사람이었다. 한때 그의 수족이나 다름없었던 추종자들을 용도가 폐기되면 가차 없이 버렸다."

동아일보는 "민중을 선동하는 것은 민주화 역사를 역류하는 죄짓기임을 DJ는 깨달아야 한다"라고 적었다. 중앙일보 김진 논설위원은 사경을 헤매는 김 전 대통령에게 반드시 살아야 한다고 했다. 그 이유는 "자신이 남긴 국가적 갈등의 상처를 조금이나마 치유해놓아야 하기 때문이다"라고 적었다. 중앙일보 문창극 대기자는 이명박 정권에 대한 김 전 대통령의 비판이 비자금 문제에 대한 불안감에서 비롯된 것일 수도 있다고 주장했다. 문 대기자가 근거로 삼은 월간조선 기사는 법원과 검찰에서 근거 없다고 결론이 난 내용들이었다. ∎

오늘도 김대중 대통령의 말을 새기고 있다

김대중 전 대통령이 돌아가시기 며칠 전 휠체어를 타고 어느 행사장에 오셨다. 한눈에 기력이 쇠해진 것을 알 수 있었다. 인사도 제대로 못했다. 악수는 말할 것도 없고. 일주일에 나흘간 투석을 받는 등 건강 문제가 심각했다. 그런데 마이크를 잡으시더니 갑자기 변신했다. 힘이 넘쳤다. "말하자면"으로 시작해 예를 계속해서 늘어놓기 시작했다. "첫째로, 둘째로……." 논리적인 연설이 이어졌다. 중간에 통계를 넣는 것도 잊지 않았다. 특히 이명박 대통령에 관해서 말씀할 때는 청년 같은 패기와 열정을 발산했다. 연설이 끝나고 마이크를 놓았다. 그러자 다시 영락없이 기운 없는 할아버지로 돌아갔다.

김 전 대통령의 인생은 실패와 고난의 연속이었다. 독재자들에 의해 다섯 번의 죽을 고비를 넘겼고, 6년의 감옥살이를 했고, 40년을 가택연금과 감시 속에서 살았다. 그의 인생은 이 땅의 민주주의이자 정의의 실현이었다. 나는 이 땅의 민주주의는 그에게 빚지고 있다고 생각한다. 그런 그의 삶은 내게도 많은 좌표가 되었다.

서거 전 함세웅 신부님을 따라 세브란스병원 중환자실에서 김 전 대통령의 마지막 가시는 길을 배웅했다. 건강과 평안을 위한 기도를 드렸다. 그리고 나는 오늘도 김대중 전 대통령의 말을 새기고 있다.

293

"인간에게 주어진 가장 고귀한 선물은 인간 사랑이다."

"서생처럼 고집스럽게 밀고 나가되 실천 방법에 대해서는 상인과 같이 유연하라."

"행동하지 않는 양심은 악의 편이다."

"용기는 모든 덕 중 최고의 덕이다."

"사람들이 나쁜 신문을 보지 않고, 또 집회에 나가고 하면 힘이 커진다. 작게는 인터넷에 글을 올리면 된다. 하다못해 담벼락을 쳐다보고 욕을 할 수도 있다."

리포트

'친일'은 지금도 계속된다

[시사IN 153호] 2010.08.23

1910년 8월 29일, 조선은 일본의 식민지가 됐다. 일제강점기 35년은 다른 식민지에서 유례를 찾기 어려울 만큼 억압과 인권 유린이 심했다. 민족과 문화는 거의 사망 직전까지 갔다. 그 뒤에는 늘 친일 조선인들이 있었다. 일본이 조선을 강제 점령한 지 백 년, 친일은 역사의 유물로 사라졌을까. 아직 보수 우파들이 '식민지 근대화론' 등을 거론하며 노골적으로 일본 향수를 불러일으키는 게 현실이다. 지난 백 년간 '친일'이 우리 역사와 사회를 어떻게 헤집고 할퀴었는지 짚어본다.

친일파들은 일제강점기에 살았던 사람은 모두 친일을 했다고 주장한다. 하지만 어쩔 수 없이 징용에 간 사람과 징용 및 위안부를 강제 동원하는 데 앞장선 사람 간에는 엄청난 차이가 있다. 친일파는 독립이 불가능하다며 독립운동을 폄훼하고 방해하고 나섰다. 이완용 등 친일파는 3·1운동이 전국 각지로 번지자 '자제회' '자제단' 등을 만들어 경거망동에 반대한다는 담화문을 내기도 했다.

일제와 친일파는 강점기를 근대적 시민사회의 시작이라고 강변했다. 비교적 최근에는 안병직 전 뉴라이트재단 이사장이 "일제강점기 동안 한국의 근대화가 진행됐다"라고 주장해 주목을 받았다. 한승조 전 고려대 교수는 아예 "일본의 한국에 대한 식민지 지배는 축복하고 감사해야 할 일이다"라고 말했다. 이에 대해 이만열 전 국사편찬위원장은 "일본이 한국을 문명화시키기 위해서 왔는가. 소나 돼지에게 살을 찌우기 위해 먹이를 주는 것과 무엇이 다른가. 실질적 이득은 한국이 아니라 일본이 거두어갔다"라고 말했다. 그는 "식민지 근대화론은 독립운동을 전면으로 부정해 독립운동이 한국의 건국을 막았다는 오류를 불러왔다"라고 말했다.

이승만 정권: 반미 친일파, 반공 친미파로

한국은 1945년 8월 15일 광복을 맞았다. 그런데 미국은 전쟁을 일으킨 일본은 간접 통치하고, 피해를 입은 한국은 직접 통치했다. 그 사이 '미국 귀신을 때려잡자'고 싸웠던 반미주의 친일파들은 어느새 영어 완장을 차고 있었다. 미 군정은 물론 이승만 정권도 일본 제국주의자들에게 충성했던 친일파를 중용했다. 미 군정의 경찰 책임자 마글린 대령은 "그들이 일본을 위해서 훌륭히 업무를 수행했다면, 우리를 위해서도 그럴 수 있으리라 생각한다"라고 말했다.

1948년 제헌국회에서 반민족행위 처벌법안이 발의되자 친일파들은 국회와 서울 시내에 협박장을 뿌렸다. "민족 처단을 주장하는 놈은 공산당의 주구다." 이승만 대통령도 이에 동조했다. "친일파에 대해서 말을 많이 한 것이 공산당이다." 1946년 10월 이승만 대통령은 "친일파 문제는 우리 환경이 해결할 수 없으니 극렬 친일 분자라도 기회를 주어야 한다"라고 말한다.

당시는 친일 행위 청산을 이야기하면 빨갱이로 몰리는 상황이었다. 제주 4·3 사건, 여순 사건, 반민특위 습격 사건, 장면 부통령 암살 사건 등의 배후에 친일 경찰이 있었다. 친일파 경찰은 고문으로 사건을 조작해내는 능력과 부정부패를 물려주었을 뿐, 사회에 기여한 바가 그다지 없었다. '반공 경찰' 노덕술·이구범·최운하 씨 등은 일제 때부터 고문을 잘해서 출세한 사람이다.

백범 김구 선생을 암살한 현역 소령 안두희는 재판에서 '의사'로 추켜세워졌고, 변호인은 피고에게 표창을 주어야 한다고 변론했다. 안두희는 재판에서 "김구 주석의 한독당이 공산당과 같은 노선이다"라고 소리를 높이기도 했다. 얼마 후 안두희는 풀려나 중령으로 승진했다. 군을 예편해서는 군납업으로 떼돈을 벌어 강원도 양구에서 다섯 손가락 안에 드는 부자로 살았다.

박정희 정권: 독도 파괴하자는 주장 나와

쿠데타로 정권을 잡은 박정희 전 대통령은 일본 군인 정신으로 무장한 사람이었다. 5·16 쿠데타는 일본 군인의 쿠데타와 맥이 닿아 있다. 박 전 대통령은 1932년 5월 청년 장교들이 만주 침략에 이견을 보인 일본 총리를 죽인 사건과, 1936년 2월 26일 황도파 청년 장교들이 쿠데타를 일으켜 고위 관료를 죽이고 국가 개조를 요구한 국수주의 신봉자들에게 심취해 있었다는 지인들의 증언이 여러 차례 있었다. 1991년 월간조선 7월호 보도에 따르면 박정희 전 대통령은 친구인 부산일보 황용주 주필에게 "일본의 군인이 천황 절대주의자 하는 게 왜 나쁜가. 그리고 국수주의가 어째서 나쁜가"라고 주장하기도 했다.

유신체제를 만들고 수호한 고위 관리들 역시 대부분 친일파였다. 박정희 정권 초기 6년 7개월 동안 국무총리를 지낸 정일권 씨는 일본 육사 출신이었다. 10년 넘게 대법원장을 지낸 민복기 씨는 친일파 거두 민병석의 아들로 조선총독부 판사 출신이었다. 유신체제 때에는 박정희 전 대통령과 3부 수장 그리고 유정회 의장까지 예외 없이 친일파였다. 김삼웅 전 독립기념관장은 "이승만과 박정희의 공통점은 친일파 중에서도 가장 악질적으로 반민족 행위를 한 사람들을 중용했다는 것이다"라고 말했다.

한·일 국교정상화 직전인 1964년 3월 16일 당시 박 대통령은 "과거 한·일 간의 불명예스러운 조약들을 언급할 필요가 없다"라고 말했다. 당시 한국 일각에서는 독도 문제를 제3국에 맡기자는 주장이 나왔다.

동아일보 1992년 6월 22일자 보도에 따르면 한국 측에서 독도를 파괴하자는 제안까지 꺼냈다고 한다.

유신체제 때에는 일본 군국주의를 떠오르게 하는 부분이 적지 않았다. 학도호국단 부활, 반상회 개최, 국기 하강식, 영화 상영 전 애국가 따라 부르기, 국민가요, 재건체조, 재건복, 미니스커트 단속은 물론이고 비상계엄, 위수령, 국가 비상사태 선포, 10월 유신, 긴급조치 등등. 일본 군국주의 통치 역사를 보면, 박정희 정권이 얼마나 국가를 일본식, 군대식으로 이끌었는지 쉽게 파악할 수 있다.

이명박 정권: 친일이 국가 정통성이라는 궤변

이명박 정부가 들어서자 우파들은 광복절을 건국절로 대체하겠다며 나섰다. 문화체육관광부가 중·고교에 배포한 책자 《건국 60년 위대한 국민-새로운 꿈》에는 대한민국의 모태가 미 군정에 있다는 내용을 담기도 했다. "임시정부는 자국의 영토를 확정하고 국민을 확보한 가운데 국제적 승인에 바탕을 둔 독립국가를 대표한 것이 아니었고, 실효적 지배를 통해 국가를 운영한 적도 없다"라는 대목도 있다. 김영일 광복 회장은 "독립운동 세력을 탄압한 친일 세력이 근대화에만 초점을 맞춰 자신들의 과오를 덮으려 한다"라고 말했다.

2009년 8월 교육과학기술부가 발표한 '역사 교과서 집필 지침'은 뉴라이트 계열의 역사관이 대폭 반영됐다. 이승만 정부의 정통성을 강조하고, 박정희 정권의 경제발전 과정을 특히 강조했다. ■

독립운동해서 패가망신했다

2011년 8월, 숨이 턱턱 막히는 여름날이었다. 서울 여의도 KBS 본관 앞 도로에 팔순이 넘은 독립운동가 후손들이 앉아 있었다. 그들은 단식 중이었다. KBS가 8·15 광복절을 맞아 기획한 이승만 전 대통령 다큐멘터리 방송의 중단을 요구하는 항의 시위 중이었다. 지난 6월, 백선엽 장군의 다큐 때도 그 노인들은 똑같은 아스팔트 위에 있었다.

이명박 정부 들어 국사 교과서 수정 등 역사를 재정립하려는 시도가 다양하게 진행됐다. 이 방송들도 그 일환이었다. 이들은 우선 대한민국 정통성의 뿌리를 1919년 임시정부 수립이 아니라 1948년 이승만 정부 수립에서 찾는다. '광복절'을 '건국절'로 바꾸고 친일파와 5·16 쿠데타 세력도 재조명한다. 일본과 친일파의 군사독재 덕분에 경제 발전을 이뤘으며 '자유'민주주의를 지켰다는 논리다.

친일했던 사람들은 호의호식한다. 아직도 국가를 주무르고 있다. 안중근 의사의 자손들은 다 잡혀가거나 끌려다니고, 그러다 보니 가난하고 그래서 부끄럽고 그러니까 외국으로 나돌고 있다. 이런 내용은 안중근 의사의 딸 수기를 단독 보도한 〈고국에 돌아와도 의지하고 찾아갈 곳이 없었다〉라는 기사에 자세히 나온다. 아버지가 조국을 위해 싸우러 나가면 남은 자손들을 누가 돌봐줘야 하는데 그것이 안 된다. 독립유공자 유족 6천여 명 가운데 직업이 없는 사람이 60퍼센트가 넘고, 봉급 생활자는 10퍼센트 남짓이다. 중졸 이하 학력이 55퍼센트 이상이다. 이들은 대부분 비참하게 산다. 광복을 맞은 조국에서 독립운동을 했다는 것이 죄가 되고, 자자손손 불행으로 이어질 줄은 그들도 몰랐을 것이다. 친일파들은 권력을 유지하면서 자기들의 치부를 감추기 위해 독립투사와 그 가족들을 '빨갱이'로 낙인 찍고 못살게 굴었다. 박해 때문에 독립운동가의 후손임을 숨기고 살았던 차영조 선생은 아홉 살 때까지 차(車)씨가 아니라 신(申)씨로 살아야 했다. 임시정부 의무장관을 지낸 장병준 선생의 장손 하정 씨는 스리랑카 이주노동자인 양아들의 도움으로 산다. 하정 씨는 양아들을 호적에 올렸는데 양아들은 한국 국적을 취득하고 싶어 한다. 일제시대 독립운동가를 잡던 친일 경찰들은 대한민국 경찰 제복으로 갈아입고 '반공 경찰'이 됐다. 독립운동가는 빨갱이가 되어 여전히 쫓기며 살았다. 박정희 전 대통령이 DJ를 빨갱이로 계속 몰아갔던 것은 뻔뻔한 친일파들의 공식에 따른 것이다. 영호남 갈등도 삼국시대부터 내려온 지역감정이 아니라 박정희 진영에서 만든 선거 전략이었다.

그리고 2012년 현재까지도 이 빨갱이는 친일파의 가장 큰 무기로 쓰이고 있다. 종북주의자라는 말과 함께. 나는 안중근의사기념사업회 일을 도우면서 독립운동을 했다는 이유만으로 너무나 고달픈 인생을 살아온 할아버지들을 너무 많이 봤다. 인생이 그리도 안 풀릴 수 있을까? 한 분 한 분이 다 비극의 주인공이었다. 대를 이어 가난하고 못 배우고 다시 가난하고. 악순환의 고리는 강철같이 견고했다. 권력에 붙어먹은 비열하고 이기적인 사람들은 대를 이어 잘 산다. 아이들에게 무엇을 보고 어떻게 살라고 해야 하는가?

빨갱이 김대중과 박정희 신화

아들

　나는 기자 생활이 독립운동이라고 생각하고 산다. 특히 나꼼수를 시작하고 나서는 거의 모든 걸 내놓고 싸우고 있다. 지난 1년이 어떻게 갔는지도 모르겠다. 나는 집 주소를 아무에게도 알려주지 않는다. 회사 비상연락망에 우리 집 주소만 몇 년째 없다. 나꼼수에서도 "잡아가려면 잡아가라. 그런데 집에는 없다"라고 말했고, 실제 경찰과 통화할 때도 "집에는 없다. 그런데 내가 이렇게 말했는데도 집으로 찾아온다면 상황은 달라진다"고 말한다. 지방 출장을 갔다가 며칠 만에 집에 돌아온 어느 날, 이런 얘기를 한 적이 있다. "독립운동 한다고 생각해라. 잊어버렸다고 생각해라. 그래도 만주에서 안 오는 것보다는 낫지 않냐." 위로? 당연히 안 된다. 많이 혼났다. 집에 있는 둘에게 미안함과 사랑을 전한다. 무슨 잘못을 했다고……. 나를 만난 게 죄다.

　아들놈은 친구들 학원 다닐 때 혼자 운동장에서 축구하고 논다. 사실 큰일이다. 아들이 이제 중학교 갔는데 아직도 꿈이 축구 선수. 아들의 꿈은 철따라 바뀌는데 농구 시즌에는 농구 선수다. 4월이면 야구 선수가 될 것이다. 백 퍼센트다.

나는 여름휴가를 가본 **적이 없다**. 휴가철에는 필드를 지켜야 **한다는** 괜한 생각이 든다. 얼마 **전 나꼼수** 미국 강연 일정에 아들을 데리고 갔었다. 아들과 같이 하는 **첫 여행이었다**. 내 마일리지를 털어서 아들 비행기표를 끊었다. 그런데 **일정이** 워낙에 살인적이라서 함께 구경 갈 시간이 없어서 아쉬웠다. **그것보다** 더 큰 문제는 아들에게 좋은 환경을 만들어주지 못했다는 거다. 김어준 총수는 "남자는 가오다"라는 말을 가르쳐준다고 그러고 있고, 유일하게 진지한 회의가 김용민의 욕설 개인기에 관한 것이었다. 미안하기 짝이 없었다.

아들을 보면서 그런 생각을 한다. 좋은 대학교 가서 대단한 일을 하는 것도 좋다. 하지만 무엇보다 자기 인생이 보람차고 남들한테 손가락질 안 받고 가치를 존중하면서 살아주었으면 하는 바람이다. 얼마 전 생활기록부에 기록할 부모 장래희망란에 "바르고 의로운 멋진 사람"이라고 적었다. 주변 사람들에게 "아유, 아들이 멋진 놈이네." "좋은 사람이네." 이런 얘기 듣고 살면 행복할 것 같다. 부귀영화를 누리며 살겠다고 남의 눈에서 피눈물을 뽑는 것도, 나처럼 미친놈처럼 뛰어다니는 것도 전혀 추천하고 싶지 않다.

빨갱이 김대중과 박정희 신화

8장

우리는
모두
약자다

권리금도 없고, 단골도 사라지고,
가게 차리면서 얻은 빚도 갚을 수 없어지고,
신용불량자가 되고, 삶이 무너진다.
머리띠를 묶게 된다. 깡패들이 몰려온다.
그런데 경찰은 깡패 편이다. 언론에서는 법을
무시하는 데모꾼이라고 비난한다.
조금 지나면 '좌파' '종북세력' '빨갱이'라고 매도한다.
이들은 좌파가 무언지 종북이 무언지도 모르는 사람들이다.

01

당신도 비극의 주인공이 될 수 있다

대한민국에서 평생 한 곳에서 살다 죽는다면 굉장히 운이 좋은 거다. 다이나믹 코리아에서는 살던 곳에서 쫓겨나거나, 수십 년 동안 밥벌이를 하던 터전이 하루아침에 쑥대밭이 되는 일이 종종 있다. 아파트나 해군기지가 들어서면 당연히 건설 회사들이 돈을 벌고, 땅부자들은 더 잘살게 된다. 대신 가난한 사람들은 더 가난해진다. 국군이나 미군이 이 땅이 필요하다고 하면 역시 쫓겨나야 한다. 평생 살아온 마을을 떠나 기댈 이웃 없는 낯선 곳으로 옮겨 사는 일은 두렵고 외롭다. 게다가 새 정착지에서 어떻게 벌어먹고 살지 막막하다.

살던 곳에서 지금 살던 대로 살겠다고 하면 철거 용역들이 위협하고 못살게 군다. 때리기도 한다. 대들면 경찰은 용역 깡패는 놔두고 주민만 잡아간다. 쫓아내지 말라고 시위를 하면 경찰이 잡아간다. 전쟁터도 아닌데 군인들이 오기도 한다. 삶의 터전을 빼앗기지 않으려는 주민들은 결국 전과자가 되어 쫓겨난다.

대한민국에 산다면, 상위 10퍼센트에 들지 않는다면, 당신에게도 일어날 수 있는 일이다. 만일 아직까지 이런 일을 당하지 않았다면 아주 운이 좋은 거다.

리포트

"용산 철거 용역 목포 조폭과 관련"

[시사IN 74호] 2009.02.07

그들은 왜 망루에 올랐나. 죽으려고? 아니다. 경찰에게 화염병 던지고 새총을 쏘려고? 그것도 아니다. 돈을 더 받으려고? 틀린 말은 아니지만 정답으로는 부족하다.

망루에 오른 이유를 철거민들은 용역의 폭력에 맞서기 위해서라고 말한다. 지난 1월 20일 용산 참사 현장에서 만난 한 철거민은 "용역이 무서워 망루에 올라갔다. 그냥 있으면 일방적으로 맞으니 살려고 망루로 도망간 것이다"라고 말했다. 다른 철거민은 "용역들에게 한번 당해보지 않은 사람은 그 공포와 분노를 짐작할 수 없다. 용역 깡패들에게 맞설 힘이 모자라니 요새를 만들고 화염병을 들었다"라고 말했다.

철거 용역 회사에서 일하는 한 호남 출신 조직폭력배는 "철거민들이 망루를 만들어 올라가면 철거 작업이 복잡해진다. 망루에서 철거민들이 올라가려는 우리를 상대로 두더지 잡기 게임을 하듯 버티면 작업이 장기화한다"라고 말했다. 철거 회사의 다른 동료는 "망루를 정복하는 것은 원래 용역의 몫인데 이번에는 손에 피 안 묻히는 경찰이 직접 나섰다. 매우 특이한 경우다"라고 말했다.

재개발이 진행되는 지역은 폭력의 치외법권지대다. 철거가 추진 중인 용산 거리는 비열한 폭력이 일상화되어 있었다.

주먹이 법인 재개발 현장

지난여름부터 철거를 거부한 세입자가 운영하는 식당에는 매일 아침 오물과 음식 쓰레기가 수북이 쌓였다. 벽에는 섬뜩한 낙서가 가득했다. 빈집에는 밤마다 불이 났다. 용역들의 소행이었다. 철거민이 떠나고 찾아오는 손님이 줄어들수록 폭력의 수위는 높아만 갔다. 어렵게 식당 문을 열면 험악한 용역들이 들이닥쳐 손님과 시비를 벌였다. 편의점에서 손님이 술을 마시면 술 먹는다고 때리고, 쳐다보면 쳐다본다고 때렸다. 갈비뼈가 부러지고 머리가 터지는 일이 용산에서는 다반사였다.

용산 참사에서 숨진 이상림 씨(72)의 며느리 정영신 씨의 증언이다. "2008년 7월 1일 아버님이 현수막을 달려고 사다리에 올라갔는데 용역 깡패들이 사다리를 흔들고 급소를 잡아서 땅에 내동댕이쳤다. 아버님은 바닥에 쓰러져 맞고 옷도 다 찢겼다. 신고했지만 경찰이 오지 않아 도망가야 했다. 고소장을 냈더니 용역 깡패도 다음 날 맞고소를 했다.

당신도 비극의 주인공이 될 수 있다

그런데 아버님은 전치 3주가 나오고 그 용역은 4주가 나왔다. 70대 노인이 30대 깡패들에게 밟히고 맞았는데 아버님한테 사전 구속영장이 떨어져 수배자가 됐다. 형사들이 잡으러 왔다."

하지만 무법천지, 어디에도 경찰은 없었다. 용산에서 포장마차를 하는 한 세입자는 "신고를 해도 이 동네에는 경찰이 잘 오지 않았다. 와서도 용역이 합법이라는 말만 되풀이했다"라고 말했다. 구청 앞에서 1인 시위를 하던 세입자들은 거의 매일 용역에게 폭행당했다. 지켜보는 구청 직원과 경찰은 별다른 제지를 하지 않았다.

용역 폭력과 관련해 철거 회사 호○건설의 관계자는 "편파적인 사건과 사진만 가지고 철거민들이 일방적으로 피해자라 주장한다. 우리가 당한 자료도 많다"라고 말했다.

용산 4구역 철거 용역을 맡은 회사는 호○건설과 현○건설산업. 사고가 난 남일당 건물과 그 주변을 관리하는 회사는 호○건설이다. 하지만 경찰 물대포를 쏜 용역 직원이 현○ 직원임을 보더라도 두 회사가 공조 철거에 나섰다는 철거민들의 증언은 신빙성이 높다.

철거 업체는 재개발 조합이나 시공사에서 선정하는데, 두 업체는 삼성물산·포스코·대림 등 시공사를 통해 철거 업체로 선정되었다고 한다. 현○건설의 고위 관계자는 "2008년 4, 5월께 삼성물산·포스코 등 대기업 시공사가 주관한 입찰에서 최저가를 써내 수주를 따냈다. 계약은 조합과 하고 2008년 7월 1일부터 호○과 구역을 나눠서 이주 관리를 했다"라고 말했다. 호○건설의 한 고위 관계자도 "주관사인 삼성을 통해 공정하게 입찰해서 일을 시작하게 되었다"라고 말했다.

우리는 모두 약자다

용산 지역 재개발 주관 시공사인 삼성물산은 이를 부인했다. 삼성물산 관계자는 "조합에서 우리도 일을 따냈다. 시공사는 공사만 할 뿐 철거 업체와는 전혀 관련이 없다"라고 말했다.

호○건설은 2006년 2월 본격적으로 철거업에 뛰어들었다. 철거업을 하던 입△산업과 참△△건설 출신 직원들이 주축을 이뤘다. 공동 대표 이사 ○ 아무개 씨·ㅁ 아무개 씨도 모두 입△산업과 참△△를 거쳤다. 삼성물산이 재개발 사업을 하는 서울 종암동·석관동·길음동·마포·아현동, 그리고 사고가 난 용산의 철거를 맡은 회사가 호○건설이다.

호○건설이 전남 목포의 폭력조직 ㅅ파와 깊은 관련이 있다는 것은 건설업계와 조직폭력배 사이에서 파다한 소문이다. 철거 회사를 운영하는 한 조직폭력배는 "입△·호○의 ㅁ과 ○은 (조폭)생활하는 ㅅ파 식구들이다. 철거라는 것이 전형적인 건달 사업인데, 입△·호○은 조폭 바닥에서 가장 성공한 조직이 하는 회사다"라고 말했다. 국내 최대 폭력조직의 한 두목은 "ㅅ파는 철거해서 돈을 많이 번 애들이다. 이번 사고로 괜찮냐고 했더니 문제없다더라"고 말했다.

ㅅ파는 목포 3대 조폭 중 하나

목포의 ㅅ카페를 근거지로 만들어진 ㅅ파는 서산동·오거리파와 함께 전남·목포 3대 조직폭력 단체다. 전남경찰청의 한 조폭 담당 경찰관은 "ㅅ파는 검찰과 경찰이 관리할 정도로 이름난 범죄 단체로 재범을 염려해 경찰이 특별 관리하는 조직폭력배만도 33명에 이른다. 1996년 조직원이 살해당하자 오거리파 조직원을 잔인하게 보복 살해한 이후 ㅅ파 조직원은 유흥업소와 건설회사에 진출해 사업가로 변신한 것처럼 생활하고 있다"라고 말했다.

기자가 ㅅ파 관련에 대해 묻자, 호○건설의 한 고위 관계자는 "마음 대로 생각해라. 직업이 철거여서 몇 년 전에도 ㅅ파로 수사받았지만 명확하게 해명됐다"라고 말했다. ■

리포트

고립의 땅에서 깊어가는 대추리 '방성대곡'

[시사저널 864호] 2006.05.04

2006년 5월. 평택의 봄은 두 가지 얼굴을 하고 있었다. 주한미군 기지 이전 지역인 대추리 농민들은 평생 가꾼 삶의 터전을 미군이 앗아갔다고 울었다. 반면 미군 부대 앞 로데오 거리 상인들은 미군이 평택을 살릴 것이라며 웃었다. 평택은 이처럼 희비가 엇갈렸다.

대추리에 들어서자 한숨은 깊어졌다. 마을 전체가 거대한 전쟁 영화의 세트장 같았다. 펄럭이는 깃발과 담벼락마다 그려진 벽화가 대추리의 절박함을 웅변하고 있었다. '민란'이었고 '계엄'이었던 2003년 11월 부안을 떠올리게 했다. 핵 폐기장을 반대하던 목소리보다 미군 기지를 반대하는 그것은 울림이 더 컸다.

140호가 살던 대추리는 지금은 70호만 살고 있다. 동네의 절반이 흉물스러운 폐가가 되었다. 대추리 이장 김지태 씨는 "국방부가 2003년 대추리 수용 계획을 발표했을 때 수용 예정 면적은 25만 평에 불과했다. 그런데 느닷없이 국방부가 285만 평이라며 모두 나가야 된다고 했다. 주한미군이 감축되는 만큼 땅도 적게 가져갔으면 하는 것이 주민들의 바람이다"라고 말했다.

마을 주민 정태화 씨(71)는 "대추리는 아픔이 서린 동네다"라고 했다. 정 씨는 "1940년대 일본 해군 비행장이 들어서서 동네 사람들이 쫓겨났고, 1952년 미군이 비행장을 넓히면서 또 쫓겨났다. 손톱, 발톱 빠져가면서 논을 만들어놓았더니 이제 다시 나가라고 한다"라고 말했다. 옆에 있던 한 노인은 "내 땅에서 내가 농사를 짓겠다고 하는데 나를 돈을 더 뜯어내는 파렴치범 취급을 하고 있다. 지진이 나서 평택만 뒤집어놓았으면 좋겠다"라고 말했다.

주민들 "국방부에 속았다"

대추분교에서 만난 한 주민은 "못 배웠다고, 돈 없다고 나가라는 것이 나라가 할 짓인가. 민주주의가 그런 것이냐"라고 물었다. 집회에 참가한 한 할머니는 "미국에 할 말을 하겠다는 노무현 대통령은 우리 편은 안 들고 미국 편만 들고 있으니 도대체 어느 나라 대통령인지 모르겠다"라고 말했다.

일부 주민들은 대추리에 4년 만에 평화가 오는 줄 알았다고 한다. 지

당신도 비극의 주인공이 될 수 있다

난 4월 30일 국방부가 대화로 풀자고 전향적 반응을 보였기 때문이다. 노동절이던 지난 5월 1일 한명숙 총리가 세종로 청사에서 윤광웅 국방장관, 김영주 국무조정실장, 이택순 경찰청장 등과 함께 '평택 미군기지 이전 관련 긴급 관계장관회의'를 열자, 대추리 주민들은 기대가 컸다. 과거처럼 밀어붙이기만 하지는 않으리라고 생각했다.

그런데 국방부는 다시 강경론으로 치달았다. '평택기지 이전 문제는 대화로 해결한다'는 원칙에 합의했다가 이틀 만에 '행정대집행 강행'을 천명했다. 사실 애초부터 국방부는 대화로 풀 생각이 없었던 듯하다. '민주사회를 위한 변호사모임' 소속 이덕우 변호사가 국방부와 주민의 대화를 주선해 국방부가 마지못해 끌려 나왔다는 것이다.

지난 5월 4일 새벽 4시 30분께 어둠이 채 걷히기도 전에 국방부와 경찰은 전격적으로 대추리에 대한 강제퇴거(행정대집행)에 들어갔다. 이날 퇴거 작전에는 군병력 2개 연대 3천여 명, 경찰 115개 중대 만 1천여 명, 용역업체에서 온 740여 명이 동원되었으며 굴착기 등 중장비가 마을을 훑었다.

국방부는 일단 대추분교를 포위해 주민들을 격리시킨 뒤, 도두리와 대추리 등 기지 이전지역 농지 285만 평에 철조망을 쳐 주민들이 논에 얼씬도 못하게 할 작정이다. 철조망은 길이가 20킬로미터가 넘고 높이는 1.8미터에 달한다. 주민들이 철조망을 파괴할 것을 대비해 일부 경계 병력을 철조망 내 기지 건설 부지에 장기 주둔시키는 계획도 포함되어 있다.

대추분교에는 범대위 등 시민단체와 주민을 합해 천2백여 명이 집결해 공권력에 맞섰지만 역부족이었다. 하지만 대추리 주민들은 공권력에 '깨진' 4일 밤에도 어김없이 촛불을 들었다. 2004년 9월 1일 이래 벌써 6백 일이 넘었다. ■

해군기지가 제주 공동체를 산산이 부쉈다

[시사IN 207호] 2011.08.31

제주 서귀포시 강정마을 중덕바다. 제주 사람들은 구럼비낭나무(까마귀쪽나무)가 많다고 해서 구럼비 해안이라 부른다. 구럼비 해안은 1킬로미터에 이르는 용암 바위 한 덩어리로 이루어졌다. 이곳은 제주에서도 가장 아름다운 곳으로 꼽힌다. 제주 올레에서도 가장 경관이 빼어나다는 7코스가 지나는 길목이다. 이곳은 생명의 땅이기도 하다. 멸종 위기종인 붉은발말똥게와 자색수지맨드라미, 천연기념물 연산호 등이 군락을 이루고 있다. 앞바다에는 돌고래가 헤엄치며 논다. 강정마을은 유네스코 생물권 보전지역·세계자연유산·세계지질공원에 선정되었다.

2007년 4월 26일. 이 아름다운 생명의 땅이 태풍의 영향권에 들었다. 강정마을 입구에서 만난 주민들은 "그날부터 모든 것이 엉망이 되어버렸다"라고 말했다. 해군기지 때문이다.

2002년 해군이 제주에 해군기지를 건설하겠다고 나섰다. 첫손가락

당신도 비극의 주인공이 될 수 있다

에 꼽힌 곳은 화순항(서귀포시 안덕면)이었다. 그런데 주민들의 반대에 부딪혀 2005년 위미마을(서귀포시 남원읍)로 해군기지 예정지를 바꾸었다. 여기에서도 주민들의 반발이 컸다. 그러자 강정마을로 예정지가 옮겨진 것이다.

해군이 작성한 보고서에 따르면 강정은 다른 지역에 비해 교통과 제반 여건이 불리했다. 멸종 위기종과 천연기념물이 많아서 환경영향평가를 통과하는 데도 문제가 있었다. 하지만 해군은 주민과의 마찰이 적다며 강정을 해군기지로 선택하게 된다. 애초 해군기지 예정지였던 화순항·위미마을에서는 바다를 텃밭으로 사는 해녀들의 반대가 극심했다. 그러자 정부는 강정마을 해녀들을 적극 공략했다. 정부는 해녀 1인당 5천만~7천만 원에 이르는 보상금을 지급했다.

2007년 4월 23일 해군기지 유치에 대한 주민 투표가 열린다는 공고가 마을에 붙었다. 사흘 뒤인 4월 26일 주민 1천5백여 명 중 87명이 참여한 회의에서 해군기지 유치가 결정됐다. 만장일치 박수로 통과됐다고 한다. 5월 14일 제주도는 해군기지 건설지를 확정 발표했다. 그해 8월 사태의 심각성을 깨달은 725명이 참여한 투표에서 680명이 해군기지 유치에 반대표를 던졌다. 하지만 2006년부터 해군기지 건설은 강행된다.

강정마을 주민들의 가슴속 상처가 깊어졌다. 자살을 기도한 이도 있었다. 2009년 제주지역 신문의 정신심리 설문조사에 따르면 자살 충동을 느낀 사람이 43.9퍼센트, 자살 계획을 짜거나 시도한 사람이 34.7퍼센트로 나타났다. 강정마을은 극도의 불안에 휩싸여 있었다.

조현오 뜨자 긴장감 고조

국내 주류 언론은 담담했다. 하지만 외신들은 강정마을을 집중 보도했다. 특히 미군의 전략과 관계가 깊은 사건이어서 CNN·뉴욕 타임스 등 미국 언론의 눈길을 끌었다. 8월 7일자 뉴욕 타임스에서 세계적인 여성학자 글로리아 스타이넘은 "해군기지는 제주 해안을 파괴하는 것은 물론이고 미국의 정교한 탄도 미사일 방어 시스템과 우주전쟁 응용 프로그램 따위 작업을 수행할 것이다. 해군기지는 제주섬의 환경 재해뿐 아니라 한·중 관계 및 세계적으로 위험한 도발을 부를 것이다"라고 지적했다. 강정마을을 방문한 전 아프가니스탄 주재 미국 대사관 부대사 앤 라이트 씨는 "미국 정부가 다른 나라에서 너무 잘못하고 있어서 미안하다. 강정마을에 대해 세계의 많은 평화운동가들이 우려하고 있다"라고 말했다.

지난 8월 22일에는 광주대교구 김희중 대주교가 강정마을을 방문했다. 김희중 대주교는 "1980년 5월 광주는 고립되고 외로운 섬이었다. 강정에 오니 1980년 5월 광주를 생각하게 된다"라고 말했다. 교구장이 다른 교구 지역의 문제 때문에 현장을 방문한 것은 지학순 주교 구속 사건과 5·18 광주항쟁 이후 처음 있는 일이라고 한다. 가톨릭 주교는 보수의 상징으로 평가받는다. 시국 사건마다 정권의 편에 선다는 비판을 받기도 했다.

317

주민 45여 명 사법 처리돼

하지만 강정마을 해군기지와 관련해서 천주교 주교회의는 '평화는 타협할 수 없는 가치다'라는 주장을 고수하고 있다. 사제들은 김무성 한나라당 의원이 강정마을 해군기지 저지운동을 벌이는 사람들을 '북한 김정일의 꼭두각시 종북 세력'이라고 발언한 것에 매우 화가 나 있다. 제주교구의 한 신부는 "김수환 추기경을 빨갱이라고 한 것과 같다"라고 말했다. 김 대주교는 "해군기지를 반대하는 제주교구 신부들이 오해와 위협을 받고 있다. 공동선을 위한 신부들의 예언자적 투신일 뿐이다"라고 말했다.

강정마을에 대해 무대응으로 일관하던 조선일보와 중앙일보는 8월 26일 1면 머리기사로 강정마을을 올렸다. 공권력이 무기력하다며 경찰을 질타하고 나섰다. 중앙일보는 해군기지 공사 중단으로 매월 손실액이 59억 원이라고 보도했다. 조현오 경찰청장은 시위대에 대한 대응이 미온적이었다며 서귀포서장을 경질했다. 8월 26일 대검찰청은 대검 청사에서 임정혁 공안부장 주재로 강정마을 관련 공안대책협의회를 열었다. 회의에는 검찰·경찰·국정원·국방부·국군기무사령부 관계자 등이 참석했다. 공안대책협의회가 열린 것은 2009년 7월 쌍용자동차 노조 평택 공장 점거 이후 2년여 만이다. 한 대검 관계자는 "국책 사업에 반대해 불법 집단행동을 하는 것을 엄중히 처벌하겠다는 게 한상대 총장의 생각이다. 강정마을은 시범 케이스가 될 것이다"라고 말했다. 한상대 검찰총장은 취임사에서 '종북 좌익 세력과의 전쟁'을 선언하며 공

안 검찰을 강조했다. ■

삶이 무너지면 종북좌파가 된다

조중동에서는 데모꾼(전국철거민연합 등)들이 개발 현장마다 나타나 데모해서 먹고산다고 비난한다. 그 사람들이 여기저기서 데모하면서 돈을 받기도 하니, 어느 정도는 사실이다. 하지만 그 사람들은 학생운동을 했다거나 민주화운동 세력이 아니다. 원래 데모하고는 전혀 관련이 없던 사람들이다. 언론은 왜 그렇게 됐는지는 말하지 않는다.

우리나라 재개발 사업은 있는 자들이 재산을 불리는 권리만을 허락한다. 이를 위해 없는 자들의 생존권·생활권은 무시된다.

먼저 세입자를 보자. 세를 얻으며 들인 돈을 온전히 돌려받을 권리는 없다. 가게를 하려면 보증금과 월세를 내고 또 권리금이라는 걸 낸다. 목이 좋을수록 권리금이 비싸다. 근데 재개발에 수용되면 다음 세입자가 들어오지 않게 된다. 세입자 간 주고받는 권리금의 고리가 끊어지는 것이다. 그런데 이 권리금은 법적으로 보장되지 않기 때문에 건물주는 권리금을 줄 의무가 없다. 보증금과 이사 비용만 준다. 세입자의 권리금은 허공에 사라지는 것이다. 어렵게 모은 피 같은 재산이. 그런데 보증금만 갖고는 이전만큼 돈을 벌 수 있는 가게를 얻을 수 없다. 재개발이 되고 나면 근처 집값과 세가 오른다. 권리금도 없고, 단골도 사라지고, 가게 차리면서 얻은 빚도 갚을 수 없어지고, 신용불량자가 되고, 삶이 무너지는 거다. 머리띠를 묶게 된다. 못 나가겠다고 버티면 건설 회사에서 고용한 깡패들이 몰려온다. 깡패들이 욕하고 부순다. 그런데 경찰은 깡패 편이다. 깡패들이 무서워 전철연에 도움을 청한다. 똥 폭탄을 만들 수밖에 없다. 망루에 오를 수밖에 없다. 주머니에 동전 몇 개뿐인데 누가 털어간다면 분노하고 저항하는 건 당연하지 않나.

웬만한 집주인, 땅주인들도 살기 팍팍해지긴 마찬가지다. 40평짜리 2층집을 가진 사람이 있다. 1층에서 살고, 2층은 세를 주고 잘 살았다. 근데 이게 수용된다. 아파트 전체 면적에서 토지 40평의 비율을 따져보면 적어도 아파트 네다섯 채는 줘야 한다. 하지만 건설회사 계산법이 다르다. 실상은 아파트 한 채를 받으려면 토지 40평을 내고도 돈을 더 내야 들어갈 수 있다. 자, 내가 집주인이라면 이걸 어떻게 받아들일 수 있겠는가? 건설사가 준 돈으로 다른 데 가서 2층집 못 산다. 뉴타운이되면 부자가 될 거라며 열심히 투표했는데 결국 모두 가난해진다. 건설회사와 이명박 대통령 친인척 같은 땅 부자들만 큰 부자가 된다. 은평뉴타운에 이상득 의원을 비롯한 이씨 집안 땅이 많았다. 그들의 재산은은행을 넘어 개인금고에 차고 넘친다.

시골에서 쫓겨나서 겪는 불행은 더 복잡하다. 부안, 평택, 강정마을을 떠나는 것은 도시에서 이사하는 것과 차원이 다른 문제다. 고향, 이웃, 친구 그리고 직업을 모두 잃는 것을 의미한다. 보상금을 많이 주면농사짓던 사람이 다른 곳에서 농사를 지을 수는 있다. 그런데 순이 아빠랑, 철이 아빠랑 화투도 치고 여행도 가야 하는데 이웃이 하나도 없다. 어려울 때 손을 내밀 친구도 없다. 공동체가 무너진 거다. 부안 같은 동네는 시골 노인들도 조개 캐러 나가서 하루 3만 원 정도 번다. 백일 나가서 3만 원씩 번 돈으로 1년을 먹고사는 곳이다. 철이 바뀌면 동네 사람들끼리 물고기도 잡아먹고 놀러 가기도 한다. 이렇게 평생 살아왔는데 돈 얼마 줄 테니 나가라는 거다. 돈을 받는다 한들 함께 모여 물고기도 못 잡고 조개도 캘 수 없다. 그 노인들이 받는 돈은 팔자를 고칠 만큼 큰 돈도 아니다. 그들이 반대하는 건 당연하다. 그런데 언론에서는 법을 무시하는 데모꾼이라고 비난한다. 조금 지나면 '좌파' '종북세력' '빨갱이'라고 매도한다. 이 사람들은 좌파가 무언지 종북이 무언지도 모르는 사람들이다.

주민들을 쫓아내는 방법은 너무 폭력적이고 야만적이다. 용산을 보자. 불내고 죽여가며 사람을 쫓아냈는데 현장은 아직도 그대로다. 참사가 벌어졌던 용산 4구역은 현재 시공사와 조합이 공사비를 두고 다투느라 공사가 중단돼 있다. 3년 동안 공사도 진행하지 못하면서 철거민을 사지로 몰아넣는 무리한 철거를 강행한 것이다. 중국이나 인도 등 몇몇 인권 후진국을 제외하고 이렇게 폭력적으로 재개발을 하는 곳은 없다.

우리나라에서는 내 땅에 내가 살고 싶어도 동네가 개발되면 떠나야 한다. 이사 않고 버티면 삼성, 대림, 포스코 같은 굴지의 건설 회사들이 철거 회사에 용역을 준다. 즉 깡패들이 들어오는 거다. 용산 재개발 현장에서는 목포에서 올라온 스노아파 일당이 철거에 나섰다(스노아 다

당신도 비극의 주인공이 될 수 있다

방을 근거지로 만들어졌다고 스노아파가 됐다). 이들이 삼성물산하고 연결돼서 이 지역 정리를 맡았다. 용산 참사 당시 용역 깡패들과 삼성의 커넥션을 취재하자 삼성 측에서 이름을 빼달라고 사람이 찾아왔다. 삼성 로고도 함께 기사에 넣었다. 아무튼 이런 식의 대기업과 조폭의 유착은 공공연한 비밀이다. 깡패들이 차린 철거 전문 회사 몇 개는 대기업의 비호를 등에 업고 수백억 원의 매출을 올리는 회사로 성장했다.

깡패와 공권력의 공생 메커니즘은 여기에서도 고스란히 드러난다. 깡패들이 재개발 현장에서 하는 일은 욕하고, 시비 붙이고, 불 지르고, 똥 푸고……. 깡패들이 철거하러 들어갈 때 구청 직원과 경찰이 같이 들어간다. 깡패들이 주민들을 팰 때는 뒤에 가만있던 경찰이, 주민들이 쇠파이프 들고 돌 던지면 폭력 죄로 잡아간다. 경찰들이 깡패들을 비호하는 나라가 제대로 된 국가인가? 용산 참사도 마찬가지다. 재판 결과를 보면 망루에 사람들이 올라간 건 경찰을 죽이기 위해서라는 결론인데 이게 말이 되는가? 쫓겨나면 살길이 막막하니까 터전을 지키려고 한 것이다. 깡패들이 몰려드니 겁이 나서 살려고 망루에 올라간 것이다. 자기가 죽을 거 뻔히 알면서 안에 불을 지르는 사람이 어디 있는가. 가게를 지키겠다고 망루에 올라간 사람은 3년째 감옥에 있고, 공사하다 비리를 저지른 사람들은 사면되는 것이 현실이다. 문제는 이게 남의 얘기가 아니라는 사실이다. 우리가 사는 현실이다. 언제나 누구에게나 일어날 수 있는 일이다. 그 주인공이 누가 될지는 아무도 모른다.

02

기사는 수단일 뿐이다

"인생은 살기 어렵다는데……." 오늘도 윤동주 시인의 시 구절을 되뇌고 있다. 나이를 먹는다는 게 결코 쉬운 일은 아니다. 살수록 길은 험하고 비바람도 거세다. 아픔과 상처는 점점 넓어지고 깊어진다. 무거워진 인생의 무게를 이고 지고 안고 살아가야 한다. 나이는 고스톱 쳐서 딴 게 아니다. 어른은 누구나 존경받을 자격이 있다. 물론 예외는 있다.

살다 보면 누구나 시련을 겪는다. 전쟁 같은 삶, 불행한 결혼, 고통스러운 이별……. 그런데 이 땅에서는 여자라서 더 힘든 경우가 있다. 이혼하면 여자가 타격을 더 크게 입는다. 강간을 당하고 숨어 살기도 한다. 게다가 뻔뻔한 강간범이 아무 탈 없이 잘 살고 있는 꼴을 보아야 한다. 대한민국 최고 스타들도 그 불운을 피할 수 없었다.

전쟁 같은 삶 살다 간 '시대의 아이콘'

[시사IN 56호] 2008.10.07

첫 만남은 설렁탕 집에서였다. 최진실 씨(40)는 단골 설렁탕 집에서 국물이 적다고 불평했다. 물론 남보다 적은 양이 아니었다. 식당 아주머니가 국물 한 그릇을 더 주자 최 씨는 "잘 먹어야 일도 잘하죠"라며 국물을 나눠줬다. 한번은 스테이크를 먹는데 샐러드를 밥으로 바꿔달라고 했다. 기자에게 밥을 덜어주며 최 씨는 "밥을 먹어야 힘을 쓰죠"라며 웃었다.

그녀와 가까운 사람일수록 그녀의 죽음을 받아들이지 못했다. "훨씬 더 심한 것도 이겨냈는데……." 아이들의 성마저 자기 성을 따라 바꿀 만큼 삶에 대한 의욕이 남달랐기에 최 씨의 자살에는 '왜'라는 의문 또한 커진다.

최 씨는 "사는 게 전쟁이다"라고 말하곤 했다. 어렸을 때 그녀는 가난과 싸웠다. 아버지는 노름에 빠져 집을 나갔다. 어릴 적 반지하 단칸방에서 그녀는 홀어머니, 남동생과 함께 살았다. 어머니는 포장마차를 했다. 어머니가 포장마차를 끄는 것이 부끄러워 그녀는 친구들 몰래 숨은 적이 여러 번 있었다. 사는 것이 너무 힘들어서 학창 시절에 쥐약을 먹고 자살을 시도하기도 했다. "가난 때문에 밥보다 수제비를 더 많이 먹었다"라는 그녀의 스스럼없는 고백은 대중의 마음을 움직였다.

'수제비의 미학, 최진실론'

고등학교를 졸업한 그녀는 동생 최진영 씨의 연예 생활을 뒷바라지하다 연예계에 데뷔했다. 1988년 데뷔 초기에는 광고 단역을 전전했다. 그러나 불과 몇 달 만에 삼성전자 광고에서 "남자는 여자 하기 나름이에요"라는 카피를 던지며 일약 '국민 요정'으로 떠올랐다. 그녀만큼 드라마틱한 등장이 없었던지라 뒷말이 많았다. 호텔 안내 데스크에서 일했던 경력 탓인지 최 씨가 재벌 회장의 엘리베이터 걸 출신 애첩이라는 소문이 끈질기게 따라다녔다.

'또순이'라고 불리던 최 씨의 억척스러움은 성공의 밑천이었다. 그녀는 1993년, 1994년 2년 연속 세금을 가장 많이 낸 연예인이었다. 그러나 최근까지 최 씨는 한 번도 명품을 사본 적이 없다고 한다. 검소한 생활로 최 씨는 저축유공자 대통령 표창을 받기도 했다. 살이 조금이라도 찌면 서너 시간씩 달리고 자전거를 탔다.

탄탄대로를 달리던 최 씨는 1994년 시련을 맞는다. 최 씨를 키워냈던 매니지먼트 업계의 실력자 배병수 씨가 최 씨의 운전기사 전 아무개 씨에게 살해된 것이다. 최 씨는 법정을 오가야 했다. 최 씨에게 드리워진 악성 루머의 그림자는 잔인했다.

하지만 국민 배우로서 그녀의 입지는 흔들리지 않았다. 살을 파고드는 루머를 그녀는 1997년 드라마 〈별은 내 가슴에〉, 1997년 영화 〈편지〉 그리고 무수한 히트작으로 잠재웠다.

시련을 낳은 결혼

최고의 자리에 있을 때 최 씨의 혼담이 오갔다. 미국에서 유학한 재벌가의 자제였다. 사랑도 깊었다고 한다. 그런데 최 씨는 2000년 야구선수 조성민 씨(35)와 결혼했다. 최 씨는 일본에서 활동하는 남편의 뒷바라지를 위해 연예 활동을 접고 도쿄로 건너갔다. 그러나 결혼 초기부터 삐거덕거리던 부부는 1남 1녀를 남기고 2004년 9월 파경을 맞았다.

이별도 아팠지만 헤어지는 과정이 더 나빴다. 호화 결혼식과 파경 생중계로 최 씨는 비난의 대상이 되어 있었다. 헤어지는 과정에서 최 씨는 조성민 씨에게 두 차례나 폭행을 당했다. 그러나 피해자인데도 폭행을 유도했다는 비난이 뒤따랐다. 이미지가 바닥에 떨어져 급기야 자신이 출연한 광고업체로부터 30억 원을 배상하라는 소송을 당하기도 했다. 당시 상황에 대해 최진실 씨와 절친한 모델 이소라 씨는 "최진실이 밤새도록 악성 댓글 3천 개를 전부 읽은 다음 바로 기절했다"라고 말하기도 했다.

이혼 때문에 깔끔한 이미지가 손상되면서 최 씨는 나락에 떨어졌다. 2004년 MBC의 한 국장은 "최진실은 끝났다. 귀엽고 발랄함으로 떠오르던 최진실이 이제는 가정 폭력과 이혼의 대명사가 되었는데 어디에다 쓰겠는가"라고 말했다.

하지만 끝난 줄로만 알았던 최 씨는 지옥에서 빠져나왔다. 2005년 〈장밋빛 인생〉에서 요정 이미지를 버리고 억척 주부 맹순이로 변신해 제2의 전성기를 열었다. 올해에는 〈내 생애 마지막 스캔들〉에서 아줌

마의 판타지를 자극하며 '줌마렐라 신드롬'을 일으키기도 했다. 다시 정상의 자리로 돌아온 최진실 씨는 강해 보였다. 그러나 속은 여리디여린 여자였다. 이혼 뒤 최 씨는 감정 기복이 심해졌다. 컨디션이 나쁜 날은 움직이는 시한폭탄이었다.

그녀 주변에는 언제나 사람이 많았다. 그러나 그녀는 외로움과 처절하게 싸웠다. 최 씨는 외로움을 술과 약물로 달랬다. 이혼 후 최 씨는 정신과 치료를 받고 수면제의 도움으로 잠을 이루기 시작했다. 또 피로울 때마다 술을 마셨다고 한다. 술을 먹으면 새벽에 한두 시간씩 전화기를 붙잡고 지인과 통화하는 것이 유일한 위안거리였다.

외로움과 악플에 무너지다

최 씨는 절친했던 정선희 씨의 남편 안재환 씨 죽음에 충격이 컸다. 더구나 최 씨가 사채놀이를 해서 안 씨를 죽음으로 내몰았다는 악성 루머가 그녀를 괴롭혔다. 10월 2일 새벽. 최 씨는 술을 마신 다음 수면제를 먹었다. 최 씨는 어머니에게 "세상 사람들에게 섭섭하다. 사채니 뭐니 나와 전혀 상관없는데 왜 이렇게 괴롭히는지 모르겠다"라고 울먹였다고 한다. 그리고 욕실로 들어가 스스로 숨을 거두었다.

그녀의 미니홈피에는 '하늘로 간 호수'라는 이름이 달려 있다. ▪

327

내가 그놈들을 다 혼내줄 거야

최진실 씨가 죽었다. 이혼 후 자식들과 연을 끊었던 조성민 씨가 친부의 권리를 주장했다. 장례식을 치르고 한 달 만이었다. 그는 자신이 친권자이니 아이들이 받을 유산도 넘기라고 했다. 한 달 후, 극심한 비난에 밀린 그는 모든 권리를 포기하겠다는 기자회견을 열었다.

최진실 씨와의 인연은 이혼 소송을 벌이고 있을 때 시작됐다. 이혼 소송이 난항을 겪자 도와줄 사람을 찾다 내게 온 것이다. 당시 최진실 씨와 조성민 씨는 개와 고양이처럼 싸웠다. 특히 이미지가 생명인 최진실 씨에게는 치명타였다. 첫 만남에서 최진실 씨는 아무 말 없이 45도 각도로 창밖을 내다보고 있었다. 눈물 두 방울이 볼을 타고 주르륵 흐르면서 말문을 열었다. "주 기자님⋯⋯." 최진실의 눈물, 나는 무슨 일이든 돕고 싶었다. 이혼 소송 중인데 자신의 입장에서 기사를 써달라는 것이었다. 사정은 딱했지만 나설 일은 아니었다. "내가 도와줄 게 없어요. 돈을 좀 포기하세요."

몇 년 후 다시 연락이 왔다. 당시 최진실 씨는 MBC와 거액의 전속계약을 맺고 있었다. 일정 기간 동안은 다른 방송국과 작업을 하면 안 되고, 정한 횟수를 채울 때까지 그 방송국에만 출연해야 했다. 허나 이혼 때문에 이미지가 망가진 그녀를 MBC에서 쓰려 하지 않았다. 그녀 또한 무너졌다. 긴 슬럼프가 찾아왔다. 모두가 최진실은 끝났다고 했다.

어느 날 KBS에서 여주인공으로 캐스팅하겠다는 연락이 왔다. 그런데 MBC가 캐스팅할 계획은 없으나 전속계약도 풀어줄 수 없다고 했다. 다시 최진실 씨가 찾아왔다. 그녀는 창밖을 내다보고 있었다. 지난번과 같은 45도 각도로. 다시 눈물 두 방울이 볼을 타고 주르륵 흐르면서 말문을 열었다. "주 기자님⋯⋯." 나는 '이런 예쁜 누나를 괴롭히는 놈은 악당이 분명해. 내가 그놈들을 다 혼내줄 거야. 내가 다 해결할 거야'라고 생각했다. 친한 형님들을 움직였다. 덕분에 최진실 씨는 KBS의 〈장미빛 인생〉에 출연해 억척 아줌마 연기로 슬럼프를 멋지게 극복했다. 그리고 그녀는 다시 그녀의 세계로 떠났다. 연예인과 정치인의 공통점이 있는데 지구가 자기 중심으로 돈다는 것이다. 자기가 잘나서.

2년 정도 지나서 최진실 씨는 다시 나를 찾았다. 그녀가 이혼할 때 아파트 광고 모델을 하고 있었는데 건설 회사가 피해를 입었다고 소송을 했다는 것이다. 그녀는 우선 창밖을 보며 울었다. 똑같은 자세와 시선, 눈물 두 방울. "이제 우리끼리는 안 울어도 돼요." 내가 말하자 그녀는 당황했다. "그런가요?" 하더니 눈물을 훔쳤다. 그러고는 샐러드는 안 먹으니까 밥으로 바꿔달라고 주문했다. 세상이 무너지는 시련 앞에 선 가련한 배우에서 바로 억척 짠순이로 돌변하기. 그녀에게는 배우 최진실과 인간 최진실 이렇게 두 명의 자아가 있는 것 같았다.

그런 인연으로 그녀의 집에 자주 초대되었다. 집에서 만난 최진실 씨는 언제나 톱 여배우답지 않은 편한 복장이었다. 우리는 짜장면을 나눠 먹었다. 옷방에는 조성민 씨의 고가 브랜드 양복이 쫙 걸려 있고, 여배우로서는 많다고 할 수 없는 최진실 씨의 옷이 한쪽에 있었다. 한눈에 짝퉁임을 알 수 있는 가방도 섞여 있었다. 그녀의 결혼 생활의 단면을 보는 것 같았다. 화면 밖 최진실 씨는 우울했다. 우울증이 그녀를 괴롭혔다. 자주 술을 입에 댔다. 재기에 성공한 후 조금 나아지는 듯했다. 하지만 죽겠다는 말을 입에 달고 살았고 화장실에 들어가 문을 잠궜다. 어머니와 최진영 씨가 문을 부수고 들어가 말리는 일이 수도 없이 반복됐다. 망가진 화장실 문을 한동안 아예 고치지 않고 그대로 둘 정도였다. 비극은 언제나 예측하지 못한 순간 찾아오기 마련이다. 한참을 방치해뒀던 화장실 문을 하필이면 그 일이 벌어지던 바로 며칠 전 수리했던 것이다. 문을 제때 열지 못했고 그 일은 그렇게 벌어지고 말았다.

　나는 죽은 자식을 끌어내린 어머니가 걱정됐다. 동생 최진영 씨도 슬픔에서 헤어 나오지 못했다. 장례식이 끝나고 일주일에 두세 번씩 집에 들렀다. 더 큰 문제는 조성민 씨였다. 어쨌든 그는 엄연히 아이들의 친부였고, 법리상 최진실 씨의 재산과 양육에 관한 권리를 갖고 있었다. 그는 막대한 재산이 포함된 친권을 포기할 사람처럼 보이지 않았다. 어머니에게 말했다. "우리나라 법이 그래서 애들이랑 모든 재산이 다 조성민에게 갑니다. 그러니까 대비해야 합니다." "조 서방이 이제야 반성하고 새사람이 됐어. 잘한다고 했어."

　한 달 후 어머니에게서 다급하게 연락이 왔다. "진실이 통장에서 돈을 빼야 하는데 조 서방이 도장을 안 찍어준다"고. 조성민 씨의 생각이 무엇인지 파악하는 것이 중요했다. 어머니와 조성민 씨가 만나는 자리에 나는 운전해드리는 먼 친척이 되어 함께 나갔다. 조성민 씨는 그 자리에 변호사를 데리고 나왔다. 그의 주장은 확고했다. 모든 권리는 자신에게 있으니 최진실 씨의 재산이 얼마인지 밝히라고. 그 전까지는 한 푼도 내놓을 수 없다고. 그는 이혼 후 한 번도 자기 아이들을 찾아와보지 않았던 사람이다. 강남의 유명한 마담과 새로운 살림을 꾸려서 잘 살고 있었다. 그런데 상갓집에 와서 돈을 내놓으라니…….

하지만 법은 불리했다. 재판으로 넘어가면 조성민 씨의 친권 회복이 될 수밖에 없다. "아이들을 위해 열심히 살겠습니다." 법정에서 조성민 씨의 이 한마디면 어쩔 도리가 없었다. 당시의 법으로는 아이들의 행복을 지킬 수 없었다. 패륜을 저지른 아버지라도 친권이 주어진다. 나도 남자지만 이건 아니다 싶었다. 최소한 아이들을 양육할 능력이나 도덕성이 있는지는 따져야 한다고 생각했다. 친권법을 바꿔야겠다는 생각이 들었다. 그날 저녁 변호사 사무실을 두 군데 들러 자문을 구했다. 그리고 여성 인권에 헌신하던 여자 검사와 판사들에게 조언을 구했다. 특히 검사 누나가 많이 도와주었다.

이렇게 국민적 관심이 쏠리는 사건은 무엇보다 여론이 중요했다. 나는 최진실 씨의 먼 친척이자 대변인이 되어 조성민 씨와의 싸움을 시작했다. 나는 친권법이 문제가 있다는 기사를 쓰고, 사람들을 모았다. 여성 인권 단체를 중심으로 목소리가 크고 의리파인 손숙, 오한숙희, 허수경 씨 등이 한자리에 모여 조성민 씨의 친권 회복 반대를 위한 기자 회견을 열었다. 주로 허수경 씨 집에서 모였는데 이 누나들은 모이면 정말 시끄럽다. 무섭게 시끄러워서 오래 앉아 있기 힘들다. 그래도 전화가 오면 "네" 하고 두말없이 바로 달려갔다. 일반인들이 모여 인터넷 카페도 만들고 1인 시위에 나서도록 했다. 이렇게 법정 밖에서 친권 회복이 가능한 현행법 제도에 대한 문제를 여론화해서 조성민 씨를 압박했다. 얼마나 그 일에 매달렸는지, 심상정 선배한테 "특종기자가 왜 연예부에 가 있냐?"고 핀잔도 들었다. 하지만 힘들 때 누군가 옆에 있어줘야 한다. 뻔히 당할 것이 눈에 보이는데 그냥 모른 척하고 지나가는 것은 창피한 짓이다. 약한 사람들이 당할 때 같이 욕해주고 진흙탕 속에서 싸워주면, 무뢰배들도 당황한다.

결국 한 달 만에 조성민 씨는 백기 투항했다. 기자회견을 갖고 두 자녀에 대한 모든 권리를 외할머니인 정옥숙 씨에게 이양하겠다고 말했다. "처음부터 지금까지 저는 단 한 푼의 유산에도 관심이 없었다. 의도와 달리 저로 인해 유족들이 더 가슴 아파하는 상황을 접하며 아이들에 대한 고인 가족들의 사랑을 전적으로 신뢰하고 그들에게 모든 걸 맡기는 것이 아이들과 고인을 위해 바람직한 길이란 걸 알게 됐다." 조성민 씨가 읽은 기자회견문은 내가 써준 것이었다.

그리고 최진영 씨가 목숨을 끊었다. 둘이 저녁 약속을 한 바로 그날이었다. 부검을 하겠다는 검사를 영안실에서 겨우 설득해서 보냈다. 자살이 확실한데 자식 몸에 칼 대는 일은 피하고 싶다는 게 최진영 씨 어머니의 바람이었다.

참, 최씨 집안과는 질기고 묘한 인연이다. 어머니는 자신이 낳은 두 명의 자식 모두를 본인의 손으로 거두는 비극을 겪어야 했다. 어머니와는 요즘도 연락하고 지낸다. 커피도 마시고 산책도 하고. 어머니는 환희·준희를 빼고는 내가 제일 좋다고 한다. 요즈음은 내가 잡혀갈까 봐 어머니가 걱정해준다. 큰일을 겪었지만 아이들도 다행히 잘 자라고 있다. 환희는 축구 선수가 되고 싶어 한다. 환희랑 축구를 한 게 너무 오래됐다. 준희가 엄마의 끼를 쏙 빼닮았다. 준희는 연예인이 되고 싶어 한다.

리포트

'두 번 죽는' 딸들의 비명

[시사저널 823호] 2005.07.22

'44명이 한 여학생을 10여 차례 집단 성폭행했다.' 지난해 말 발생한 밀양 성폭행 사건은 충격이었다. 그런데 충격이 채 가시기도 전 경남 진주의 한 중학교에서 집단 성폭행 사건이 또 발생했다. 이후 울산·익산·전주에서 비슷한 사건이 꼬리를 물었다.

시사저널은 최근 전북 익산과 전주에서 발생한 청소년 집단 성폭행 사건을 뒤쫓았다. 청소년 성폭행 사건을 다루는 어른들의 방식도 문제투성이다. 학교와 경찰 그리고 사법부의 안일한 대처로 청소년 집단 성폭행이라는 악순환의 사슬은 견고해지고 있었다. 어른들이 불합리한 잣대를 들이대 피해자들은 또 한 번 강간을 당해야만 했다.

2004년 9월 전북 익산 ㅈ중학 2학년에 다니는 홍 아무개 양(14)이 가출했다. 홍 양은 결석을 한 번도 한 적이 없는 이른바 '범생이'였다. 집은 물론 학교에서도 가출은 충격으로 받아들여졌다. 가출 18일 만에 홍 양은 귀가했다. 학교에 간 홍 양은 학생부 교사에게 집단 성폭행을 당한 충격을 이기지 못해 가출했다는 자술서를 냈다.

2004년 5월 5일 인터넷 채팅으로 한 번 만난 적 있는 최 아무개 군(14)이 술 먹을 곳이 없다며 홍 양의 집을 찾았다. 부모님은 잠시 집을 비운 상태였다. 최 군은 친구 5명과 함께 홍 양의 집에 왔다. 홍 양은 인원이 너무 많아서 놀랐지만 별 생각 하지 않고 친구들을 집에 들였다. 최 군은 술을 마시다가 홍 양을 방으로 이끌었다. 그러고는 불을 끄고 홍 양을 쓰러뜨렸다. 180센티미터나 되는 유도 선수를 상대하기에는 홍 양의 힘이 모자랐다. 홍 양은 소리를 질렀다. 하지만 최 군의 친구들은 가위바위보로 홍 양을 범할 순서를 정하고 있었다. 홍 양은 작년 8월 말까지 이들에게 3차례 더 집단 성폭행을 당했다. 이들은 익산 시내 6개 중학교 일진으로 구성된 폭력 서클 '끝없는 질주' 소속 멤버였다.

학교 측이 성폭행 피해 자술서 폐기

하지만 어찌 된 일인지 학교 측은 홍 양이 제출한 성폭행 부분이 담긴 자술서 한 장을 파기해버렸다. 그러고는 홍 양에게 전학을 종용했다. 가출을 이유로 들었다. 10월 12일 홍 양은 전학했다. ㅈ중학교 한 선생님은 새전북신문에 "피해 학생이 다른 학교로 전학 갔기 때문에 학부모에게 알릴 의무가 없었다"라고 말했다.

그러는 사이 학교 측은 가해자의 학교와 학부모를 찾아다니며 소문이 나지 않게 해달라고 입단속을 했다고 한다. 학교 측의 의도대로 이 사실은 묻히고 있었다. 홍 양과 같은 학교에 다니던 가해 학생 김 아무개 군은 올 들어 학교 선도부장을 맡았다.

지난 4월 경찰이 소문으로 떠돌던 홍 양의 집단 성폭행 사실을 확인하면서 사건의 실체가 드러나기 시작했다. 그제야 홍 양의 어머니도 사실을 알게 되었다. 학교 측의 통보로 가해 학생의 부모가 사건을 접한 것보다 무려 7개월이 늦은 시점이었다. 홍 양의 어머니가 학교 측에 항의했다. 하지만 학교 측과 익산교육청은 자체 조사를 통해 성폭행이 아닌 성관계라고 주장했다. 이 사실을 안 시민단체들이 '익산 중학생 폭력사건 해결을 위한 대책위원회'를 꾸렸다. 그러자 학교 측은 "전학 가서 학교 잘 다니는 아이들을 왜 시민단체가 간섭해서 사건을 키우느냐"고 짜증을 냈다.

5월 4일 홍 양 어머니가 교장과 학생주임을 비롯한 관련 교사 5명을 직무유기 혐의로 고발했다. 이 과정에서 홍 양의 어머니는 세 차례나 음독자살을 기도했다. 하지만 교육청은 징계를 받았던 두 교장마저 혐의가 없다며 두 달 만에 복직시켰다. 홍 양의 어머니는 "격투기 도장을 다니는 딸애를 보면 가슴이 터질 것 같다. 학교에서는 '교육적 조치'를 이유로 함구했다는데 학교에서 말하는 교육이라는 게 도대체 뭐냐"라고 말했다.

지난 6월 13일 이 학교에서 또다시 성폭행 사건이 발생했다. 2학년생 2명이 초등학교 6학년 여학생을 야산으로 끌고 가 도루코 칼로 위협하고 성폭행했다.

335

기사는 수단일 뿐이다

지난 6월 15일 전북 전주의 ㅈ고 2학년 박 아무개 양(17)도 또래 5명으로부터 집단 성폭행을 당했다. 가해 학생들은 화간이라고 주장했다. 경찰과 검찰도 화간에 무게를 두고 수사를 진행했다.

박 양은 방과 후에 "할 이야기가 있다"는 같은 학교 이 아무개 군의 문자 메시지를 받았다. 박 양은 "이 군은 일진 '안골파'로 여자애들도 막 다루는 무서운 아이였다. 그래서 내가 뭐 잘못한 게 있나 하는 생각이 들었다"라고 말했다.

이 군은 친구와 이야기가 끝나지 않았다며 친구네 아파트로 박 양을 유인했다. 박 양은 이 군이 손을 잡아끌어 하는 수 없이 집에 들어갔다고 한다. 이 군은 박 양을 방에 밀어 넣고는 쓰러뜨렸다. 박 양은 "소리 지르며 반항했다. 그러자 이 아무개가 목을 조르고 팔을 꺾었다"라고 말했다. 그때 교복 치마가 찢어졌다.

이 군에게 험한 일을 당한 후 박 양은 친구에게 "어디야" "나 있는 데로 와서 데려가줘" "이○○이 못 가게 해"라며 여러 차례 문자 메시지를 보냈다. 나중에 이 문자 메시지는 박 양이 적극적으로 신고하지 않아 화간일 가능성이 높다는 수사진의 결정적인 판단으로 작용한다.

잠시 후 이 군의 뒤를 따라 친구 송 군이 들어왔다. 박 양의 휴대전화를 빼앗고 아랫도리를 벗겨 침대 밑으로 던져 버렸다. 박 양이 반항했다. 그러자 송 군은 목을 조르고 뺨을 때렸다. 그리고 윗옷을 벗기려고 해 교복 단추가 떨어졌다. 박 양은 소리를 질렀다. 하지만 다른 아이들은 다용도실 창문을 통해 이 장면을 엿보고만 있었다.

박 양은 탈출을 시도했다. 하지만 5명이 나서서 현관을 지키고 박 양을 협박했다고 한다. "너 가면 죽는다." "박○○ 방에 쳐들어가 있어."
"이○○ 화났다." 박 양은 무서워 가만히 있을 수밖에 없었다고 한다.
그 뒤로 박 양이 있는 방에 탁 아무개 군과 진 아무개 군 그리고 권 아
무개 군이 들어왔다. 가해 학생 측은 "박 양이 저항하지 않았고 오히려
관계를 즐겼다"라고 주장하고 있다. 박 양은 그들이 해달라는 대로 해
줄 수밖에 없었다고 했다.

　박 양은 집에 돌아온 후 바로 목욕을 하고 잤다. 그 뒤 죄인처럼 고개
를 숙이고 학교에 다녔다고 한다. 하지만 이 점도 박 양에게는 불리하
게 작용했다. 그러던 중 학교에는 '박○○이 당했다'는 소문이 돌았다.
6월 20일 학생주임 교사가 박 양과 가해 학생으로부터 진술을 받았다.

검찰, 취재 시작되고 나서야 가해 학생 구속

　6월 22일 첩보를 입수한 경찰은 가해 학생 5명을 검거했다. 경찰은
구속영장을 청구했으나 검찰이 반려해 가해 학생은 바로 풀려났다. 담
당 경찰은 "가해 학생들의 진술이 일관되고 피해자가 반항한 흔적이
크게 보이지 않아 두 번이나 검찰이 이를 기각했다"라고 말했다. 7월
18일 전주지검 형사 1부장은 "경찰 조서에 따르면 성관계 도중에 문자
메시지를 여러 차례 보냈다. 그리고 성관계에서 체위를 바꾸고 빠진 성
기를 직접 넣는 등 반항의 정도가 약했다. 화간으로 볼 정황이 많았다"
라고 말했다. 시사저널 취재가 시작되고 나서야 검찰은 박 양과 가해
학생을 소환 조사했고, 7월 22일 가해 학생 모두를 구속했다.

337

청소년 성폭행 사건이 발생했을 때 학교와 교육 당국은 감추기에 급급했다. 문제가 생기면 불이익이 돌아오기 때문에 우선 덮고 보자는 잘못된 관행과 교육관 탓이다.

하지만 학교 측의 은폐 시도는 분노를 사고 있다. 홍 양의 어머니는 "가해 학생들이 모두 시인했는데 유독 학교에서만 성폭행을 성행위라고 말했다"라고 말했다. 전 청소년보호위원장인 강지원 변호사는 "가해 학생들에게는 말하지 말라고 하고, 피해 학생을 나쁜 아이라고 하는 것은 교육을 파괴하는 행위다"라고 말했다.

밀양 성폭행 사건에서 보듯이 경찰과 검찰의 수사는 철저히 성인 남성의 관점에서 진행되었다. 집단 성폭행 사건이라도 반항 정도에 따라 성관계나 화간으로 변해 있었다. 피해자의 인권에 대한 배려도 부족했다. 여기에는 인맥이 통하는 지역사회라는 상황이 묘한 영향력을 행사했다.

전주 사건 수사에 대해 박 양의 아버지는 "가해 학생 권 아무개의 부친이 경찰이어서 수사가 이상해졌다. 수사가 시작되기도 전에 어떤 경찰이 전화를 걸어 합의를 종용했다"라고 주장했다. 이에 대해 담당 경찰은 "가해 학생의 부친은 이 수사에 전혀 영향을 미치지 않았다"라고 말했다.

"합의부터 권하는 관행 뜯어고쳐라"

사건이 진행되면서 피해자는 '섹스 중독증 환자'라는 주홍글씨를 새

우리는 모두 약자다

겨야 했다. 홍 양의 어머니는 "사건이 나자 딸애는 한 번에 여러 명과 성관계를 즐기는 그런 미친 아이가 되어 있었다"라고 말했다. 박 양의 아버지는 "학교나 경찰에서 나보고 딸을 팔아 돈을 챙기는 사람으로 몰았다"라고 말했다. 익산 여성의전화 하춘자 회장은 학교·경찰 등에서 합의를 종용해 일을 정리하는 경우가 많다"라고 말했다. 강지원 변호사는 "강간범에 대해 합의를 이유로 관대한 처분을 하는 것은 문명 국가에서 찾아보기 힘든 야만적인 관행이다. 사건이 발생했을 때 재발하지 않도록 똑 부러지는 조처를 취하는 것이 필요하다"라고 말했다.

청소년 성폭력에 대해 전학 혹은 사회봉사 명령 이외에는 뾰족한 수가 없다고 한다. 대책이 없다. 성폭력 가해자와 피해자 모두를 치유하는 시스템과 성폭력에 관한 청소년 특별 연수 프로그램이 절실하다고 전문가들은 입을 모았다. ■

이것이 팩트다

단 한 번 실수일 수 없다

기자 생활을 하면서 밥값 했다고 느꼈던 기사다. 나중에 그 아이가 뚜벅뚜벅 제 발로 자기 인생을 살아가는 것을 보고 내가 누군가에게 힘을 주었다는 게 뿌듯했다. 내 기사가 사회를 조금이나마 움직일 수 있구나.

전주에서 한 아버지가 찾아왔다. 딸이 집단 성폭행을 당했는데 가해자들은 버젓이 학교를 다니고, 딸은 화냥년이 되어 집에서 울고 있다고. 학교도, 경찰도, 검찰도 모두 딸아이에게 손가락질을 한다고. 사건은 무혐의가 될 예정이라고. 살인을 생각하고 있다고. 그래서 아버지는 무작정 중학교 때 1등을 했던 친구를 찾아갔다. 친구는 검찰에 있었다. 그 친구가 나를 소개해줬다. 딸이 당했는데 애비로서 아무것도 할 수 없는 게 너무 답답하다고 했다. 그 아버지의 눈빛이 너무나 애절했다. 피해 학생을 만났다. 원망을 넘어선 절망이 느껴졌다.

가해자들은 그 학교 일진이었고, 이들이 여학생을 성폭행한 것은 이번이 처음이 아니었다. 절대 실수가 아니란 얘기다. 그 전에도 한두 번이 아니라 수십 차례 성폭행을 해왔는데 박 양의 경우에는 신고하니까 아예 매장시킨 거였다. 가해자들은 사건을 영웅담처럼 떠벌리고 다녔다. 책임져야 할 가해자 부모, 학교, 이웃은 좋은 게 좋은 거라며 그냥 덮고 넘어가기에만 급급했다. 가해자의 부모가 경찰 간부라는 점도 크게 작용했다. 경찰과 검찰은 기소에 소극적이었다. 거기에 사건을 줄이는 손쉬운 방법으로 잘못을 피해 학생에게 전가한 것이다.

학교를 찾아갔다. 교장 선생님은 "다 끝난 일인데 왜 왔느냐"고 했다. "청소년기에 실수도 할 수 있는 법이다. 언론이 조용히 넘어가는 게 아이들의 미래를 위해 바람직하다." 나에게 충고까지 했다. 자리를 나서며 한마디 했다. "에라 XX야. 니가 선생이냐?" 사람 때릴 뻔했다. 시내에서 걸리면 죽는다고 하고는 학교에서 나왔다.

전주지방검찰청을 찾아갔다. 담당 부장검사를 만났다. 수사는 끝났고, 무혐의로 종결하기 직전이었다. 부장검사는 "사실 이 사건은 일반적인 성폭행 사건이랑 다르다"고 했다. 남자애들이 젊은 혈기에 실수한 게 맞긴 맞는데 그 여자애가 즐겼다고. 그 전에 경험도 있었다고. 원래 몸을 굴리는 그런 여자애라고. 그리고 한마디. "뭐 이런 일로 서울에서 여기까지 내려오셨어요?"

"뭐 이런 일이요? 뭐 이런 일!" 뚜껑이 열렸다. 폭발했다. 바로 박차고 일어나 육두문자를 날렸다. "XX, 뭐 이런 일이라구요." "에이 XX, 열일곱 애가 섹스가 그렇게 좋아서 다섯 명이랑 교복을 찢어가면서 하고." "에이 XX, 막 자랑하고 다녀요." "어른들이 이 모양이어서 연쇄 성폭행이 끊이지 않아." 부장검사는 충격을 받았다. 분이 안 풀렸다. 서울로 오는 고속버스에서 검찰 간부들에게 차례로 전화를 걸어 계속 쏘아붙였다. 시비를 걸고 있었다. 육두문자를 날리면서. 친고죄 성립이 돼야 하고, 합의를 했고, 미성년자 증언밖에 없고, 정신상태가 불안하고, 우발적인 실수였고……. 검찰과 법원의 법 논리는 신물이 난다. 오히려 성폭행범을 돕고 있는 형편이다. 성폭행은 실수로 저지를 수 없는 범죄다. 진짜 악질 범죄다.

성범죄는 육체는 물론 영혼을 파괴하는 범죄다. 웬만한 악질이 아니면 저지를 수 없는 중대한 범죄다. 죄의식이 결여된 인간들이 저지르는 짓이라 벌을 주지 않으면 요행으로 여긴다. 강간으로 교도소에 들어온 죄수 중에서 딱 한 번의 실수로 잡혀온 경우는 거의 없다. 중학교 다닐 때 어린 애를 데려다가 팬티를 벗기고 추행하던 두 놈이 있었다. 한 명은 1년 선배고, 한 명은 동기였다. 매년 명절 때마다 고향에 가면 꼭 물

341

어본다. 그놈들 뭐 하느냐고. 몇 해 전 그 선배가 체포됐다. 안산 발발이로 신문을 큼지막하게 장식했다. 옛날부터 성도착증을 보이더니 원룸을 털고 강간을 일삼는 전국구 범죄자가 된 것이다. 그놈은 어렸을 때부터 많이 걸렸는데 그때마다 아버지가 로비해서 번번이 구해냈다. 결국 큰 범죄자를 만든 꼴이 됐다. 동기는 고등학교 때 강간 사건으로 감옥에 갔다 왔다. 이후에는 농사를 지으며 잘 살고 있다.

나는 청소년들이 일탈하면 어느 선까지는 봐주되, 선을 넘는 죄를 저지르면 반드시 죗값을 물어야 한다고 생각한다. 작은 범죄라고 눈감아주면 감화되는 게 아니라 죄의식이 무뎌질 뿐이다. 주변에 피해자만 양산한다. 내 경험에서는 그렇다. 고백하긴 부끄럽지만 학창시절 나는 교도소 담장의 경계를 넘나들며 살았다.

사회부 기자 시절에 노량진경찰서에 갔는데 귀공자 같은 애들이 울고 있었다. 갓 대입시험을 본 부잣집 아들 둘이었다. 술에 취해 자고 있는 아저씨의 지갑을 훔치다가 아저씨가 갑자기 깨면서 당황했다. 결국 옆에 있는 돌로 머리를 내려쳐 취객이 뇌사 상태에 빠졌다. 둘은 구속됐다. 그때 어렸을 때 멋있는 줄 알고 객기 부리던 짓들이 떠올랐다. 부끄러웠다. 내가 저 자리에 앉아 있을 수도 있었겠구나 하는 생각이 들었다. 청소년기에 방황할 수도 있다. 그런데 뭐가 잘못됐고, 어느 선을 넘어선 안 된다고 가이드라인을 정확하게 알려줘야 한다. 학교에서도 쉬쉬 덮기보다 잘못하면 확실한 처벌로써 교육하는 게 그 아이 인생에 훨씬 보탬이 된다. 특히 성범죄는 죄의식이 마비된 정말 비열한 범죄다. 타일러서는 뉘우치지 않는다.

다시 여고생 이야기로 돌아가자. 취재를 시작하고 욕을 해댄 며칠 후 부장검사에게서 전화가 왔다. 검찰이 기소 내용을 바꿔 가해자 5명을 모두 구속했다고. 그리고 얼마 후 그 부장검사가 사직했다. 이 사건 때문은 아닐 것이다. 사건이 마무리되고 피해자의 아버지가 다시 찾아왔다. 쌀 한 가마니와 돈봉투를 갖고 오셨다. "아버지가 돼서 딸이 모진 일을 당해도 아무것도 할 수 없었어요. 그런데 기자님 덕분에 애비 노릇 했습니다." "마음만 받겠습니다." 어깨에 힘이 좀 들어갔다. 기자질 하길 잘했구나.

그렇다고 소녀가 학교로 바로 돌아간 것은 아니다. 하지만 웃음을 되찾았다. 그리고 내게 한마디 했다. "고마워요. 어렵지만 한번 살아볼래요." 이후로도 소녀는 가출을 밥 먹듯 했다. 가끔 이야기를 해보면 마음이 다른 곳에 가 있었다. 그러나 아버지의 눈물을 본 어느 순간부터 마음을 다잡고 공부해서 이화여대에 들어갔다. 지금도 때때로 소녀의 소식을 듣는다. 보고 싶기도 하지만 소녀가 마음을 잡은 후에는 일부러 만나지 않는다. 아픈 기억이 떠오를까 봐……. 그녀가 이 사회에서 더 이상 상처받지 않길 기도한다.

기사는 수단일 뿐이다

혼자 피하면 쪽팔리는 거다

20년 넘게 같은 헤어스타일로 살고 있다(파마를 한 적은 있지만). 이 스타일이 머리를 최대한 안 다듬고 가장 오래 버틸 수 있는 모양이다. 나는 머리 자르는 게 싫다. 그보다 거울을 보고 앉아 있는 게 고통이다. 나는 거울 앞에 서는 걸 좋아하지 않는다. 그래서 아침에 샤워하고도 머리만 털고 그냥 나간다.

내 얼굴을 좋아하지 않는다. 작고 찢어진 눈도, 어중간한 코도, 큰 입도, 턱도, 치아도. 맘에 드는 구석이 하나도 없다. 특히 아무 때나 반항하는 민감한 피부는 최악이다. 이상하게도 작년부터 왕 뾰루지가 집중적으로 괴롭히고 있다.

사람들 앞에 나가는 걸 좋아하지 않는다. 자기소개 하는 건 끔찍하다. 그런 자리에는 아예 안 나간다. 사람들이 모이는 자리도 마찬가지다. 학창시절 동아리에 가입해본 적도 없다. 초등학생 때는 책 읽기를 시키면 선생님께 "안 읽으면 안 되나요"라고 꼭 확인했다.

이야기하는 것을 좋아하지 않는다. 책상머리에 '침착'과 '침묵'을 적어놓았다. 친한 친구에게도 고민을 털어놓은 적이 없다. 누가 내 이야기 하는 것도 극도로 싫어한다. 칭찬이어도 달갑지 않다. 2008년 회사에서 강제로 기자 블로그를 열게 했는데, 나를 '귀엽다'고 하는 네티즌이 있어서 그날 바로 접었다. 그런데 요즘, 마이크를 들고 있는 나를 보고 내가 깜짝 놀란다. 이게 다 가카 덕분이다.

책을 썼다. 처음으로 내 생각을 말한다. 많이 부족하다는 것을 알고 있다. 세상에 책을 내놓기에는 부끄럽다는 것도. 한 일도 별로 없고. 철없고 수줍은 17살 꼴통 기자의 생각이라는 것을 밝힌다. 이 책에는 내 마음의 창으로 바라보는 세상이 담겼다.

사람들은 말한다. 인생은 그런 게 아니라고. 강하면 부러진다고. 나도 편히 사는 법을 안다. 좋은 게 좋은 거라는 의미도 안다. 이러한 합리적인 이성은 실패에서 멀어지게 만든다. 동시에 나를 꿈에서도 떼어놓으려고 한다. 나는 사랑하는 가슴으로 불가능한 꿈을 꾸면서 살겠다. 그 가슴은 영원히 상처받지 않고, 신의 보살핌을 받는다고 주문을 외우면서. 이성을 넘어 가슴을 따르고 가슴으로 판단하겠다. 깨지고 부서지더라도 충동을 믿고 도전하겠다. 강자에게는 당당함으로, 약자에게는 겸손함으로 세상에 보탬이 되겠다. 이상과 정의 그리고 진실을 위해서는 그 어떤 타협도 하지 않겠다.

꽃길이었다면 가지 않았을 것이다. 뜨거울수록 뜨거운 맛을 볼 수 있다는 것도 안다. 김어준, 정봉주, 김용민과 골방에서 처음 만났을 때 앞이 환하게 뚫려 있었다. 감옥으로. 그래서 지금은 그냥 잡혀가는 데 같이 가는 거다. 내 입장에서는 몇 회 하고 빠지는 게 제일 멋있어 보이고, 내 일로 돌아가기에도 좋다. 근데 같이 가는 거다. 의리 때문이지 그렇게 재미있지는 않다.

지금은 모든 전투를 이겨야 하는 전쟁을 치르고 있다. 분명히 깨질 수 있다. 어쩔 수 없다. 나도 그렇고 나꼼수도 완벽하지 않다. 하지만 피하지 않고 맞서겠다. 혼자 피하면 쪽팔리는 거다.

나는 안다. 세상을 뜻대로 살아내기가 쉽지 않다는 것을. 하지만 웃으면서 가겠다. 철들지 않고 살겠다. 소년으로 살다 소년으로 가겠다. 오늘도 비굴하지 않은 가슴을 달라고 기도한다.

주진우의
정통시사활극
주기자

첫판 1쇄 펴낸날 2012년 3월 29일
　　　23쇄 펴낸날 2017년 9월 11일

지은이 주진우
발행인 김혜경
편집인 김수진
책임편집 김교석
편집기획 이은정 이다희 백도라지 조한나
디자인 박정민
마케팅 문창운 노현규
경영지원국 안정숙
회계 임옥희 양여진 김주연

펴낸곳 (주)도서출판 푸른숲
출판등록 2003년 12월 17일 제406-2003-0000032호
주소 경기도 파주시 회동길 57-9, 우편번호 10881
전화 031)955-1400(마케팅부), 031)955-1410(편집부)
팩스 031)955-1406(마케팅부), 031)955-1424(편집부)
홈페이지 www.prunsoop.co.kr
페이스북 www.facebook.com/prunsoop　　**인스타그램** @prunsoop

ⓒ주진우, 2012
ISBN 978-89-7184-878-4(03340)

이 도서의 국립중앙도서관 출판시도서목록(CIP)은 e-CIP 홈페이지(http://www.nl.go.kr/cip.php)에서
이용하실 수 있습니다. (CIP2012001433)